周边国家科技大学通识教育模式研究

ZHOUBIAN GUOJIA KEJI DAXUE
TONGSHI JIAOYU MOSHI YANJIU

马早明 著

中山大学出版社
SUN YAT-SEN UNIVERSITY PRESS
·广州·

版权所有　翻印必究

图书在版编目（CIP）数据

周边国家科技大学通识教育模式研究/马早明著.—广州：中山大学出版社，2015.12
ISBN 978-7-306-05579-8

Ⅰ.①周… Ⅱ.①马… Ⅲ.①高等学校—通识教育—研究—亚洲 Ⅳ.①G659.3

中国版本图书馆 CIP 数据核字（2015）第 317111 号

出版人：	徐　劲
策划编辑：	金继伟
责任编辑：	周　玢
封面设计：	曾　斌
责任校对：	王　璞
责任技编：	何雅涛
出版发行：	中山大学出版社
电　　话：	编辑部 020-84110771，84113349，84111997，84110779
	发行部 020-84111998，84111981，84111160
地　　址：	广州市新港西路 135 号
邮　　编：	510275　　传　真：020-84036565
网　　址：	http://www.zsup.com.cn　E-mail:zdcbs@mail.sysu.edu.cn
印刷者：	虎彩印艺股份有限公司
规　　格：	787mm×1092mm　1/16　17.25 印张　319 千字
版次印次：	2015 年 12 月第 1 版　2015 年 12 月第 1 次印刷
定　　价：	45.00 元

如发现本书因印装质量影响阅读，请与出版社发行部联系调换

导　　论

当今，高等教育已经成为社会的中心，与经济社会发展的关系十分密切，越来越成为影响经济社会发展的核心要素。通过考察近一两个世纪以来高等教育和经济社会发展的实践后发现，高等教育对经济社会的影响既包括对经济增长和社会文明进步的积极作用，也包括因过分注重科学教育而导致人的不全面发展进而给经济社会发展所带来的消极影响。今天人类社会所面临的环境污染问题、气温升高问题、能源枯竭问题、动植物灭绝加速问题、异常气候问题、食品安全问题等不可持续发展问题，均与人类自身息息相关，可以说是人类不恰当的生产方式所致。人类的这种不恰当生产方式根本原因在于人们对生活方式的不恰当追求，直接原因在于人类不恰当地使用科学技术。人们对生活方式的不恰当追求源于人们生存与生活的观念，而这种观念的落后与高等教育息息相关，是作为思想发源地的大学未能与时俱进地向社会输送先进的思想、理念及价值观所致。人类不恰当使用科学技术的行为亦与高等教育有很大关系，是高等教育培养造就了一部分有知识而缺乏文化素养的人所致，是人片面的、功利性的发展而非全面发展的结果。

由于对人的全面发展内涵的片面理解，导致高等教育过于注重所谓的科学教育而忽视了人文教育，尤其是忽视了历史文化、忽视了科学文化，培养出了一些有知识而缺乏文化素养的人，尤其是科技大学所培养出的专业技术人才尤为明显。这种有专业技术但缺乏文化素养的人通常不会将普遍的知识联系起来而只能从本学科、本专业的视角，利用单一学科的知识去寻求解决问题的途径和方法，只能仅凭某一具体方面的知识来解决现实问题，其结果可能是问题暂时得到解决，但是留下了一些潜在的更大的问题。正因如此，大学尤其科技大学所培养出来的人才往往只是工匠，而难以成为大师，也就难有卓越成就，甚至可能给人类社会的可持续发展埋下严重危机。正如20世纪西班牙著名的思想家和社会活动家奥尔特加·加塞特所言："全面发展的完人是不会从像'工程师'这样只具备细小一部分的局部技术知识的人身上找到的。"

面对科学技术日益在更广阔领域实现技术集成，以及自然科学、社会科学、人文科学相互融合的趋势，面对经济社会发展和高等教育所存在的突出问题，西方发达国家的一些世界一流大学和一些著名学者从19世纪初叶就开始思考如何解决高等教育专业人才培养问题。由于经济社会发展和高等教育实践均已经进入了一个新时代，完全按照纽曼自由教育的思想和理念培养高等教育人才不仅不可能，也无必要，因为那样所培养出来的人才对于今天的经济社会发展而言也非"完人"，今天的"完人"应既包括个性的充分自由发展，也包括职业技能在内的个人才能的全面发展。为此，哈佛大学、斯坦福大学、芝加哥大学、耶鲁大学、麻省理工学院、康奈尔大学等世界著名大学均实施了通识教育，以此来避免过分专业教育的弊端，保证所培养的学生既有知识又有文化素养。从 1829 年通识教育（general education）概念的提出，到 1930 年赫钦斯出任芝加哥大学校长后推行的经典名著学习运动，再到 1945 年哈佛大学《哈佛大学文学院关于共同基础课程的报告》的发布，标志着通识教育的诞生至成熟的过程。在这一历史进程中，不仅形成了通识教育的理论，也积累了丰富的成功经验。实践表明，通识教育可以有效地解决传统专业教育的弊端，满足受教育者个人全面发展的需要，既为社会培养满足可持续发展需要的高层次人才，也为社会输送先进的核心价值理念。现在哈佛大学的学生就普遍认为，"哈佛大学给予他们的不仅是与具体知识相联系的东西，还包括价值观、道德观、荣辱观、思维方式、行为习惯等"。通识教育不仅使西方国家一些大学成为世界一流大学或长久地占据世界一流大学的宝座，也使这些发达国家在经济社会可持续发展方面取得了令世界瞩目的成就。为此，通识教育也成为世界高等教育改革与发展的重要方面。

我们国家于 20 世纪 80 年代，在深刻反思原来传统专业教育导致人才培养知识面过窄、无法实现人的全面发展问题的基础上，进行探索和实施文化素质教育，90 年代中期开始使用通识教育的概念。尽管已有 20 多年的实践，走过了学习引进阶段，但时至今日，我们国家的通识教育，仍然停留在吸收消化阶段。少数几所大学取得了一定的效果，大多数高校只是在一、二年级设置一些毫无联系且仅仅作为知识层面的人文类课程而已，而且无论是综合性大学还是理工科大学、人文社会科学类大学，其通识教育的模式与内容基本相同，尚未从通识教育理念的层面，针对不同类型的高校和人才培养目标构建具有密切联系的课程领域、修读制度和教学模式，这就无法培养学生多学科的视野、思维方法和价值观念，学生的学识、心智、智慧等也没有从通识教育中得到提升。有学者研究后发现，包括科技大学在内的美国研究型大学人才培养的核心理念是培养各领域的领军人物，而我国一流大学所培养的人才基本定位在"工匠"上。这种差距表面上看，仅仅是一个人才培养目标问题，但其实是教育思想与理念问题，是对高等教育的认知程度问题。因此，我们国家通识教育的整体效果并不理想，有的甚至因"矫枉过正"而导致专业能力严重不足。本书选取选取了三个国家作为案例：探讨了印度科技大学通识教育模式，以印度理工学院作个案分析；探讨了新加坡科技大学通识教育模式，以南洋理工大学作个案分析；探讨了日本科技大学通识教育模式，以东京工业大学作个案分析。之所以选择这三个国家是因为它们同属亚洲文明，具有共同的儒家文化渊源与相似的历史传统。虽然，战后日本教育深受美国影响，新加坡是多元文化国家，印度理工学院本科教育模仿英国传统精英教育，但是在历史与现实的背景下，三国科技大学通识教育模式的经验与教训，可以为近邻的中国的科技大学带来启示与借鉴。

目 录

第一章 科技院校通识教育：理念与模式 …………………（1）

第一节 通识教育缘起与概念内涵辨析 …………………（1）
一、对"通识教育"概念的梳理 …………………（1）
二、国际及地区大学通识教育的实践 …………………（10）

第二节 科技院校通识教育模式类型与特征 …………………（42）
一、通识教育理念流派及其哲学基础 …………………（42）
二、西方人文教育理念及其实践模式演进 …………………（68）
三、大学通识教育模式及其哲学基础 …………………（78）

第三节 科技与人文的融合：科技院校通识教育理念 …………………（88）
一、科技教育与科学精神是科技院校教育的基本功能 …………………（88）
二、人文教育与人文精神是科技院校教育的价值取向 …………………（91）
三、科技与人文的融合：全人教育是科技院校通识教育的基本理念 …………………（93）

第二章 日本科技院校通识教育模式研究
——以东京工业大学为例 …………………（98）

第一节 日本科技院校通识教育的发展历程 …………………（98）
一、以"培养工业实用人才"为特征的通识教育
（1868—1911 年） …………………（98）
二、以"中西合璧的人才"为特征的通识教育
（1912—1944 年） …………………（100）
三、以"市民教育"为主要特征的通识教育
（1945—1989 年） …………………（102）
四、以"自由自主"为特征的通识教育理念
（1990 年至今） …………………（105）

第二节　日本科技院校通识教育模式解析 ……………………（107）
　　一、日本东京工业大学通识教育理念与目标 ……………（107）
　　二、日本东京工业大学通识教育课程结构与内容选择 …（120）
　　三、日本东京工业大学通识教育制度设计 ………………（124）
　　四、日本东京工业大学通识教育组织实施管理与评价 …（128）
第三节　日本科技院校通识教育模式特征 ……………………（130）
　　一、日本科技院校通识教育理念与目标——"全人培养" ………（130）
　　二、日本科技院校通识教育课程设置——"进步论" ……（131）
　　三、日本科技院校通识教育制度设计——"限制性修读" ………（131）
　　四、日本科技院校通识教育组织管理——"各学院共同承担＋
　　　　协调" ……………………………………………………（132）

第三章　新加坡科技院校通识教育模式研究
　　　　——以新加坡南洋理工大学为例 ………………（134）

第一节　新加坡科技院校通识教育的历史发展 ………………（135）
　　一、"生存经济"下的新加坡科技院校通识教育
　　　　（1965—1979年） ……………………………………（135）
　　二、"效率经济"下的新加坡科技院校通识教育
　　　　（1979—1990年） ……………………………………（136）
　　三、"知识经济"下的新加坡科技院校通识教育
　　　　（1990年至今） ………………………………………（139）
第二节　新加坡科技院校通识教育模式分析 …………………（143）
　　一、新加坡科技院校通识教育的理念与目标 ……………（143）
　　二、新加坡科技院校通识教育知识领域与课程内容 ……（153）
　　三、新加坡科技院校通识教育的修读制度与安排 ………（162）
　　四、新加坡科技院校通识教育的组织管理 ………………（171）
　　五、新加坡科技院校通识教育的考核评量 ………………（178）
第三节　新加坡科技院校通识教育模式特征 …………………（185）
　　一、以"全人教育"为价值取向的通识教育课程理念 …（185）
　　二、基于"核心分布与多元文化论"的课程领域与内容选择 …（187）
　　三、以"限定性选修与知识互补"为特征的修读制度安排 ………（189）

四、以"行政协调各学院共同承担式"为特征的通识课程管理
模式 ……………………………………………………………（191）

第四章 印度科技院校通识教育模式研究
　　　——以印度理工学院为例 ………………………………（193）

　第一节　印度科技院校通识教育的历史发展 …………………（194）
　　一、通识教育的萌芽阶段（1947—1965年）………………（194）
　　二、通识教育的发展阶段（1966—2000年）………………（196）
　　三、通识教育的成熟阶段（2000年至今）…………………（198）
　第二节　印度科技院校通识教育模式分析 ……………………（199）
　　一、印度科技院校通识教育的理念与目标 …………………（199）
　　二、印度理工学院通识课程领域与内容设置 ………………（203）
　　三、印度科技院校通识课程制度安排及其实施 ……………（212）
　　四、印度科技院校通识教育的组织管理 ……………………（218）
　　五、印度科技院校通识教育的考核评量 ……………………（219）
　第三节　印度理工学院通识教育模式特征 ……………………（220）

第五章 日本、新加坡、印度科技院校通识教育模式比较研究
　………………………………………………………………（222）

　第一节　三国科技院校通识教育理念与目标 …………………（222）
　第二节　三国科技院校通识教育课程规划与内容选择 ………（224）
　第三节　三国科技院校通识教育修读制度安排 ………………（226）
　第四节　三国科技院校通识教育组织与管理 …………………（227）
　第五节　三国科技院校通识教育考核与评价 …………………（228）

第六章 构建面向未来的中国科技院校通识教育模式 …………（230）

　第一节　科技院校通识教育模式：经验与反思 ………………（230）
　　一、日本、新加坡、印度三国科技院校通识教育模式的经验 …（231）
　　二、当前中国科技院校通识教育模式的反思 ………………（235）
　第二节　中国科技院校通识教育模式的重构 …………………（242）
　　一、中国科技院校通识教育理念与目标的定位 ……………（242）

二、中国科技院校通识教育课程与内容安排的思考 …………… (244)
三、中国大学科技院校通识教育修读制度设计的审视 …………… (246)
四、中国科技院校通识教育实施方式与途径的思考 …………… (248)
五、中国科技院校通识教育评估与管理的检讨 …………………… (250)

参考文献 ……………………………………………………………… (253)

后记 …………………………………………………………………… (263)

第一章 科技院校通识教育：理念与模式

第一节 通识教育缘起与概念内涵辨析

一、对"通识教育"概念的梳理

（一）"通识教育"概念的历史渊源及流变

通识教育（general education，又称为"普通教育""一般教育"），起源于古代西方亚里士多德所提倡的自由教育思想，作为百科全书式的大学者，亚里士多德提出的"自由教育"，其初始意义是指针对自由人（相对于奴隶和工匠而言）即平民进行的教育，旨在通过教育使人实现更大的自由。这种自由包含两方面的含义：一方面是通过教育发展理性，掌握多方面的知识，实现自我的完善，成为一个纯粹理性的人，体现"知识就是力量"的哲理；另一方面是通过教育实现心灵、思想和精神的自由，使人活得更像一个人，有思想，有德性，有教养。而对于当时自由教育的主要内容，主要是以"七艺"（逻辑、语法、修辞、数学、几何、天文、音乐）为主，后来虽经过中世纪神学的改造和细分，但大体上这种"七艺"学科教育一直延续到文艺复兴运动以前。

从18世纪开始，自然科学主义兴起并迅速发展，逐渐取得了人文教育的地位。1828年发表的《耶鲁报告》认为，高等教育仍需将"广博的知识传授与人文素养的教育放在首位"，由此引起了当时美国众多学者的广泛关注。在《耶鲁报告》发表的第二年，美国博德学院（Bowdoin College）的帕卡德（A. S. Packard）教授在《北美评论》（*North American Review*）中发表文章，支持该报告，并谈道："我们学院预计给青年学生一种通识教育，一种古典的、文学的和科学的，一种尽可能综合的教育。它是学生进行任何专业学习的准备，为学生提供所有知识分支的教学。这将使学生在致力于学习一种特殊的专门知识之前,对知识的总体状况有一个全面的了解。"① 这是通识教育最开始被赋予的含义。但在 20 世纪 30 年代以前,由于当时高等教育界的专门教育和科技教育还不是很突出,此时的通识教育还是一个不被广泛使用的概念。直到 20 世纪 30 年代中期以后,通识教育才逐渐开始受到以美国为主的西方大学的重视,从而成为人们热烈讨论的话题。

1945 年,哈佛大学发表了在美国通识教育史上具有里程碑意义的著名报告《自由社会中的通识教育》(General Education in a Free Society),其中提出,通识教育的目标旨在培养学生有效的思考、思想的沟通、恰当的判断以及分辨各种价值的能力。通识教育不只是沉浸于不同的学科中,而是以人的全面发展为逻辑起点和理想目标的。它要求建立一种新的人才观和教育价值观,努力将学生培养成为善良的人、善良的公民和有用的人,使他们具备能够创造美好世界的素养。②

其后,通识教育在哈佛大学得到了进一步的发展。20 世纪 70 年代,作为哈佛大学文理学院院长的罗索夫斯基(Rosovsky)提出,通识教育,除了职业训练的功能之外,主旨在于个人整体健全的发展,包含提升生活、提炼对情绪的反应,以及运用我们当代最好的知识来充分了解各种事物本质的目的。同一时期,哈佛大学发表并实施了《核心课程报告书》(Harvard Report on the Core Curriculum),其中明确提出哈佛大学的通识教育目标是培养 20 世纪有教养的人,且有教养的人必须具有以下素质:①具有清晰、有效的思考和写作能力;②对自然、社会和人文有自身独特的批判性理解;③勤于思考道德和伦理问题,具有明确的判断力和抉择能力;④在某些专业知识领域有深刻的见解和成就;⑤具有丰富的生活经验,对世界各种文化及时代有深刻的认识。③

(二)国外学者对"通识教育"的研究

在对"通识教育"概念进行研究的外国学者中,以美国学者居多。

如美国学者阿德勒(Mortimer Adler)对通识教育的表述为:通识教育是为了培养懂得如何使用自己的心智和能够独立思考的自由人。通识教育的主要目的不是发展职业技能,尽管它是任何学术专业(intellectual profession)都不

---

① A. S. Packard. The Substance of Two Reports of the Faculty of Amherst College to Board of Trustees with the Doings of the Board there on. North American Review,1829:28.

② Report of Harvard Committee. General Education in a Free Society. Harvard University Press,1945:67.

③ Rosovsky,Henry. The University—an Owner's Manual. W. W. Norton & Company,1990:100-110.

可或缺的一部分。通识教育造就能够负责任地行使自己政治权利的公民。它致力于培养能富有成效地利用闲暇时间且趣味高雅的人。它是所有自由人的教育，无论他们是否想成为科学家。当今教育的问题是如何造就自由人的问题，而不是造就一群缺少高雅兴趣、专门训练的技术人员。只有通识教育才能完成这一任务，这种教育必须将数学、科学以及人文学科都包含在内，它必须排除一切职业性的和技术性的训练。①

1938年，来自美国的著名学者约翰·巴肯（John Buchan）提出，通识教育应授予学生三种习性：谦虚、仁慈和幽默。首先谦虚是学识的前提，只有通过教育获得了谦虚，才可以感受到世界上丰富的思想珍宝，个人就不会太自视清高；对于仁慈，则是因为只有具有了仁慈，才会对人性有深刻的认识，个体才会具有人性和人格；而幽默，则是希望个体在面对当时的大众领袖以虚假神话抬高自己时，保持清醒的头脑，对一些虚妄的良策可以一笑置之。②

1946年，当时华盛顿大学（Washington University）的罗马语教授诺斯兰（H. L. Nostrand）认为："通识教育，除了职业训练的功能之外，主旨在于个人的整体健全发展，包括提升生活的目的，提炼对情绪的反应，以及运用我们当代最好的知识来充分了解各种事物的本质。"③

1968年，来自南非纳塔尔高级科技教育学院（Natal College for Advance Technical Education）的阿斯顿·威廉姆斯（Aston Williams）博士在其著作《高等教育中的通识教育》（General Education in Higher Education）一书中谈道，通识教育应涵盖以下四个方面：①从涉及的学科范围来说，它包含了人文科学、社会科学及自然科学。②从课程的性质上来讲，它更多地关注跨学科课程，要求打破院（系）间的学科界限，提倡教师对学生进行跨学科知识的教授与指导。③从对学生的能力期待上来说，它着重于通过对学生在听、说、读、写方面的培养与锻炼来提高学生的沟通交流能力。④在对教师的要求上，认为教授通识课程的教师，一方面要努力地帮助并引导学生进行积极、有效的思考，使其可以对事物做出正确的价值判断；另一方面，要善于将自己本专业领域的学术态度和学术见解有效地迁移到其他学科中去，将有限的专业知识转

---

① Richard F. Thomas. General Education and the Fostering of Free Citizens. http://www.fas.harvard.edu/curriculum-review/gened-essay.html. 2014-06-09.
② 黄坤锦：《美国大学的通识教育——美国心灵的攀登》，北京大学出版社2006年版，第252页。
③ 黄坤锦：《美国大学的通识教育——美国心灵的攀登》，北京大学出版社2006年版，第251页。

化为无限的社会智慧。①

1978年，美国著名教育家亚瑟·列文（Arthur Levine）在《本科课程手册》（*Handbook on the Undergraduate Curriculum*）中列举了十余种关于通识教育含义的表述，同时也阐述了自己对通识教育的理解："通识教育是指大学本科课程中全校共性的、内容有一定宽度的部分。它通常包括对若干学科领域有关课程的学习，试图为一所学校中的全体学生提供一种应当共有的本科训练。"②

（三）国内学者对"通识教育"的研究

20世纪初，我国近代大学初创之时，并不突出专业教育。20年代蔡元培先生在北大提倡"融通文理两科之界限"，30年代梅贻琦先生在清华主张"通识为本，专识为末"。而"通识教育"一词正式出现在我国则是在20世纪40年代，由英文"general education"翻译而来。③

新中国成立后，在急于工业化和民族复兴的形势下，我国高等教育"以俄为师"，过分追求专业化和实用化，使专业教育在高等教育中占据主导地位，通识教育未被提到议程上来。改革开放后，随着经济社会的快速发展，人们逐渐认识到了专业教育的弊端。于是，从20世纪80年代开始，国内学者便围绕文化素质教育和通识教育展开了思考，尝试从不同的角度和不同的方式对通识教育的概念内涵进行探索。

国内最早对"通识教育"一词进行阐释的主要是一些港台学者。如中国台湾学者高明士认为："通"是通达、贯通、融汇于一炉之意，"识"则指见识、期识。把这二字结合起来就是"通古今之变，识天人之际"的意思。而在黄俊杰教授看来，通识教育旨在"建立人的主体性，以完成人之自我解放，并与人所生存的人文及自然环境建立互为主体关系"④。

香港学者何秀煌认为："事实上，通识教育并没有什么实质或者本质可以加以界定。无论大学通识教育的内容是否一贯，它并不是一个单一的系统。我们应该把它视为一个结构严谨、执行灵活的多元教育系统。大学通识教育可以是大学社群、国家以至一种文化教育思想；可以是一种教育措施，提供相关课程与学术交流活动，以扩大学生的视野；可以是一个以培育大学生的心灵或人

---

① Aston R. Williams. General Education in Higher Education. Teachers college, 1968: 216.
② Arthur Levine. Handbook on Undergraduate Curriculum. Jossy-Bass, 1978.
③ 张寿松：《近十年我国通识教育研究综述》，载《教育理论与实践》2003年第23期。
④ 黄俊杰：《大学通识教育的理论与实践》，华中师范大学出版社2001年版，第41页。

格为目标的文化取向；可以是一种对于大学教育的哲学构想；可以是一项提倡某些教育理想的社会运动；也可以是一个具有特定内容和目标的课程；甚至可以是一系列以通识教育为名而推行的课程组合等。"①

香港中文大学张灿辉教授在谈到通识教育时，强调指出，"通识教育旨在补救分科专业教育所产生的问题，大学并非只是专业人才的培养场所，背后更大的目的其实是要培养人，让学生成为有道德、有见识的知识分子。因此，通识教育的目的在于向学生提供专业培训以外的通才、博雅教育"②。

台湾"清华大学"前校长刘兆玄认为，通识就是"五识"，即知识、常识、见识、胆识及赏识。他认为很多创新的能力不见得来自高深的知识，而是来自能触类旁通的常识。不只要"见"，还有"识"，也就是不但有"远见"，还要能"洞悉"；看得远，也看得深，才能称为"有见识"。胆识是敢于不人云亦云，敢于对既有的知识、制度、做法、想法，任何不理想的地方提出质疑，提出新的看法、做法；敢于尝试别人没有试过的创新事情。"赏识"，除了培养对世上美好的物、事、人的欣赏以及品味的提升外，它更是一种胸襟。那种把通识教育作为专门教育以外的补充教育的定位，显然偏离了通识教育的精神，使其丧失了主体性。③

中国学者张光正认为，通识教育应该是使人成为一个"人"的教育课程，希望借助正统的课程设计，引导受教育者认识自己在天、人、物、我之间的定位，洞悉古往今来的历史的律变，进而产生恢宏的人生器识，树立独特不移的品格见论。④

顾明远教授在《教育大辞典》中，对通识教育是这样界定的：它是近代关于教育目的和内容的一种教育思想以及据此实施的教育。在高等教育阶段，是指大学生均应接受的有关共同内容的教育，通常分属若干科学领域，提供内容宽泛的教育，与专业教育有别。⑤

而目前中国对于通识教育概念的界定，主要是基于清华大学李曼丽教授的研究。李教授通过对马克思·韦伯（Max Weber）的理想类型（ideal type）法

---

① 何秀煌：《从通识教育的观点看——文明教育和人性教育的反思》，海啸出版事业有限公司1998年版，第45页。
② 张灿辉：《全球化与通识教育》，载《第三届海峡两岸暨香港大学通识教育学术探讨会论文集》。
③ 刘金源：《大学通识教育现状、问题与对策》，载《台湾地区通识学刊理念与实务》2006年第6期，第9—11页。
④ 刘国强、王启义、郑汉文：《华人地区大学通识教育学术研讨会论文集》，香港中文大学通识教育办公室1997年版，第233页。
⑤ 顾明远：《教育大辞典：增订合编本》，上海教育出版社1998年版，第1555页。

的研究，在分析了目前对通识教育已有的近50种概念界定之后，提出："就性质而言，通识教育是高等教育的组成部分，是所有大学生都应该接受的非专业教育；就其目的而言，通识教育旨在培养积极参与社会生活的、有责任感的、全面发展的人和国家公民；就其内容而言，通识教育是一种广泛的、非专业的、非功利性的基本知识、技能和态度的教育。"① 也就是说，通识教育的主要特征是超越直接的功利目的，着眼于人的潜能开发与身心的和谐发展，体现的是人文关怀和人文精神。

刘振天、杨雅文两位学者则把通识教育看作一种止于至善的教育思想，认为"通识是人类精神发展的高峰。登上这座高峰，意味着人类真正占有世界和自身，真正实现了理想和超越"②。

原国家教育委员会高等教育研究中心主任王冀生教授提出，通识教育就是坚持人文教育和科学教育的相互融合，要求所有的学科都必须进行人文、社会科学和现代自然科学的基本理论、基本知识和基本技能的教育。③

南京大学龚放教授认为，现代大学的通识教育有三个层次：第一，补缺、纠偏，摆脱狭隘与浅薄；第二，整合、贯通，由知识的统摄渐臻智慧的领悟；第三，超越功利、超越"小我"，弘扬新的人文精神，此即教育的终极目标。④

浙江丽水师范学院张寿松教授提出，通识教育是高等教育的重要组成部分，从广义的角度，是一种理念；从狭义的角度，是一种载体（主要是指通识课程）；其目的是培养健全的个人和自由社会中健全人格的公民；其实质是"全面发展人"或"全人"的培养。⑤

北京理工大学庞海芍教授认为，通识教育应从教育理念、教育内容、教育模式三个层面来理解。通识教育作为一种理念，其核心是如何做人，培养"good man"的教育；而教育内容则不能肤浅地理解为学习一些普通的知识，也不能把通识教育看作教育的全部，但明确其内容则是通识教育从理想走到现实的重要一步；通识教育作为一种模式，必须有一系列的制度、措施来保障其实施，从而实现通识教育的理念。⑥

---

① 李曼丽：《通识教育：一种大学教育观》，清华大学出版社1999年版，第17页。
② 刘振天、杨雅文：《论"通识"与"通识教育"》，载《高等教育研究》2001年第4期，第16页。
③ 王冀生：《大学之道》，高等教育出版社2005年版。
④ 林建华、董文良、都超：《山东省高校首届通识教育研讨会论文集》，中国海洋大学出版社2008年版，第25页。
⑤ 张寿松：《近十年我国通识教育研究综述》，载《教育理论与实践》2003年第23期。
⑥ 庞海芍：《通识教育：困境与希望》，北京理工大学出版社2009年版，第22页。

浙江师范大学徐辉和季诚钧两位教授则从通识教育与专业教育的关系来对其进行界定，认为应从以下三个维度来理解通识教育：首先，通识教育是专业教育的补充和纠正。目的在于扩大学生的知识面，加强文文渗透、理理渗透、文理渗透，做到科学教育与人文教育相结合，使理工学生掌握人文知识，文科学生具有科学知识的武装。其次，通识教育是专业教育的延伸与深化。旨在帮助学生形成知识的整体观，开发学生的智慧，培养学生洞察、选择、整合、迁移知识的能力。最后，通识教育是专业教育的灵魂和统帅。目的是超越功利、注重道德与人格养成，培养"全人"，造就道德高尚、通融识见、身心健康的个人与公民。①

中山大学冯增俊教授认为，通识教育与专业教育相对，是一种有关人生的教育，目的是使学生得到健康全面的发展。通识教育是求真、求善、求美的统一，在传授教人求真的高深专业知识的同时，又教人如何做人，辨物明志，陶冶情操，熏陶出一种包含人文素养、人文关怀、人文追求的人文精神和专业气质。②

（四）对"通识教育"概念内涵的辨析

从以上列举的国内外学者对通识教育相关概念的研究中可以发现，通识教育是一个内涵宽泛、多维度、多阶段的历史范畴，不同的历史时期具有不同的时代特征，不同的学者从不同的角度认识通识教育会有不同的定义。为此，我们试图从以下两个视角尝试对通识教育进行初步的定义：

1. 广义与狭义

从广义上来说，通识教育是一种教育观、教育思想，也是一种全新的教育理念，是指高等教育阶段大学的整个办学思想和理念，即指大学到底应该培养什么人的教育目的的最基本的教育要求，体现一个国家或一个时代大学对青年一代学子教育价值取向的诉求。

从狭义上来讲，通识教育是在大学/学院开设共同的"核心课程"，使学生从不同的"理解模式"（model of understanding）来认识现象、获得知识，了解自然、社会与人生相关的知识、原则与方法，由人文科学的文学、哲学、史学、社会学、政治学与自然科学领域的学习中，建立共同学识统整知识，发展高层次认知，使学生具有开阔的胸襟、宽广的视野与人文素养，以便在知识

---

① 徐辉、季诚钧：《中国、香港、台湾地区高校通识教育之比较》，载《比较教育研究》2004年第8期。
② 冯增俊：《香港高校通识教育初探》，载《比较教育研究》2004年第8期。

爆发的时代更具有适应能力，在变迁剧烈的社会更具有包容能力，从而个人的整个人生更为清新活泼，人格更为完善健全。

2. 目的、内容、特征及功用

从目的上而言，通识教育是站在人性的基础上，以人文关怀为终极目的，以培养"完整的人"（the whole man，这里的完整的人，意味着作为个体的人不仅要博闻强识，同时还要具备将知识与实践相结合的能力，拥有对客观世界做出明确判断的智慧）为核心目标，具体是要培养道德高尚、身心健康、通融见识的和谐发展的"全人"，使人在心智、道德、文化、表达、修养、思辨、责任意识等方面得到全面塑造。对学生来说，是要在为学生提供充足知识、技能和训练的教育外，致力于将其培养为全球化视野下具有国际视野的独立个体，使学生拥有与不同肤色不同国度的人相处的能力。在培养学生才智、增强学生理解力的同时，呼唤学生个体主体意识的觉醒。旨在使学生在专业教育的基础上，能够有效地吸收其他学科门类知识，以适应社会日新月异的变化、摆脱专业教育的束缚，成为具有独特的个性品质、健全的人格意识的公民。

从内容上而言，通识教育以非功利主义的广博知识、综合技能及价值观念等为教授内容，是具体教学生怎样"做一个完整的人"的教育。在不同的国家和地区、不同的学校，通识教育的具体内容有着各自的特色，但大都包含在人文学科、社会学科及自然学科之中，是人文教育与科学教育的融合，具有通识性、综合性、多样性、民族性以及国际性等特点。

从特征上而言，通识教育是高等教育领域中针对高校学生的一种非专业教育，不能将其等同于国民教育或公民教育，通识教育与专业教育有着同等重要的地位，不是对专业教育的补充；通识教育是有关基础学科、跨文化及跨学科的教育，是无论学生学习何种专业、将来从事何种职业都可以接受的教育；通识教育是非功利性的有着明确价值追求的教育。它一方面引导受教育者培养与发展人类的美好人性，使其成为兼备感情和理性认知的和谐的人；另一方面，作为高等教育的重要组成部分，在为其提供营养的同时，又引导了高等教育的科学发展。

从功用上而言，通识教育不仅能满足个人的发展需求，同时也可实现一定的社会功能。一方面在对个体心智与能力进行培养的同时，使其更好地理解人生的真正价值和意义所在；另一方面，一个具有社会属性的人，其一言一行产生的影响是整个社会面貌优劣的要因。因此，通识教育在实现个人全面发展的同时，在无形中实现了它的社会功能。

（五）通识教育与专业教育、自由教育、全人教育的关系

通识教育起源于古代西方的自由教育（liberal education，又称"博雅教育"或"文雅教育"），它是在对自由教育扬弃的基础上形成的。自由教育的宗旨在于发展人的理性，在教育内容上强调知识的全面性和普遍性。通识教育的目的是培养全面发展的人和负责任的公民，其内容是广泛的，囊括了人类各个主要的知识领域。因此，通识教育和自由教育是相通的，通识教育继承并发展了自由教育。但是，通识教育和自由教育又有不同之处：自由教育在某种程度上较多体现精英色彩，含有等级性和阶级性，作为高等教育，只是服务于少数贵族阶级和有闲暇时间的自由民，而且，自由教育更侧重于古典人文学科，完全排斥以实用为目的的教育；而通识教育则是顺应了时代的发展潮流，是自由教育在民主社会背景下的时代产物，在秉承了自由教育理念的基础上，抛弃了自由教育的等级性和纯古典的倾向性，不但将各类实用知识纳入大学的正规课程中，而且向所有的人都敞开了大门。

通识教育与专业教育既相互区别又密不可分，两者共同构成了一个人的完整的大学教育。二者都是高等教育的人才培养制式与思想，但在目的、性质和内容方面却存在很大程度的不同。通识教育的目的在于培养具有较为深厚的能力基础和专业知识，同时对社会主要学科领域有一定了解的高素质人才，而专业教育的目的则是培养在特定专业领域深度发展，具有高深知识和能力基础的专门型人才。在性质上，通识教育更多关注的是其工具性价值，注重学生个体的专业素质为自身以及社会所带来的效益，而专业教育则更多追求人的主体性价值，关注学生个体的独立思辨与分析能力及具有可以充分融入人类文明创造活动的、自觉的主体意识。在内容上，专业教育是一种应用型的教育，是针对具体的特定学科门类的教育，而通识教育则是贯穿于教育学科的各个领域之中，是社会科学、自然科学及人文科学的融合与统一。通识教育与专业教育密不可分体现在：对专业教育而言，必须以通识教育为它的理论提供价值性导向，才能为学生做出不同的专业选择做准备，丰富与发展学生的主体性价值，但专业教育的工具性仍然在现在社会中有着重要的地位和作用。对通识教育来说，专业教育所推崇的理性主义价值追求必须建立在学生的心理需求和生活需要得到满足的基础之上，才有可能有效地引导并提升专业教育的功利追求，为个人主体性向类主体性的过渡和发展创造条件，培养、造就自由社会中健全的个人和公民。

日本学者小原国芳认为"完全人格、和谐人格，不单纯强调智育、德育

或宗教的教育，也不单纯强调体育、劳动或艺术的教育，就是全人教育"①。《教育——财富蕴藏其中》一书中提到，"每个人的身心、智力、敏感性、审美意识、个人责任感、精神价值等方面全面发展的教育意味着全人教育"②。在近代德国学者洪堡看来，全人教育是完全的人的教育、充分发展人的个性的教育、充分尊重人的人格的教育、培养健全人格的教育。我国文辅相先生认为，"全人教育是把人培养成有知识、有教养、有智慧的人的教育"③，人的知性和灵性、人的艺术性和创造性、人的潜能和智慧的全面挖掘是全人教育的本质。自我实现是全人教育的终极目标，天人物我的协调统一是全人教育的精神内涵，全人教育更多地意味着"为社会培养什么样的人"的教育。通识教育自博雅教育演进而来，随着时代的变迁，其内涵不断发生变化，但人的知识、理性、身体与人的人格、情感、心理与和谐发展的主题却亘古不变，其本质是和全人教育相通的。通识教育重点强调的是给学生全面的知识结构，让学生具有广博的知识面，通晓各类知识，更多强调的是课程实践。因此，在某种程度上全人教育可看作通识教育的目的，通识教育是实现全人教育的有效途径。二者是目的与手段的关系，通识教育只有在全人教育理念目标的指导下，才可以更加自如地处理专业教育与文雅教育之间的关系，通识教育课程才可能免于沦为知识的堆砌，而如果没有通识教育的支撑，全人教育的深化则可能变成一种空谈。④

二、国际及地区大学通识教育的实践

（一）美国大学通识教育的实践

1. 美国大学通识教育的缘起

美国高等教育建立之初，基本上承袭了英国的传统，学校由教会创办，设校目的以培养牧师、律师及政府官员为主，课程主要为七艺和文雅学（liberal arts，主要指古典人文学科，如希腊文、希伯来文等古典语文和逻辑、修辞等），全体学生必修，称为"博雅教育"（liberal education）。就西方17、18世

---

① 关松林：《杜威教育思想在日本》，南京师范大学2004年学位论文。
② 联合国教科文组织：《教育——财富蕴藏其中》，教育科学出版社1996年版。
③ 文辅相：《文化素质教育应确立全人教育观念》，载《高等教育研究》2002年第6期。
④ 赵玉生：《十余年来我国全人教育研究要述》，载《太原师范学院学报》2012年第7期。

纪的知识体系而言，其课程文理并重，可谓相当完整和周全。①

19世纪初期，科学启蒙运动正盛，而且美国独立后开始开发西部，自然科学和工艺技术等职业实用科目日益受到重视，相形之下，大学中的古典学科受到批评和攻击。这时也正是实用主义和功利主义学说兴盛之时，不少教育学者主张大学应着重实用学科，而非古典学科，文雅学科受到质疑。为维护博雅教育传统，1828年，耶鲁大学教授挺身而出，发表了著名的《1828年耶鲁报告》(*The Yale Report of 1828*)。报告指出，"什么是大学教育合适的目标？如果我们没有极大地误解大学监护人和赞助人的意图的话，它的目标应该是为卓越教育奠定基础，整个教育的基础必须是宽广的、深厚的、坚固的，不管大学采取何种课程，博雅教育都应当毫无疑问地予以保留和延续，就像长期以来的状况那样"。翌年，博德学院（Bowdoin College）帕卡德教授在《北美评论》(*North American Review*)发表《阿姆赫斯特学院教师给校董会的两份报告的实质》(*The Substance of Two Reports of the Faculty of Amherst College to the Board of Trustees*)，支持耶鲁报告，指出美国大学提供的是一种"通识教育（general education），它包括古典学、文学和科学方面的有关课程内容"。这是"通识教育"一词首次出现并与大学教育联系到一起。

2. 美国大学通识教育自由选修制度阶段

南北战争以后，一方面，大量留德学生归国，"教自由"和"学自由"的理念在美国悄然成风；另一方面，美国开发西部的需求使得社会对农工商等实用技术教育的需求大增。1862年莫雷尔法案颁布以后，各州纷纷开设注重工、农业发展的课程。这使得传统欧洲大学的古典人文课程受到巨大冲击，如1866年成立的康奈尔大学就非常强调职业技术学科，学生可以广泛选修课程；19世纪末期成立的斯坦福大学、芝加哥大学则综合了康奈尔大学及约翰霍普金斯大学职业技术教育和科学研究两方面。

在哈佛大学，艾略特（Charles Eliot）在1869年上任就职演说中旗帜鲜明地指出，文学与科学、古典文学与数学、自然科学与形而上学之间并不是势不两立的，主张将新知识列入课程计划。当时哈佛课程主要是古典课程，而他上任伊始就建立了选修课制度，强调每一个学生应能自己选择课程。学生可以自由选修物理、化学及古典语文。但遭到了所有人的反对，历经努力直到1827年才取消了四年级的全部必修课，1879年取消三年级必修科目，1884年二年级废除必修课，1885年一年级的必修课才被压缩，最终于1886年，选修课制

---

① 刘帅：《究竟什么是通识教育——基于对美国通识教育历史发展阶段的分析》，载《煤炭高等教育》2012年第3期。

度才基本建立起来，学生在整个大学学习过程中要学习 18 门课程。哈佛大学选修课程使得哈佛大学的培养目标由培养贵族逐渐向培养工业人才转变，其教学组织因而发生根本变化，学校规定，学生学习一定数量的课程后即可获得学分，当学分达到一定标准时就可得到学位。这样，选修制度推动了学分制度的建立，学生获得了自由和尊重。教师从选修课中更加获得益处，逐渐成为专门知识的拥有者，伴随着教师专门化，大学的基础结构"系"逐渐发展起来。大学生自由选修课程在 1870—1910 年风靡全美，但其弊端渐露，结果是难以产生全体学生共同必修科目，无法形成共同文化。此时，美国高等教育已基本培养了满足社会所需的各类专门人才，国家需要稳定，学校此时也进入了相对稳定时期。1909 年，哈佛法人团不顾艾略特反对选聘劳威尔（Lowell）为校长，从此"第二次通识教育运动"开始。①

劳威尔上任后，认为本科生教育是大学的基础，于是开始了一系列改革。首先取消了艾略特的自由选修制度。建立主修（concentration）和分类选修制度（distribution requirements），要求学生在所有 16 门课程中，必须有 6 门集中主修某一个学科或领域，4 门则须在文学、自然科学、历史、数学 4 个分类必修之中选修 1 门，另外 6 门可以自由选修。② 这样就克服了许多学生在选课时避难趋易，知识无系统性的毛病，更重要的是克服了学生过早专业化，毕业后难以适应复杂变化的社会的困惑。由此，学生在校期间既掌握了广博的知识，又成为某门学科学有专长者，解决了"专"与"博"的矛盾。劳威尔的课程改革迅速被许多大学采用，尤为值得一提的是他建立了住宿制，形成了学习社区，促进了师生间的学术气氛；重建了辅导制，少教多学，要求辅导员在其专业领域以谈话和辅导的方式进行非正式教学，使学生的学习同生活结合起来。

3. 美国以芝加哥大学赫钦斯为代表的经典名著课程的勃兴

受以杜威为代表的进步主义的影响，到 20 世纪二三十年代，美国进入了实用主义的盛行时期，针对当时部分高校出现的专注于专业教育与科技教育的弊病，以及大学的分系分科，加强主修课程的学习或采取分类必修或概论性课程，却缺乏实质的课程内容的现状，赫钦斯于 1929 年上任芝加哥大学校长后，就极力提倡改变大学的发展方向和课程安排，在芝加哥大学主持了美国高等教育史上最激进、最彻底、最全面的通识教育改革。他主张大学的教育目标应执着于"人性"而不是"人力"，大学之道首先在于所有不同科系、不同专业之

---

① 李成明：《美国大学通识教育的历史发展》，载《东南大学学报》2001 年第 5 期。
② R. N. Smith. The Harvard Century—the Making of a University to a Nation. Simon and Schuster, 1986.

间必须具有共同的精神文化基础，现代大学只有发展通识教育才符合大学之道的思想，才能沟通现代与传统使文明不至于断裂。现代大学通识教育的内容必须属于"永恒学习"的范畴，也就是说这种通识教育内容不是现代人在现代社会的特殊问题，而是人类需要探讨的永恒内容和永恒问题——"共同人性"和"本族群的属性"。而对这些永恒性的研究，其精华首先体现在西方文明自古以来的历代经典著作中，这就需要让大学生在进入专业研究之前首先研究"西方经典"或"伟大著作"。① 这些"经典著作"或"永恒学科"主要由两大类科目组成：一类是与古典语言和文学有关的学科；另一类称之为"理性课程"，即基本的文理科，如文法、修辞、逻辑和数学等。赫钦斯对西方古典著作评价极高，竭力主张在大学课程中设置名著杰作，他认为，古典名著中涉及的许多问题及答案直到今天仍可对现实社会产生极大的指导意义，而且古典著作本身就是知识和思想的广泛的综合，系统地学习古典著作，可以促进知识的统一。② 具体则要求在高中阶段的最后一年和大学的第一年为学生开设通识教育课程，每一位在学校接受书本教育的学生都必须接受通识教育课程的熏陶。对于赫钦斯的这种理念，在其信徒巴尔（Stringfellow Barr）、布哈南（Scott Buchanan）和阿德勒（Mortimer Adler）等人的传播移植下，在 1937 年转移到了马里兰州（Maryland）的圣约翰学院（St. John's College），在课程要求上，具体规定所有大一学生读古希腊时期名著 47 本，大二时期读名著 38 本，大三读 19—20 世纪名著 28 本，合计 113 本，这些名著基本属于文学作品，也有圣经、历史、哲学、数学、物理、经济学等等。此外，为配合经典名著的课程，另有语文、数学、科学和音乐等辅导课程。

4. 柯南特与哈佛大学"红皮书"的通识教育阶段

1929 年，美国发生了严重的经济危机，社会动荡不安。1933 年罗斯福总统上台后，实施了"罗斯福新政"，而劳威尔仍抱着精英观念不放，与当时社会大环境表现出巨大反差。此时，劳威尔被迫辞职。1933 年，科南特（James Brynat Conant）受命于危急之际，接替劳威尔出任哈佛大学校长。科南特在任期间，为了维持哈佛大学的学术声誉，始终把精英通识教育置于核心办学方针中。

1943 年，科南特成立专门委员会，专门研究通识教育问题。历经两年研究，该委员会于 1945 年以《自由社会的通识教育》为题发表了报告书。由于该报告是以红色作为封面，因此也被称为"红皮书"。该书影响甚大，成为战

---

① 吕向红：《论自由教育向通识教育的演变》，载《闽江学院学报》2008 年第 3 期，第 108 页。
② 李曼丽：《通识教育：一种大学教育观》，清华大学出版社 1999 年版，第 116－117 页。

后直至20世纪70年代罗索夫斯基改革期间通识教育的"圣经"。书中指出，美国高等教育首先要克服过分专门化倾向，应该加强学生对人文科学、自然科学和社会科学的遗产的学习，应该通过通识教育帮助人"有效地思考、交流思想、做出适当的判断并区别不同的价值观念"。通识教育的目标是赋予人们生活中必须具备的各科知识、能力、思想、信念、修养等的教育，培养情感和智力全面发展的人，使个人需要同社会需要结合起来。科南特在红皮书的导言中指出，"通识教育的核心问题，是使自由和人道的传统持续不断，单单获得知识，发展专门技能与专门能力，并不能为理解奠定宽广的基础，而理解恰恰是维护我们的文明的基本要素。甚至即使学生在数学、物理学、化学、生物学等方面有扎实的基础，而且能够读写几种语言，也仍然没有为自由社会的公民提供足够的教育背景，因为这样的课程和人类个人的情感经验与人类群体的实践经验缺乏联系"。他认为课程应该包括人文学科、社会学科、自然学科三大领域。[①] 该书可以说是"二战"结束后对哥伦比亚大学、芝加哥大学改革实践的社会总结，把通识教育提到打造"美国熔炉"的高度，不仅对当时的美国，就是对现在的高等教育也是影响巨大的。

5. 罗索夫斯基与哈佛核心课程通识教育阶段

20世纪六七十年代，民权、反战和学生运动高涨，学生运动以自由为名反对任何公共必修课。校园的学生运动和骚乱使原先的大学通识教育课程全面瓦解。迫于形势，很多大学放任学生选课，通识教育一度衰落，产生本科生质量下降，学生知识结构、智能结构不合理的结果。至20世纪70年代中后期，社会、家长和大学才呼吁重新恢复必修通识教育课程。为顺应这一形式，1973年夏，博克任命极力主张对大学通识教育进行全面改革的亨利·罗索夫斯基（Henry Rosovsky）为哈佛大学文理学院院长，责成其重新研究文理学院的目标。1974年10月，罗索夫斯基公布发表《关于大学学科教育问题致全院教师的信》，号召全院教师献计献策，制订有关大学本科教育的目标、方法。1975年，他组成7个工作组，认真研究哈佛大学学生学习情况，7个工作组分别负责对核心课程（又称为基础课程）、主修课程、教学改进措施、学生辅导、学生生活、人力、物力及财力状况等进行研究。罗索夫斯基任命威尔逊教授负责共同基础课程研究，1976年年初，威尔逊出台了改革方案，该方案针对具体目标提出了一套非主修课程要求，否决了原来的方案，报告主张设计一套核心课程，供学生学习。后经两年多的研究讨论，1979年5月正式通过并发表了《哈佛大学关于核心课程的报告》，自1979年起，用4年时间实施实验方案，

---

① 李成明：《美国大学通识教育的历史发展》，载《东南大学学报》2001年第5期。

1982年开始全面实施，以核心课程取代原有通识教育课程。核心课程涉及文理学院五个领域。包括文艺领域、史学领域、社会领域与哲学分析、科学领域、外国文化领域。1985年则加入道德思考，这样使得通识教育课程领域涵盖六大类。所有领域知识都围绕一个共同目的，给学生确定一个知识广度的最低标准。整个核心课程每年共设80至100门，平均每年在每一领域开设8到10门。哈佛大学这次对核心课程的改革给许多国家高等教育的教学改革带来巨大影响，许多国家尤其是发展中国家纷纷效仿。

6. 21世纪哈佛大学新通识教育阶段

"9·11"事件之后，美国政府强调教育与国家的全球政治、经济、军事竞争及反恐战略中的"利益"之间的关系，把高等教育改革作为整个国家战略的重要组成部分，颁布了一系列高等教育法案。科技革命与全球化也加剧了国际教育竞争，除老牌对手如耶鲁大学、斯坦福大学以外，国外教育力量也在与哈佛大学激烈竞争。因此，原有的核心课程已经难以适应新的世界形势对人才培养的要求。而且，从1979年哈佛大学正式实施核心课程以来，核心课程的类别与修习规定发生了多次变化，可见课程分类显然不能达成共识。2002年10月，哈佛大学文理学院院长科比（William C. Kirby）宣布启动1978年之后规模最大的本科生课程改革，其关键是改造现行核心课程制度。经过数年集思广益与反复论证，2007年2月，哈佛大学公布《通识教育工作组报告》（*Report of the Task Force on General Education*）。5月，该改革方案获得学校通过，2013届学生将正式使用新通识教育课程。这次改革的最大亮点就是以新的通识教育计划（general education program）取代先前的核心课程。在新的计划中，本科课程包括三大要素：主修、选修和通识教育。主修朝向于学科深度；选修能开拓学生的学科视野，并增加他们的学习兴趣和热情；通识教育则着眼于学生的未来，其角色在于将学生在哈佛所学到的东西同毕业后的生活联系起来，并帮助他们理解世界的复杂性以及他们在这个世界中应起的作用。哈佛大学新颁布的通识教育改革方案提出了四个课程目标：

（1）让学生为成为合格公民，为参与未来社会生活做准备。

（2）使学生理解他们自己既是传统艺术、观念和价值的产物，也是参与者。

（3）让学生为批判性和建设性地回应社会变革做好准备，了解现代生活中产生变革和变迁的力量。

（4）让学生理解人们言行的伦理含义。

为实现上述课程目标，新的通识教育计划将学生需要学习的领域重新进行划分，并将之分为八大类：美学与诠释（aesthetic and interpretive understanding)、文化与信仰（culture and belief）、经验和数学推理（empirical & mathematica reasoning）、伦理推理（ethical reasoning）、生命系统科学（science of living systems）、物质世界科学（science of the physical universe）、世界各社会（societies of the world）、世界中的美国（the United States in the world）。上述八个类别归为四个领域：人文学科、逻辑推理、自然科学、社会科学。每一领域对应两个类别。一般地，每位学生必须从八个类别中各选一门课程进行学习。①

（二）日本大学通识教育实践演进

1. 日本大学通识教育的移植

西方"通识教育"一词，在日本大学通常称之为"教养教育"。为了行文统一，还是将日本各大学所谓的"教养教育"称为"通识教育"。日本作为第二次世界大战的战败国，曾经历过一段由美军占领的时期，这一客观历史使战后日本的大学课程改革在一定程度上参照了美国的大学建构模式，由战前的二元等级金字塔体制结构，迅速地转变为一体化的大学制度，并直接促成了"新制大学"的诞生。在新制大学的形成过程中，除体制改革这项重要的内容之外，课程改革也是其中一项十分重要的内容。课程改革的主要内容是将"一般教育"引入大学课程，并使其具有与专门教育同等重要的地位。由于"一般教育"是在为学生提供良好的知识与职业训练的基础上，着重培养学生广泛的人文科学态度，这将在一定程度上丰富学生的未来生活，并使他们了解今后所从事的职业及工作怎样在人类社会中发挥作用。在某种程度上，这种理念正与当时高等教育界提倡的通识教育理念是不谋而合的，因而在改革中日本大学所实行的"一般教育"其实正是普遍意义上的"通识教育"。②

战后日本为了使通识教育可以尽快推广，于是在 1947 年 7 月制定了《大学基准》，并对新制大学实施"通识教育"做出了具体的规定：各大学必须从下面所列三类一般教养科目中各选三门以上加以开设，开设一般教养科目总数，文科类大学或学部为 15 门，理科类大学或学部为 12 门。人文科学类有哲学、心理学、教育学、历史学等，社会科学类有法学、政治学、经济学、社会学等，自然科学类有数学、物理学、化学、生理学等。上述内容为通识教育在

---

① 刘帅：《究竟什么是通识教育——基于对美国通识教育历史发展阶段的分析》，载《煤炭高等教育》2012 年第 3 期。

② 江勇、冯志军：《日本大学的通识教育改革及其启示》，载《教育研究》2005 年第 9 期，第 88 页。

日本的顺利实施与开展提供了有力的政策支持。

2. 日本大学1991年通识教育改革以及大学教养部改组阶段

日本新一轮的通识教育改革仍然是从课程设置开始的。1991年，日本再次对《大学设置基准》进行了修改，规定将各授课科目划分为必修科目、选修科目和自由选修科目，将这些科目分别安排在各个年级，而不再强求将"通识教育"科目都必须安排在一、二年级。

同时，为配合通识教育的改革，日本大学从制度结构上对传统模式进行了更彻底的根除，对教养部进行改组，主要推行"一般教育"和专业教育课程的四年一贯制模式。改组的主要模式有如下几种：①取消教养部，将原来教养部的任务、功能划转到有关的学部。如分别由人文、社会、教育学部或仅仅由其中的一个学部、学科担任大学基础教育部分的教学任务。②将教养部与有关学部合并，成立新的学部，共同承担原来两个学部的任务。③保留教养部，但改革了原教养部的功能。一些大学中保留的教养部已不再是原来意义上的教养部，教学内容大大缩减，部分教养部开设有研究生科目、课程，招收研究生，变化非常大。④独立设置新的学部，取代教养部，承担大学基础教育和新设学部专业教育的任务。日本绝大部分大学实行了上述改革，刚性化的通识教育模式被舍弃，弹性化的通识教育制度逐步被各大学采用。①

3. 日本大学1999年通识教育课程改革阶段

从1999年开始，课程改革进入了新的阶段。自新世纪以来，随着现代信息技术的飞速发展，人类社会伦理道德建设面临着更大的危机，培养"人格完善""高度涵养"的公民已经成为高等学校的重要使命之一。近十年来，日本经济发展缓慢，各种自然灾害频发，尤其是2011年的海啸，对日本社会发展和经济运行产生了重大影响。国民信心低落，高校毕业生就业率持续下跌，给日本高校人才培养带来了新的挑战。1998年10月，日本大学审议会提出了《21世纪的大学与今后的改革方案》，其中具体指出大学的课程改革不仅要改变通识教育与专业教育的关系，更要重视通识教育课程。2000年的大学审议会在"全球化时代要求下的高等教育"中重新对通识教育的定义和内涵做了全新的定义，从多元文化角度强调教养教育的重要性，强调要具备与不同文化进行交流和对话的基本素养。日本高等教育也开始注重国际化趋势，注重从不同角度不同方式促进国际化。2002年，日本中央教育审议会提出了新的通识教育改革的审议方案，促进大学和教员积极开展通识教育，确立通识教育的实

---

① 江勇、冯志军：《日本大学的通识教育改革及其启示》，载《教育研究》2005年第9期，第89页。

施责任体制，以此推动日本高等教育的改革，目前已取得一定效果。①

（三）中国台湾地区大学通识教育实践

当代学者对"通识教育"的各种阐释，溯及亚里士多德博雅教育（liberal education）的高深学问，19世纪中期英国学者纽曼《大学的理想》中对大学教育理论的论述，以及在实用主义影响下美国"耶鲁报告"对高等教育的反思。无论是称为"通识教育"还是其他变体，诸如"素质教育""自由教育""博雅教育""通才教育"等等，强调人的主体性、对自由人的认识和重视一直是其核心内涵。这种"以人为本"的教育理念于20世纪迅速从英美国家辐射开来，我国台湾地区高等院校始于20世纪中叶的"通识教育"改革即是这股狂潮的一隅。战后台湾地区的高等教育被学者称为是"政治工具"和"经济工具"，在高压政策的主导下基本上是执行台湾地区政治及经济政策的工具，各大学系所的增设、资源的分配，乃至教育内容的决定，均深深地受到行政当局意志的渗透。"通识教育"如1945年哈佛大学的《自由社会的通识教育》红皮书所陈述，是民主社会中责任者和公民的养成教育②，在台湾地区这个承袭华夏封建官僚体制的巨大政治关系网里，"通识教育"蕴含的强烈西方自由与民主色彩充斥于不同利益集团意识形态的不断博弈之中，实际上是台湾地区政治社会发展的缩影。

1. 学术自治倡"通识"（1950—1984）

台湾地区通识教育的推行，最早见于傅斯年校长在"台湾大学"（原称"台北帝国大学"）重建之际关于通才与专才的讨论。傅斯年教授于1950年执掌台湾大学校长一职，正值台湾地区光复、时局动荡之际，立足于国民党一党权威体制下的教育行政受到地区当局的各项干预，学校成为政治上的特区。面对台湾大学创立之初作为日本殖民"南进政策"学术基地的极强政治服务工具色彩，傅斯年提出"我们贡献这所大学于宇宙的精神"，追求真理，与师生共勉，将其任北京大学代理校长时自由讲学、自由研究的传统学风渗入台湾大学的改革之中，坚决维护大学的学术自由和尊严，因为辞退许多不称职的专兼任教师而得罪许多政治权利人士。傅校长建议新生由一流教师教授普通课，得到充分实践，并配备助教，充实文理法三学院的一般"通习科目"。"以上所说的一般通习科目，包括在文学院的国文、英文、通史、逻辑，在理学院的数

---

① 周荣、王保田：《日本大学通识教育演变与发展问题研究》，载《文化与教育》2012年第12期，第179页。

② 赖鼎铭：《哈佛红皮书的通识理念》，载《通识在线》2008年第18期，第32–35页。

学、物理、化学、动植物、地质，在法学院的普通经济学、法学通论等。为充实这些一般课程，还要增聘不少的教授，这个办法，与其谓为充实文理两学院，毋宁谓充实全校六个学院的基础课程。"① 可以看到，傅校长对于"通识教育"的提倡，实质是对大学学术自由的一种争取，对当时台湾地区官僚体制干预学术的一种批判和指责。

时值"白色恐怖时代"的台湾地区成为美帝国主义投机的一个"跳板"，对台大力资助。东海大学是由美国基督教董事会资助建立的基督教大学，创建之初即践行基督教义——"博雅教育"。留英学者曾约农校长为东海大学第一任校长，其于1956年4月6日主持第四次校务会议时宣布"本校教育目标……其基本政策为通才教育，深愿诸同仁能予研究与支持②"，随后在第六次校务会议确立其通识教育理念"专门与通才，互相补益"，呈请"教育部"批准于1956年正式实施。其后的留美学者吴德耀校长也同样维护通才教育与专才教育并重的特色，并行实施"劳作制度"，是基督教义跟孔孟儒家精神结合的一个典范。进入20世纪70年代，由于基督教董事会对学校的资金限制，计划搁浅。显然，此时的高等院校并无自己独立的经济地位，财政方面受到政治机构的牵制，依靠外来办学主体基督教会的扶持勉强得到暂时的学术自由，但是依然不可摆脱政治意识形态的束缚。"劳作制度"的施行，伴之国民党意识形态的渗透，实则是学术有限自由下的政治监管。

20世纪70年代的台湾地区在"十年建设"的推动下经济快速发展，地方当局对社会各个阶层的有序分配使得社会阶级有流动的机会，庞大稳固的中产阶级逐步形成。同时1969年国民党政权开放增额民意代表选举，党外人士获取了发表集体利益诉求的管道，弱化了国民党威权统治，使得社会自由民主风气渐涨。留美学者沈君山教授积极邀请岛内外著名学者莅临清华大学上课，开展讲座制度推动"通识教育"，开自由讲学风气。虞兆中教授1981年接任台湾大学校长后也开始推行通才教育，明确提出应重视人格教育，"由于在大学执教多年，有感于目前大学教学过于偏专业课程，学生追求考试分数的兴趣太高所致。不少学生既无意于接触多方面的知识，亦疏于人生价值思考。因此对于个人的时空定位，以及所赋予的使命感和责任感，缺乏严肃的体认"③，并且认为大学教育应该重视自由发挥的精神，非常反对大学都采用划一的模式

---

① 黄俊杰：《傅斯年与台湾大学的教育理念》，载《北京大学教育评论》2005年第1期，第96页。
② 东海大学通识教育中心，http：//www2.thu.edu.tw/～ge/v2/2_origin.php。
③ 虞兆中：《通才教育 台大的起步》，载《台大评论》1989年。

推动通识教育。1982年6月1日，台大第1364次行政会议即决议成立"推动通才教育工作小组"，由郭博文教授担任召集人规划通识课程，并于次年8月提出《"十三门选修课程"计划报告书》。但是，当时尚未解严，政治气氛严峻，各大学无自主与自由，校园内外的政治干扰盛行，致使虞校长的办学理念未能完全落实，只开设了4门通才教育科目，10月的《推行通才教育计划书》也因政治力的干预而终止。① 可见，此时的台湾地区正处于农业社会小农保守思想的束缚下，教育事业作为一个政治工具仍牢牢地把握在政府官僚机构手中，学术自由受到极大的牵制，教育仍然服务于当时意识形态宣传。"通识教育"虽然起到一定的启蒙教育理念的作用，但仍然无法摆脱政治、经济压力的束缚。

2. 法典间控限"通识"（1984—1993）

20世纪七八十年代经济的繁荣使得社会安定，中产阶层的成长促使本土台湾意识激增，同时于1968年开始实施的九年义务教育使得民众知识水平提升，社会大众民主意识愈来愈强烈，党外人士利用杂志刊物宣扬"民主"和"台湾意识"，1979年的"美丽岛事件"即是党外人士催化民主进程的标的。台湾地方当局的权威政治体制受到强大压力，一向带有强烈工具色彩的台湾高等教育也受到民众的强烈批判。1983年春，当时的"教育部"部长朱汇森邀请"中央研究院"吴大猷院长对"教育部"官员发表演讲，其对台湾大学教育进行了严厉批评。随后成立"大学共同科目规划研究专案小组"检讨大学共同教育问题，提出《关于大学通识教育及共同科目之综合建议》的报告书。1984年4月5日"教育部"以台（73）高字第11986号函检送"大学通识教育选修科目实施要点"，通知各公私立大学及独立学院，要求各大学院校在"文学与艺术""历史与文化""社会与哲学""数学与逻辑""物理科学""生命科学""应用科学与技术"七大学术范畴内开授各种选修科目，通识教育共4到6学分②。接着，在1986年清华大学举办"大学通识教育研讨会"针对"教育部"公布"大学通识教育选修科目实施要点"后，各校推动通识教育并提出建议。"共同科目"入法典表面上是针对"教育主体性"的缺失导致大学教育专业不足而宏观视野失落的弊病而发，实际上是党政控制系统以一种合法的面孔插足校园管理，维持一个稳定的校院秩序，是国民党意识形态课

---

① "台湾大学"共同教育委员会：《知识分子与二十一世纪》，"台湾大学"出版中心2002年版，第24页。

② 黄俊杰：《大学通识教育探索：台湾经验与启示》，http://huang.cc.ntu.edu.tw/pdf/CCA2806.pdf.

程的补充。以"共同科目"——军训制度来说，1960年即纳入教育体系，钳制学生思想、干预学校行政、实施不适任生活辅导。迫于20世纪80年代建造理想大学校园民主化、自由化、文化批判学生运动高涨，"教育部"征求各界看法重新考量军训教育存废问题，将其改为选修课程，并朝学术化方向改进。

1987年国民党当局正式宣告解除"戒严"，开放组党，让台湾政治发展正式进入民主转型期。1988年旋即宣告解除报禁，至此，党外人士正式取得政治竞争的合法地位，长期受压抑的民间社会获得更大的言论表达空间，媒体成为政府的监督者。1991年《动员戡乱时期临时条款》此部临时"宪法"正式废除，台湾地区领导人直选制度化，台湾地区政治发展进入全新阶段。台湾地区产业升级、高科技带动经济发展的呼声日强，高等教育体系作为地区人力资源的主要支柱，因应科技发展进行各项改革。"通识教育"在高等教育体系所形成的自由讲学风气和批判性特质逐渐受到社会民众的关注和重视，1991年第四次台湾科技会议第五中心议题子议题（五）提案十三："因应未来科技发展之需要，加强大学课程主辅修、通识教育以及第二外国语文教育一案中对现行通识教育，各校、院、系所执行内容不一，绩效不甚理想，应重新规划。"①"国科会"及"教育部"据此开始推动大学通识教育研究及教学改进计划。1992年开始，"教育部"资助台湾地区各大学推动通识教育改革业务。可见，进入90年代的台湾高校"通识教育"实践由于"共同科目"的僵化控制，阻碍了现代创新意识的发展，教育部门开始反思并作出适当松绑。

3. 民主意识唤"通识"（1993—2002）

正如葛永光所说："经济发展促使社会价值重分配，在此重分配过程中，总有受益者与非受益者，非受益者必然产生挫折感，当有人出来为利益发言时，会带动这群人政治参与的提高。因此，经济发展的结果会促进全民的政治参与，最后，经济发展提供了一个民主思想和价值观念孕育的环境。"② 90年代中期后的台湾地区，传统的权威和价值观随着个人自我意识的高涨而不断受到各种对政府公信力的挑战，民众对于政治的见解和辨别贤恶的判断能力逐年升高。岛内民主化与自由化后，大学角色逐渐从过去作为当局意志实践场所的角色转化为社会有机体的重要组成部分，转变为社会意见的反映场所，为社会培养了有自主意识的"公民"。1993年12月7日"立法院"通过的新"大学法"规定"大学应受学术自由之保障，并在法律规定范围内，享有自治权"，

---

① 黄俊杰：《大学通识教育探索：台湾经验与启示》，http://huang.cc.ntu.edu.tw/pdf/CCA2806.pdf。

② 葛永光：《政治变迁与发展——台湾经验的探索》，幼狮出版社1989年版，第95页。

"大学以研究学术,培养人才,提升文化,服务社会,促进国家发展为宗旨",大学愈来愈成为培养学生基本学识而非高深学问的场所。

由于政治民主化进程加快,"校园民主""教授治校"使得课程松绑并迈向民主,"为教育松绑"的矛头指向大学共同科目的存废问题。终于1995年"司法院""大法官"会议宣告"'部'订共同必修科目"违"宪",从1995年起各大学院校开始重新规划共同及通识课程。如台湾大学通识教育小组发给学生的《台湾大学通识教育实施手册》这样写道:"大学教育的定位正随着时代在演变。大学不再像过去只做职业人才或专业人才的训练。逐渐步入现代社会的同时,大学亦应着重培养现代社会的知识男女,使他们能在当代最佳的知识基础上,能具有充分自觉的主体意识,以融入人类文明创造活动;并协同其他人建立起未来社会的新价值与新秩序。"① 民间团体"通识教育学会"也积极开展各项学术研讨会探讨"通识教育"的内涵及其对个人主体意识的启蒙,不断深化"通识教育"对个人理念的启蒙,得到各大专院校的积极响应。同时于1995年举办"第一届通识教育教师研习营",1996年接受台湾科学委员会委托办理"大学通识教育核心课程之规划"研究计划,1997年配合"教育部"办理"大学通识教育评鉴第一阶段研究计划",以及1999年办理"大学院校通识教育评鉴",于10月完成全台湾58所一般大学院校通识教育评鉴,2001年6月与11月分别展开技职校院的通识教育访视——"九十年度技职校院通识教育访视计划",特别强调通识与专业的互动。

可见,"通识教育"对个人主体意识的启蒙在知识经济盛行的台湾地区已成为一种社会意识。教育机构、教育专家、教师、社会有识之士纷纷建言,共同提升"通识教育"对个人主体意识启蒙的重要作用,并取得了不错的成效。各大院校通识教育主管机构的广泛设立以及通识教育"巡回讲座"的举办,各位学者、大师以自己的行动传播民主和自由,带动着社会民众反思和认识民主公民社会。

4. 政治理性促"通识"(2002年至今)

今天大学面临市场化的新挑战,既是对大学管理文化和体制改革的一个新机遇,也会使大学迷失在这种商业竞争之中而背离大学自主和自由。正如Fredric Jameson所说"商品化的逻辑已经影响到人们的思维"②,台湾地区高等教育的发展策略在教育行政主导下也渗入此种商业竞争的逻辑,透过各种提升

---

① 《与大一同学谈通识教育——本校通识教育工作小组的信函》,载《公立台湾大学通识教育实施手册》1994年。

② 杰姆逊:《后现代主义与文化理论》,唐小兵译,陕西师范大学出版社1987年版,第129页。

大学卓越的计划和资金补助激发高校特色发展，如2001年和2002年推出的"提升大学基础教育计划"、2004年提出的"奖励大学卓越计划"和"迈向顶尖大学计划"等等，其中"通识教育"评鉴成为一个重要的指标体系。在2002年成立"通识教育委员会"后分阶段进行"大学教育先导型计划评鉴"，对于各校"通识教育"的评鉴即为资助分配的重要指标之一，至2009年已进行到第三期，[1] 通识教育评鉴的项目趋于稳定。其定义"通识教育"为"通达贯穿之知识，以使学生将来能具备在基础知识之间自我演绎的能力，进而扩展其知识视野，强化公民社会的'向心力'"，并指出"通识教育的成效相当程度依靠校长及通识教育主管的健全理念、推动热诚和充分授权"[2]。可见，当前台湾地区通识教育依然保有个人权威引领的因素，但更蕴含公众个人批判性思维的独立思考和对公民社会个人成长的考虑。

　　台湾地区不同层面的公职经由选举产生，政党轮替成为事实，人民政治参与欲望高的人组织新的政治团体，实践自己的理想和争取自己的利益。2000年台湾地区首次政党轮替和2008年第二次政党轮替显示，选民已开始做冷静和理性的选择，以执政党的执政绩效与竞选者的政策主张作为投票时的重要依据，关心的重点转向民生议题，台湾的政治文化趋于理性。台湾通识教育改进计划办公室从2002年以来开始执行一个富有特色的改进计划，引进美国大学的TA（教学助理）制度，发挥学生在课堂上的主体作用即是对社会批判思考力需求的一个回应。[3] 此外，台湾地区"教育部"顾问室2007—2010年通识教育中程纲要计划为通识教育的发展拟定了一个近期的发展方向，"希冀推动以能力导向为基础的教学，实践以问题解决导向为基础的学习，发展出能够培养学生知识反思能力、知识整合能力、知识创新能力的通识教育[4]"，各院校根据大纲指引纷纷做出相应调整和规划。正如朱汉云所说，"一、民主的实质内涵没有明显的进步；二、台湾的民主体制出现严重的政治市场失灵现象；三、政治体制回应挑战的能力明显下降；四、金权政治越演越烈，政治体制伸张公平正义的威信下降"。但台湾地区民众没有迷失在各种权术摆弄之中，反

---

[1] 吴清山：《台湾大学通识教育评鉴：挑战、对策与展望》，摘自http://hss.edu.tw/upload/user/file/GE/961213/2%20.doc。

[2] 黄俊杰：《台湾各大学院校通识教育现况：对于评鉴报告的初步观察》，摘自http://www.cuhk.edu.hk/oge/rcge/publication/bulletin/0606/huangjunjie.pdf。

[3] 江宜桦：《简介通识教育改进计划》，载《人文与社会科学简讯》2003年第5卷第1期，第45-47页。

[4] "教育部"顾问室通识教育计划办公室，http://hss.edu.tw/plan_detail.php?class_plan=163。

之要求更为剧烈的头脑风暴的洗礼，"通识教育"本身所具备的对社会的批判认识和思考正符合社会民众树立"个人主体意识"自由、自治的政治需求。

5. 小结

台湾的高等教育部门，为了有效地执行当局政策，配合经济建设或政治、军事需要，发展策略性学科，如应用科技、防卫科技、外贸科目等，负担政治教化和经济起飞的责任，带有极强的"政治化"和"商品化"特质，颇受政治的主宰。"经济的巨人，道德的侏儒"是台湾地区过去经济蓬勃发展而社会价值崩溃与道德法治沦丧的最具体写照，通识教育改革正是针对这种功利的教育观而力求改善。然究其"功利性"背后的强大支柱乃是地区根深蒂固的庞大的权威政治体制，台湾地区高等院校"通识教育"改革正是伴随在此种政治民主化进程下的蜕变。"通识教育"启蒙了民众的主体意识和政治参与性，但仍然无法摆脱政治强压下依附于行政、财政支援的客观局限。当前，台湾地区省思"通识教育"的可行性，评判其对高等教育发展的功与过。时代变迁使整个社会以功利为取向，期待学校提供承担全面的教育责任，把教育的失败归于学校教育机制的问题。事实上，"通识教育"不单纯是学校中个别老师的授课，而且包括全社会人文社科水平的提升，① 金耀基建议"我们不能过分夸张或膨胀通识教育的位序，也不能让通识教育背负太大太重的担子"，所以，"通识教育"应由家庭、社会和学校共同参与，社会多方合力建设。

（四）中国香港大学通识教育的实践

香港地区近代高等教育发端于 1911 年英国人建立的香港大学，直至 1963 年香港中文大学的建立及后续学院的升格，逐渐形成了具有自身特色的规模体系。一方面扎根于华夏文明几千年历史传统；另一方面由于历史原因深受英国文化的影响，并在现代化进程中亦得益于美国文明的熏陶，港区高等教育在此三种文明的共同洗礼中缓慢建立并迅速崛起。随着在传统与变革之间对大学精神和理想的不断追问，世界各大高校尤其是一流学府逐步认识并阐发"通识教育"的现代意蕴。在这股世界巨浪中，香港高等教育界亦结合本土传统与现实特性实践各具特色的"通识教育"，协同推动地区经济社会发展。

1. "传统博雅"通识时代（1989 年前）

香港地区通识教育的萌芽与其高等教育学府的创设并不是同步的。当时，由港英政府出于政治利益而兴办的香港大学负载"改进中英邦交以及使东西方文化水乳交融的重要使命"，因沿袭英国三年学制，无暇顾及正式课程形式

---

① 金耀基：《大学之理念》，牛津大学出版社 2000 年版，第 140 页。

的通识教育课程开设,但传统宗教"博雅教育"思想促使其开设大量非正式课程供学生积极参与。正当此时兴起于1828年的美国高校通识教育运动继续高涨,历经艾略特的自由选修制度、劳威尔主修和分类必修制度后,赫钦斯的芝加哥计划及科南特的"哈佛大学红皮书"(《自由社会中的通识教育》报告)使得"经典名著"成为大学通识教育实践的新标志[①]。受此影响,于1951年由基督教教会创办的香港崇基学院,秉承基督教会关于大学教育的"博雅"精神,仿效当时美国大学开设"人生哲学"课程(并入香港中文大学后该课程改为"通识教育"课程),希冀学生追求美好人生,成为香港地区最早以正式课程形式推行通识教育的学府[②]。随着1963年港府将新亚书院(1949)、崇基书院(1951)、联合书院(1956)三个书院合并为第二间大学——香港中文大学,香港地区高校通识教育开始陆续兴起。香港中文大学将"人文教育与专业教育均衡发展,技术精英的训练与领导人才的培养并行"作为创校宗旨,高举双语教学的旗帜,要求每一个学生深刻了解自己的中国文化传统,并精通西方的实证方法和科学知识[③]。显然,香港中文大学自创立之时即推崇"博雅教育"的大学理念。由于此时学校实行书院联邦制,书院独立于大学,仍保持各自的特色和运作模式,各书院依据传统教育理念和课程安排,自行规划通识教育。崇基书院"综合基本共同课程"通识教育全面改革最具规模,分为第一年修读"大学修学指导及方法论",第二年修读"中国文化要义",第三年修读"西方近代名著选读",第四年修读"专题研究"。[④] 新亚书院沿袭旧制,规定学生修读中、英文2年,中国通史1年,其他社会科学或自然科学1年。联合书院则指定6科课程供学生选修。可见,中西文化在此的交融十分复杂,由钱穆、唐宗毅等首创的新亚书院主张宣扬中国文化,而崇基书院具明显基督教会宗教色彩,联合书院则是由几个小书院合并而成、旨在推动中西文化交流。但统一于"博雅教育"之下,书院与大学的关系也十分融洽。此后,为进一步加强对学生实施"通识教育"的效果,香港中文大学于1974年设立通识教育委员会,正式把通识教育列入教学计划,并提出"均衡教育"的通识教育课程目标,以扩展学生的视野,训练抽象与综合思考能力,处于瞬息变化的现代社会能内省外顾、高瞻远瞩。同时公开申明"教师治校"

[①] 王春春:《中国大学通识教育探索——以北京大学为例》,华中科技大学2004年硕士论文。
[②] 冯增俊:《香港高校通识教育初探》,载《比较教育研究》2004年第8期。
[③] 梁美仪:《香港中文大学通识教育的使命和实践》,http://www.cuhk.edu.hk/oge/curriculum/ge_brochure/4-9_GEhistory.pdf。
[④] 杨钟基:《从联合书院的历史看书院在通识教育的角色》,载《走出半人时代——两岸三地学者谈通识教育与文化素质教育》,高等教育出版社2002年版,第309页。

的原则,以充分保证大学的学术性和专业性。1976—1986年学校改联邦制为单一制,大学负责"学科为本"教学,而书院负责"学生为本"教学,通识教育仍由书院负责。直至1984年学校本科生课程检讨,委任通识教育主任推动全校通识教育课程的实施。至此,香港中文大学开始由专门部门开展"通识教育"管理。

此时,1967年开始复校之路的"岭南书院"于1978年正式注册为专上[①]书院,成为地区高等教育的一部分。1983年陈佐舜任校长时,大量延聘人才、重组学术部门、改革课程结构,仿效美国大学所倡导的"博雅教育",得到当时学术评审机构及社会人士的推崇。同样具有宗教传统色彩的香港浸会学院,大力倡导"自由教育"的理念,于1983年开始推行"全人教育"新办学理念,把宗教研究、通识教育与大学教育这三个各自独立的范畴连接起来,强调以基督教传统为基础的博雅教育理想,践行博雅与专业并重的全人教育思想。

2. "人文科技"通识时代 (1989—1998年)

随着20世纪70年代以美国为首的"信息社会"的到来,90年代的"新经济"不断地对其他地区和国家提出挑战。香港地区因应地方经济转型的迫切需求,主动回应这股强大的新经济浪潮的冲击。[②] 各大高校尤其重视高科技应用研究,以满足社会实际和现代化企业对应用技术的要求,如香港大学的电子计算机应用中心、电子服务部、放射性同位素研究所、城市研究及市政规划中心等,香港中文大学的理工研究所、社会科学研究所、中国文化研究所和电脑中心等,香港理工学院的研究工作委员会电脑中心等。各院校有关电脑、自动化设备、工业电子设备和自动测试技术等的研究,有力地推动了香港工业向技术密集型方向转变,使许多企业的产品结构由较简单和廉价的产品转变为高质化的产品。随之,港英政府在港督卫奕信(Sir David Wilson)的带领下于1994年将香港的大学迅速从2间增加到6间。其于1988年批准建立第三间大学——香港科技大学,1994年将香港理工学院、香港城市学院和香港浸会学院升格为大学,1996年合并4所师范学院成立香港教育学院,同时岭南学院也于1991年加入"大学与理工教育资助委员会"(后于1999年正名为"岭南大学")升格为开办学位课程的高等学府,从而大大增强了港区高等教育人才培养的实力。至此,随着高等科技理工类院校的崛起,香港地区高等教育体系渐露雏形。而随着科技的发展,人文诉求亦随之增强。香港地区作为一个自由

---

① 在香港,专上教育是整个香港教育制度的最高层次,是指中学修业后任何不低于中学修业后的教育程度而属专业、技术、学术性质的教育。

② 刘卫东:《香港高校重视应用研究》,载《成人教育》1997年,第47页。

港,良好的地区环境和人口素质是其发展的根本,如何在提升科技实力的过程中保证地区人文精神的延续是各大高校"通识教育"部门的首要责任。

在这样的新形势下,学校培养人才只受狭隘专业训练是不够的,只有具有宽广的基本知识和理论基础,才能应付科技和经济发展提出的调整。这就要求大学加强那些概括性强、适应面广、具有普遍意义的基础理论、基础知识和基础技能的学习,以增强学生对科技发展新趋势的反应能力和创造潜力。此时,世界高校和一流学府均重视通识教育课程的改革和调整。美国高校注重普通教育与专业教育并重、科学教育与人文教育并举,同时既注重基础知识教育、又注重对学生能力的培养[1]。同样,英法德三国高等学校课程改革也呈现出基础化、综合化、职业化的特点。由于香港高校仍然采用英式三年学制,修学年限较短,大学生学习压力较大,其高校通识教育的开展(尤其是理工科技类院校)规模较小,但8所院校的领导人均对此给予大力支持。

香港科技大学设立之初即强调"通识教育"对于科技人才培养的重要性,要求除工程学院外的学生至少修读人文社会科学学院通识教育课程十二学分。其通识课程按学科归类分为学院开设课程和通识科目,[2] 学院开设的课程包括四大范畴,即工商管理、科学、工学、人文社会科学。香港城市理工学院及香港理工学院在升格为大学后,开始引入职业或专业培训以外的通才/全人教育理念,补足原有专科课程的匮乏。张信刚1996年出任香港城市大学校长,一项重大举措就是向校董事会提出开设中国文化课程的设想,1997年教务委员会通过此方案,此后,无论何种科系均将该课程定为必修课。而向来注重"全人教育(whole-person education)"和学生基本能力的发展的香港大学,[3] 进入20世纪90年代后开始采用"学分制",并且于1995年成立通识教育单元(general education unit),为所有大学生提供"全人教育",培养学生在社会中所需要的广博的知识、基本能力,并联合学校其他部门营造一个学术、人文的校园氛围,以利于学生的成长、学术讨论、艺术鉴赏等。大部分课程都是由该领域的校外专家、学者主持,虽然课程是没有学分的,但学生却表现出强烈的个人兴趣和对知识的渴求。因为学制变化,香港中文大学在1991年开始改为灵活学分制,学生可在3年内修满学分毕业,选课自由度增加。虽然通识学分减为15学分,但"中国文明"仍为其必修范围。

---

[1] 贺国庆、华筑信:《国外高等学校课程改革的动向与趋势》,河北大学出版社2000年版。
[2] 边燕杰:《香港科技大学通识教育的课程设置与教学》,载《走出半人时代——两岸三地学者谈通识教育与文化素质教育》,高等教育出版社2002年版,第209页。
[3] 梁美仪、才清华:《香港各大学通识教育概览》,载《大学通识报(香港中文大学)》2006年第5期。

3. "全人统整"通识时代（1998—2004年）

随着1997年香港回归祖国，香港地区个体化之门也悄然打开。个人权利日益受到社会重视，社会愈发增加个人选择的自由。① 妇女不再专注于家务工作和与丈夫的情感纠结，男性亦从家庭经济支柱的重压下解放出来，个人对婚姻、家庭、爱情的选择亦充满理性色彩。经济发展的同时也带来了环境问题，除了用经济来补偿外，社会公德和跨代环境保育意识的培养更显得迫切。大学作为思想的摇篮，也是孕育个人信念的基地。然而香港地区教育深受英式学制的影响，文、理分科的高中教育造成了文科生对生物、化学等科目一窍不通，理科生对人文学科不甚了解，知识面狭隘，学科视野不开阔。同时，淘汰制大学升学途径也扼杀了学生的发展空间，沦为识记与诵读的"精英"。大学教育在这种分科影响下，成为教育的补偿。为满足学生对学习质与量要求的提高，以及多元发展的诉求，新任港督致力于高中文、理学科改革，并在2000年开始推动香港高等教育的普及化发展，大力发展副学士学位，使更多学子有机会踏入大学校门。各大高校亦纷纷重新界定"通识教育"的内涵和目标，为他们提供一个另类学习模式的探究途径，培养学生的独立思考和批判思维能力，使大学人才无论学科知识还是非学科知识皆有卓越表现。综观该时期各大高校通识教育的发展，笔者发现，大多数都树立了"全人教育"的理念，以推动通识教育的进一步发展。

香港科技大学以"全人教育"为目标，自1998年开始由人文社会科学院首办副修课程，为学生提供多元教育课程，使其在副修中发现自己的兴趣和潜能。同时陆续开设跨学科课程，整合不同学科知识，强化学科知识与实际应用之间的融合。香港理工大学于1998年设立通识教育中心，践行全人教育理念，涵盖五大范畴：哲理判断、价值判断、审美判断、历史判断及科学判断，每个学生需修两个范畴计6学分。其课程设置强调与主修课程相辅相成，应用与兴趣并重，"目的是希望藉此扩大同学的视野，训练他们的独立思考能力，使他们能有敏锐的社会触觉，能对我们的国家和我们所生活的社会，有最基本的认识"②。同年，香港城市大学成立"中国文化"中心，要求大部分学生修读6学分"中国文化"课程和9学分"学科外科目"。其强调德智体群美全面发展，并承袭西方教育兼重情绪与事业的发展，与传统中国教育思想一脉相承，

---

① 蔡启恩：《社会变迁下的大学通识教育》，载《走出"半人时代"——两岸三地学者谈通识教育与文化素质教育》，高等教育出版社2002年版，第134-137页。

② 香港理工大学通识教育中心：《通识教育的目的》，http://www.polyu.edu.hk/~gec/geprogramme/index.php。

并通过全球招聘专业领域专家，使学生在学科领域奠定坚实基础，掌握实际生活所需的终身学习技巧，激励他们探索新知、接触社会、自我表达及互相支持。通过与各行各业的广泛联系，为学生提供各种亲身体验职场实际工作的机会，帮助学生应对香港、亚太区以至全球在商业、科学及工程、能源及环境、法律、创意媒体及社会科学等领域出现的挑战与机遇。① 香港浸会大学制定"策略性目标和行动：1998—2001"发展计划，再次肯定"全人教育"的教育理念，进一步明确了通识教育的历史意义，促使不同院系在开设相关核心课程基础上开设名目繁多的通识教育科目，并将"辅助科目课程"设定为"核心要求"和"分布要求"两个部分。同时于2002年开展"人文素质教育计划"，包括举办"人文素质教育课程"及"阅读人生——师友计划"，以进一步提升学生"全人"素质培养。② 岭南大学在2001年推动"综合学习课程"计划，提供公民教育、智育发展、体育发展、群育及情绪发展、美育发展五大范畴的非学分课程，鼓励学生在课堂以外扩展多元学习的经验，既学会处理细致的人际关系，也对文化及历史有深刻的认识。其重视将课堂学习、宿舍生活及校园活动合而为一，以扩大学生的跨文化视野，既重视专业学位课程，也着重通识教育和两文三语的训练以及知识的灌输，从而达致全人教育的最终目的。

4. "文化自觉"通识时代（2004年至今）③

历经20世纪七八十年代的齐心协力建港时期，以及90年代的调整转型，香港地区民众生活进入了一个相对平稳的境地，对当时的政府感到满意。然而中英谈判后社会出现几级分化，1997年香港回归祖国后又遭遇亚洲金融风暴的冲击，地区频繁的对外交流和高速流动的人员变迁，使得不同社会与文化的纠纷和冲突在香港地区表现得异常激烈，同时也牵涉不同民族的文化价值和世界观的调和与抗衡。在此种多元价值混乱的时期，知识创新浪潮使得大学地位凸显，责任亦随之增大。社会的长治久安，说到底是民众社会责任心的体现。大学作为地区人才培养的基地，也孕育着学子对一方热土的眷恋。这种责任不光是对香港本土情怀的诠释，更是对广阔华夏沃土的眷恋。显然，只有扎根于强大祖国的怀抱，并唱响香港本土的号角，才能谋得更宽广领域的发展与突破。各大高校加大中国历史、政治、经济、文化等的通识教育课程的广泛开设，以及加深对本土文化的认识和对区域形势的批判把握，即是对于这种香港

---

① 罗秉祥：《从全人教育的理念看宗教及哲学课程的角色》，载《走出半人时代——两岸三地学者谈通识教育与文化素质教育》，高等教育出版社2002年版，第249页。
② 岭南大学主页：《岭南大学博雅教育》，http：//www.ln.edu.hk/cht/info-about/liberal-arts。
③ 卢受采：《香港经济史（公元前约4000—公元2000年）》，人民出版社2004年版。

本土情怀的回应。

知识经济和经济全球化时代的来临,终身学习思潮的兴起,高等教育与区域互动的内涵、方式逐渐扩大,更加强调高等教育的经济、文化发展功能,香港人才培养的目标也由重点培养地方发展所急需的专业人才转向创新精神培养和区域内公民整体素质的提高上。2000年特区政府正式确定了21世纪教育蓝图和以"终身学习,全人发展"为总体目标的改革方案,香港教育统筹委员会提交的《香港教育制度改革建议》提出要把提高香港市民的知识水平、能力、素质、文化修养和国际视野,把香港建设成为一个多元、民主、文明、兼容、有活力和文化气质的国际大都会当作香港教育的重要使命①。香港高校出于为社会培养栋梁之材的考虑,致力于推动大学教育"铸人"之道,大力实施通识教育,同时注重将中国传统的文化精髓和国外先进文化并举,培养具有东方文化特色、西方管理理念的,通晓各种技能并具有高尚情操、通人情懂世事的人才。

香港科技大学于2008年成立核心教育办公室(senate committee on undergraduate core education)筹划基础核心课程(common core curriculum),② 旨在实现学生全人发展和连贯高度专业教育下的学术追求,以培养学生自我学习和发展的意识,交流、分析和批判性思考技能,宽广的、具人文关怀的国际性视野,具有责任心的、有道德的、有同情心的公民。香港理工大学改革其通识教育课程为"中国研读"通识课程和"拓展视野"通识科目两部分,要求本科生修两个部分计4学分。其课程一方面与主修课程相辅相成,另一方面强调应用与兴趣并重,此外还设有基础学年科目。如2009—2010学年第一学期开设Cosmos探索、香港历史、中国艺术和设计欣赏、食物组成和营养健康科目,第二学期开设时代的挑战——基于经济的视野、西方文明导论科目③。香港城市大学要求每个本科生需选修至少三个范畴——"艺术与人文""社会及社会与商业组织""科学技术"的通识教育课程,④ 以整合不同学科知识,增强综合技能,为终身学习做准备,欣赏不同文化,理解社会民族和我们的角色。此外学校开设共同必修课程两个范畴,包括6学分英语课程,3学分中国文明

---

① 香港教育统筹委员会:《香港教育制度改革建议》,政府印务局2000年版,第444-446页。
② 香港科技大学核心教育办公室:《核心通识课程的目的》,http://uce.ust.hk/core_curriculum/index.html。
③ 香港理工大学通识教育中心:《香港理工大学2009/2010通识教育课程》,http://www.polyu.edu.hk/~gec/geprogramme/091-ChiStudies.php。
④ 梁美仪、才清华:《香港各大学通识教育概览》,载《大学通识报(香港中文大学)》2006年第5期。

——历史和哲学课程，使学生通达世界文化交流的同时，更具有华夏文明之根的传统。香港中文大学重新厘清通识教育的目标与要求，将"通识教育"课程划分为四个知识范畴：一是文化传承，二是自然、科技与环境，三是社会与文化，四是自我与人文，同时开设综合课程，培养综合思维和综合应用实践能力，倡导全球化时代文化认同，以"拓展学生广阔知识视野，认识不同学科的理念和价值；提升对人类共同关心问题的触觉；建立判断力及价值观"。香港岭南大学将核心课程分为两部分：4个必修课程包括"逻辑与批判思考""道德伦理学""东西方文明""香港社会"，另外5个选修核心课程为"价值、文化与社会""创意与创新""管理与社会""科学、科技与社会"及"人文与艺术"。[①]香港大学为回应2012年4年学制变化设计了共同核心课程，包括四个范畴：科学技术、人文、全球关注、中国文化现状和社会。可见，这些大学对于社会核心价值及不同文化的批判认识意向非常明显，而且尤其重视对于本土文化和中国文化的诠释和解读。

5．小结

"通识教育"作为一条积极矫正偏斜大学目标并使之实现现代转型的现代大学理念，在香港地区的实践更流露出一种本土情怀的升华。香港作为中国的一个游子，在满怀华夏情结的南海边缘崛起，受到多方文化的冲击，逐步发现自我，成长自我，并将这种精神传递给新生一代。在"通识教育"理念创生和实践变迁中，不断补充新的元素扩充"通识教育"的平台，培养学生的民主观念和批判精神，形成强烈的民族自豪和自尊。结合传统与现代，融合中国与西方，不断探索和本土化，以寻求在传统文化与现代科技的融合中演绎出时代人文精神的教育功用。

（五）通识教育在中国澳门地区的实践

"通识教育"在澳门官方文件的正式出现不过是近三四年的事情，然而各大高等院校响应的步伐却异常热烈。这与其具有历史长远的通识教育遗留有关，也得益于国际化浪潮下国际高等教育界改革影响的进程对其推波助澜。追溯澳门高等教育的发展，最早创设的圣保禄学院解开了澳门西式高等教育的序幕，也为澳门高等院校培养通才孕育了丰硕的历史根基。追寻其回归路径，我们可以发现，不仅有其独有本土文化意识对澳门高校人才培养思路变革的驱使，也有社会发展伴随的人文诉求及国际化诉求对其提出培养全面发展人才的

[①] 梁美仪：《香港中文大学通识教育的使命和实践》，http://www.cuhk.edu.hk/oge/curriculum/ge_brochure/4-9_GEhistory.pdf.

需求。正是在不断的反思与完善中，澳门高等院校"通识教育"破茧而出，引领着澳门高校发展的新方向。

1. 1594—1938 年：西式移植，教会通识

自澳门开埠不久，葡萄牙人就占据澳门，并在澳门开办教育以教授传教士培训课程，最早当是 1565 年由耶稣会教士创办的圣保禄公学。1594 年 12 月 1 日，在远东教务观察员范礼安的建议下，原圣保禄公学升格为圣保禄学院，自此，拉开了澳门西式高等教育史的第一页。该学院的办学模式完全照搬欧洲大学传统制度，在课程设置上融合耶稣会原有课程结构和葡萄牙大学的规章制度，确立了"以西方古典学术知识为主体，以神学为皇冠，以拉丁文为基础"的指导思想，培养"人性上杰出"和"学术上杰出"的传教士，分设四个学部教授课程：第一是教授阅读、写字的儿童学部，第二是文法学部，第三是人文学部，第四是伦理神学部[①]。据《澳门圣保禄学院年报》记载，"明年会开办艺术课程"，"由于范礼安神父的到来，认为有必要再增添其他课程和其他科学专业"（1954 年），并提到修辞学和各种文学练习（1596 年），及神学、拉丁文、哲学、人文学、伦理道德课以及伊纳爵·罗耀拉的神操课等（1598 年），还有资料显示学院还开设了日语课程、天文历学课程等[②]。学院课程或专业，其性质有些是必修的，有些是选修的，对于学习优秀的学生还可以选读一些特定课程。在教学方式上，学院十分强调学生的主观能动性，重视培养学生的辩论才能，课堂上以引导式教学启发学生对所学内容进行互动提问、答辩；定期举办有奖知识竞赛和谜语竞猜、排练戏剧以增强学生的学习兴趣和营造活跃的校园氛围；定期邀请社会人士来校参观、讲演，鼓励学生积极参与社会活动，在潜移默化中体验人生经验，锻炼社会实践能力。显然，圣保禄学院既是培养神职人员的神学院，又是培养高等通才的学府。

学院不仅在教与学上力求学生知识视域宽广，所选任教师也因其渊博的学识及较高的声誉而深受学生追捧。被誉为"西来孔子"的数学教授艾儒略，翻译了《经世全书》的葡萄牙籍神父阳玛诺，曾任院长并著有《天学略义》的哲学教授孟儒望，以及第一位把西方幼儿教育理论介绍到中国的王丰肃等，都曾在圣保禄学院担任教授或其他重要职位[③]。这些教师来澳后，都学习中国语言，熟悉中国文化，并把它们精通的音乐、美术、天文学、西方科技知识介

---

① 陈才俊：《澳门圣保禄学院与中国西式高等教育的开端》，载《高等教育研究》2003 年第 4 期。
② 同上。
③ 朱晓秋：《澳门第一所高等学府——圣保禄学院》，载《澳门轶事》。

绍到中国来。由汤若望讲授、圣保禄学院学员笔录的《海外火攻神说》《祝融原理》等是我国最早的近代科学著作，还有由利玛窦、徐光启、李之藻合编的《乾坤体义》《几何原理》《测量法义》《坤舆万国全图》等。此外，其图书馆藏书量达到4 000多册，在当时成为远东第一所欧洲式高等学府，名噪一时。

其后，1727年澳门耶稣会会士再创办圣若瑟修院，其课程开设方面除教神学、语文和文法外，兼授数理及科学，后来还设置了一些实用科目，开办了诸如商科和海员等训练班，培养实用人才，以适应澳门社会发展的需求①。

在当时的明清中国传统私塾教育"先生讲、学生听"的时代，圣保禄学院开设科类齐全的各种课程，包括人文科（汉语、拉丁语、修辞学、音乐等）、哲学科（哲学、神学等）、自然科（数学、天文学、历学、物理学、医药学等）；充分尊重学生的主观意识，因材施教；运用灵活多样的教学方法（如课堂辩论、竞猜和课后游戏、表演等方式），在当时的中国教育中开近代先河。这也充分显示出，澳门作为中国西式高等教育的源头，其培养通才的高等教育思想源远流长。

2. 1981—1999年：主权过渡，公民通识

在圣保禄学院后的300多年时间里，澳门教育事业一直发展缓慢，直到20世纪70年代末澳门仍没有任何正规的高等教育机构，澳门本地中学毕业生面临本地无高等院校的尴尬，只能外出求学。"二战"后自由、民主理念的传播，以及周边地区和中国大陆地区改革开放的推动打开了澳门人力资源需求的缺口，澳门高等教育在80年代开始缓慢起步，出于赚取利润的目的由港商出资建立的"东亚大学"重新揭开了澳门高等教育的序幕。中葡联合声明的发布，促使澳葡政府出于"后殖民主义政策"的考虑着手发展澳门本土高等教育事业。随着东亚大学收归公立、澳门理工学院独立办学、高等教育法规的完善、高等教育辅助办公室设立、澳门旅游学院成立、澳门镜湖护理学校升格为学院等澳葡政府的一系列积极干预政策，澳门高等教育在90年代迎来了快速发展的春天，逐步形成了较为完整的本土高等教育体系。

此时的澳门高等教育才刚刚起步，一些历史问题一时无法摒除，以"澳门大学"为主体的澳门高等教育由澳葡政府牢牢掌控，注入了较强的政治意识形态，成为澳葡政府政治文化的传播场所。然而随着回归步伐的逐渐加快，爱国爱澳情怀的呼声日益强大，市民寻求"自我"的本土澳门情结在澳门高等院校的发展中开始体现。

---

① 冯增俊：《澳门教育概论》，广东教育出版社1999年版，第186页。

以前的澳门大学,主要以东亚地区及其他地区的生源为主,尤其以香港在职成人教育为主,本地高中毕业生入读本土大学的比例非常低。可想而知,大学教育为迎合市场需求,深深打上了实用主义理念的烙印,失去了大学所应有的传播本土文化和培养公民意识的功用。而随着过渡期高等教育结构的调整和大力发展,澳门各大高等院校逐步调整办学取向,吸引了大量本地生源学生。这也就意味着,澳门高等院校开始为本土培养人才,使其成为真正能够为澳门发展承担责任的栋梁。这些人才所受的教育应该是直接来自于澳门本土的,关怀澳门自身发展的,熟悉并背负强烈"自我认同"意识的澳门人。为此,澳门大学于1991年制定了新的大学章程,并以中国圣贤提倡的五种美德典范"仁义礼智信"为校训,致力于联结东西方文化。其调整院系结构,设立文学院、工商管理学院、社会科学学院、科学技术学院、教育学院、澳门理工学院、葡文系及法律课程、公共行政课程(葡文),并且,各院(系)都增设了一些与当地社会、经济发展密切相关的课程,学科逐步涵盖人文社会、工商管理、科技、教育、语言和法学等领域①。澳门理工学院也在发展过程中逐步确立其办学特色,设置了大量具有本土文化特色的商业及管理类课程,为本地培育了高级人才,朝向综合性大学的方向发展。这些院校也逐步开始了关于澳门本土文化发展的研究,使学生在研究过程中理性地认识澳门,也为学校教育提供了丰富的素材。

澳门社会的微型特性,使得澳门社会各个部门始终相互协同合作发展。为了更好地促进社会共同文化意识的成长,澳门政府社会文化部门开展各种活动积极配合,致力于弘扬中华文化,培养市民爱国爱澳门的情怀。如澳门国际音乐节和澳门艺术节则是该时期特区政府推动本地艺术发展、丰富市民文化生活的重要活动。澳门特色历史文化遗产的申遗工作也在逐步推进中,使全体澳门人民树立起澳门人本土公民文化意识。

虽然20世纪90年代澳门高等院校才开始踏上完整体系发展的进程,但该阶段的澳门高等院校已经开始逐步摆脱人才培养单一化模式,在澳门社会各界的熏陶下开始从澳门本土公民文化意识出发萌发"通识教育"的培养思维。而由于过渡时期澳葡政府的管治,澳门高等院校自主进行这些改革的步伐仍然艰难。

3. 2000—2005年:本土转型,人文通识

进入新世纪,澳门在艰难中复苏经济,然而随着中国加入世贸组织及2005年全球出口配额制度基本取消,面临以科技为特征的全新竞争,现代产

---

① 余振:《澳门高等教育的发展路向——建立一所具有国际学术水平的重点大学》,载《广西民族学院学报(哲学社会科学版)》2001年第5卷第3期。

业转型、人力资源开发迫在眉睫，尚未发展完善的澳门高等教育已肩负起为澳门社会培养高级人才的重任。由于历史原因，20世纪90年代澳门本土高等教育的超速发展显示出一种量的泛滥。澳门高校为适应澳门单一化经济结构和产业机构的要求，大多以培养相关专门人才为发展方向，致使高校兼职学习、职业培训比重较大，一定程度上助长了教育中的实用主义和功利主义。而澳门政府2002年推行以博彩旅游为龙头的经济发展方向吸引了澳门大量的人才和资金，致使澳门理工学院等高校侧重于社会培训工作，引发社会各界竞相斥责，质疑澳门高校的人才培养定位。为此，特区政府从2003年开始突出强调"人文建设"，"促进德、智、体、群、美的全人教育发展，改变单一的智育发展模式"。随后，特区政府又提出教育应当以"提升学生知识素质和人文素质（2004年）"为最终目标，高等院校"除开设实用的课程或专业向政府或社会机构直接供应人才外，逐步强调人文素质教育，注意学生身心的均衡发展"，并鼓励高校开展本土特色历史文化研究，充实本土人文社会科学教育素材，"广邀外地卓有成就的学问家、事业家来澳开坛演讲，让社会分享他们一流的智慧和经验（2005年）"。此时，适逢国际高等教育界"通识教育"改革浪潮，内地、中国香港及台湾地区"素质教育""全人教育"和"通识教育"的热潮此起彼伏。跟随这股国际改革风向，澳门本土高等院校也开始逐渐朝向高校通识的方向变革。

澳门高校中资历最深的澳门大学正逐步填补其人文及社会科学学系的课程残缺和空白，拓宽、更新学生的学习领域，鼓励师生、同伴间的交流[①]，"把学生培养成德、智、体、美、集体主义全面发展的，具有很强的独立分析、解决问题的能力的人才"[②]。在课程设置上，要求人文社会科学专业的学生必须学习至少6学分的自然科学课，自然科学专业的学生必须学习至少6学分的人文社会科学课，并且都要求修习6学分的数量方法课（数学/计算机）。同时，鼓励学生参与社团工作或校际辩论等社会活动，以提高学生的组织能力和与他人合作的能力，以及对社会的关心[③]。

澳门理工学院也在首位华人校长李向玉的带领下，"不仅强调专业训练，也强调通识教育；不仅传授东方文明，也融合西方文明，即普专兼善、中西

[①] 余振：《澳门高等教育的发展路向——建立一所具有国际学术水平的重点大学》，载《广西民族学院学报（哲学社会科学版）》2001年第5卷第3期。

[②] 国研网：《二十一世纪高等教育展望——澳门大学校长演讲》，http：//www.drcnet.com.cn/DRCnet.common.web/DocView.aspx? DocID=2063&LeafID=14379&ChnID=31，2010-10-12。

[③] 国研网：《二十一世纪高等教育展望——澳门大学校长演讲》，http：//www.drcnet.com.cn/DRCnet.common.web/DocView.aspx? DocID=2063&LeafID=14379&ChnID=31，2010-10-12。

融通"①。

尤其值得一提的是，因应地区培养大量高层次科技人才需求而创建的私立澳门科技大学于2003年开始正式提出"通识教育"科目，揭开了澳门高校正规"通识教育"历史性一页。澳门科技大学以"强调因材施教，突出全面培养，重视教书育人"为其办学理念，将通识教育作为四个学院（资讯科技学院、行政与管理学院、法学院、中医药学院）的必要基础课程，由同基础教学部统筹安排，并开辟第二课堂（包括学术文化讲座、社会调查考察、艺术欣赏、博物馆参观、学生社团活动、校际交流和竞赛，以及其他创造性的实践活动）以提升学生专业知识技能以外的整体素质教育②。此外，澳门科技大学还开设了名师系列讲座，每周邀请科技、教育、文化、艺术界名人（如杨振宁、谢晋、秦怡、孔祥东等）前来讲演③。其通识教育体系由自然科学与现代技术、人文社会科学、文学艺术和养生保健四个类别组成，开设了"中国文化通论""世界文化通论""文化艺术素养" 3 门必修课程和57门选修课程，其中涉及中国传统文化的课程有16门之多。学生根据自己的需要及爱好，从中选修10个学分。

其他院校也紧跟改革的步伐。如圣若瑟大学（The University of Saint Joseph），也于2003年10月大力调整了本科生课程以涵盖更宽广的领域，包括人类学、心理学、管理学、宗教学、社会学、设计学、哲学、经济学、国际关系、建筑学、工业技术等，致力于营造氛围，使得学生具有强烈好奇心、关怀他人、有道德和责任感。澳门镜湖护理学院自2002年学士学位课程开班后，更注重培养学生知识才能与品格并重，开展毕业班学生赴内地、香港地区、台湾地区、新加坡等地进行交流实习活动（2005年起），以拓展学生视野，吸收多元文化。

从各大高校大张旗鼓地开展"通识教育"，我们可以看到，发掘本土文化、认识本土文化、强化本土文化是这场变革的核心内容。这也正是澳门高校对于本土高校超速发展及其由于历史原因本身所导致的文化缺陷的扭转。显然，在逐渐增强的澳门本土文化意识的推动下，社会公众赋予了高等院校更多的社会人文教化与引导功能，开始长远规划澳门高等院校的发展，利用高校资

---

① 中国社会科学院主页：《访澳门理工学院院长李向玉》，http://www.cass.net.cn/file/20100406263797.html，2010-10-10。

② 澳门科技大学校长许敖敖访谈：《让大学成为多元文化滋润的常青树》，载2010年3月23日《光明日报》。

③ 求是新闻网：《澳门科技大学注重"通识教育"》，http://www.news.zju.edu.cn/news.php?id=12139，2010-10-10。

源走上经济理性复苏的进程。

4. 2006 年至今：国际视域，多元通识

相比回归初期，如今澳门高等教育质量已经得到较大程度的提升，开始走上了从精英化迈向普及化的进程。高校教师的学历资格基本以博士为主，生源素质不断提高，不同层次高等教育课程也大幅增加。部分院校还建立了专门的研究所或实验室，与国际知名大学签署学术交流、交换生、合办课程及科研合作等协议。然而起步较晚的澳门高等教育仍深受地方产业单一化影响，大学教育"单面化、商品化"现象仍旧存在。且近几年澳门本土兴起新型产业（如会展业、物流业、旅游购物、商贸服务平台、文化创意产业等），亟待高校培养相关专门人才，以及与内地的紧密协作对澳门高校发展提出了更广泛的要求。为此，2006 年澳门特区政府工作报告强调"重整人文建设和经济发展的关系，无疑已经构成政府施政的主体战略课题"，提出高等教育应"进一步完善人文学科和自然学科之间的平衡，社会联系和学术个性之间的平衡。增补哲学性、通识性的教学范畴，促进高等院校知识结构和学术体制的完整化"①。随后，2007 年政府工作报告明确提出在大学中应推出"通识教育"，培养一专多能，具备广阔的知识视野，善于从不同的知识范畴中提取灵感，得出丰富思考成果的人才。此项要求在 2008 年政府工作报告中被锁定为"核心目标"，并延续至今。随着澳门新任特首崔世安上任，新的评审制度及外地机构、专家的来澳指导，澳门高等院校不断与国际高等教育事业接轨，吸收多元办学理念，改革本科生课程和教学，不断提升教学素质，迈向国际化。

澳门大学近年系统改革本科教育，大力强化"通识教育"以拓展专业宽度。其以为学生提供全人教育为目的，将本科课程的毕业最低要求降低至 130 至 135 学分，并在整体培养计划总学分中加入适量的通识教育科目学分②。正如其新任校长赵伟所指出的那样，"澳门大学要发展成为国际一流大学，目标明确，第一步也是最重要的一步就是改革课程，提供一流教育、独特的全人教育"③。为此，澳门大学制定了四位一体的新教育模式，第一部分是按社会分工与专业发展，强化专业课程，不断提升；第二部分是通识教育，培养融会贯通、见识广博的人才；第三部分是研习教育，加大科研领域拨款，推行本科生研究实习机会，强调创新、实践，扩大科研人才队伍，提升科研水平；第四部

---

① 参见 2006 年澳门特区政府工作报告。
② 澳门大学主页：学术，http://www.umac.mo/chi/academics.html，2010 - 10 - 10。
③ 中新网：《澳门大学校长赵伟接受羊城晚报记者的采访报道》，http://www.chinanews.com.cn/edu/news/2009/12 - 11/2013455.shtml，2010 - 10 - 10。

分是社群教育，推行"住宿式书院制"，为不同年级、族群及专业的学生营造小型、紧密的互动生活环境，互动学习，激励、共同成长。

与此同时，澳门科技大学从2006年9月开始，学校又创办"科技大师系列讲座"，盛邀海峡两岸自然科学与现代技术领域顶尖的学术大师来校为师生演讲。诺贝尔奖得主、中国科学院院士、中国工程院院士和台湾"中央研究院"院士（如1956年诺贝尔物理奖获得者杨振宁、英国诺丁汉大学校监杨福家、北京大学前校长陈佳洱、台湾"清华大学"前校长刘炯朗、华中科技大学前校长杨叔子等）都曾亲临澳门科技大学的讲坛。大师讲座每周举行一次，学生们不仅在聆听10次名师级大师讲座、提交相应的报告后可以获取通识教育的1个学分，而且能够通过与名家大师的零距离接触，领略他们的精神风貌，感悟他们的人格魅力，见贤思齐进而促进精神上的升华①。2007年开始，学校又开始筹建人文艺术学院、创建东西方文化研究中心，这些举措正是为了进一步优化大学的学科结构，更好地实施通识教育与专业教育并重的方针，有利于学生综合素质的不断提高②。

旅游学校本着德育兼备的教学理念，鼓励学生参与社会工作和各项课外活动，发掘自我的兴趣及潜能；通过海外实习、交换生计划、夏季国际交流课程或与海外生的互动交流，接触多元文化，放眼世界；改革课程，广泛涵盖酒店、旅游、商业管理、语言等领域，发展学生的决策能力、合作交往能力、批判分析力及娴熟的专业技能。同时，学校更加注重营造多层次、丰富的学习环境，使学生"乐于学习、主动学习、发现学习、合作学习、自主学习"。

澳门镜湖护理学院依然坚持弘扬"从人到仁"的教育理念，通过"专业教育""全人教育"与"通识教育"三结合，培育"品格与才能并重，关怀与护理同行"，立足于本土兼具国际视野的护理与健康科学人才。

综上所述可以看到，在高等教育国际化趋势的推动下，澳门高等教育也积极主动地加入了这股国际化发展的潮流。在"通识教育"的改革指引下，通过与国际高等教育机构进行广泛的交流与合作，确立了自身发展特色，寻求多元发展途径，从而更好地响应新特首对于适度多元经济发展的人才需求。

（六）中国高校通识教育的实践

1. 通识教育理念的引进

中国的通识教育与现代意义上的大学、大学制度都是从西方引进的。民国

---

① 许敖敖：《多元文化背景下的澳门科技大学人才培养探索》，载《中国大学教学》2007年第6期。
② 同上。

初年，北京大学原校长蔡元培先生是通识教育的提倡者，他把德、智、美、体育作为四育来培养健全的人。他主张文理"兼习"，"融通文理两科之界限"，培养"硕学闳才"。但是，在当时救亡图存的年代，这种主张很难得到推行，"经世致用"的理念更容易被人接受。就连当时以西方制度为楷模的教会学校，也不得不变通地开设了大量实用性科目。重视专业训练，传授一技之长，是当时大学的普遍现象。

到20世纪30年代，在梅贻琦、竺可桢等一批在西方受过良好教育的有识之士的积极倡导下，通识教育的理念开始在中国的大学生中生根发芽。清华大学的梅贻琦先生率先接受了美国的通识教育思想，并于其在清华大学担任教务长的时候，提出大学本科四年的课程应当按照"先通后专"来设置。第一年实施通识教育，第二年再进入专业领域。1931年他出任校长之后，进一步主张"学问范围务广，不宜过狭，这样才可能使吾们对于所谓人生，得到一种平衡不偏的观念。对于世界大势文化变迁，亦有一种相当了解。如此不但使我们的生活上增加意趣，就是服务方面亦可以增加效率。这是本校对于全部课程的一种主张"。1933年，清华大学曾经针对学生过于重视实用学科的情况，实行新生入学不分专业的制度。这种课程结构模式后来也为西南联大所继承。

竺可桢在担任浙江大学校长期间，主张通才教育与技术教育并重，但侧重于通才教育。他主张把学生培养成有崇高信仰、奉公守法、体格健全的通才，认为大学教育不仅要给予学生全面的知识，更重要的是培养学生的各种能力。他明确地提出大学教育的目标："绝不仅仅是造就多少专家如工程医师之类，而尤在乎养成公忠坚毅、能当大任、主持风尚、转移国运的领导人才。"他曾提出大学各学院一年级不分系的建议，目的就是避免学生过早地进入专业学习而忽视了基础。1945年9月23日，竺可桢在《我国大学教育之前途》一文中针砭时弊："若侧重应用的科学，而置纯粹科学、人文学科于不顾，这是谋食而不谋道的办法。""目今我国社会，仍然充满了这种功利主义。大学里面的课程，支离破碎，只求毕业后出路好坏，待遇之厚薄。选择科目，不问其训练之价值如何，而专问其是否可应用到所选之职业。在大学内通才教育与技术教育理应并重。"①

1948年6月10日，冯友兰先生在清华大学自治会举办的有关教育问题的学术报告中发表了"论大学教育"的演说。在演说中他认为，大学教育的目的是为了培养"人"，而不是把人训练成工具或机器。在这方面，大学与职业学校明显不同。大学教育除了给予人专业知识外，还应该让学生具备一个清楚

---

① 竺可桢：《在炮火中护持大学理想》，载《人物》2007年第9期。

的大脑，一颗热烈的心。只有这样，他们才能对社会有所了解，对是非有所判断，对有价值的东西有所欣赏，才不至于接受现成的结论，不至于人云亦云。①

20世纪三四十年代，正是这些有识之士的倡导和推动，使得通识教育的理念在我国大学有了一席之地。但是，在20世纪90年代之前，由于我国实行计划经济体制，高等院校的本科教育主要是以专业教育为主，"专门化"是高等教育发展的主流方向。大学本科教育除了全校公共课或基础课、专业课之外还没有引入通识教育概念。

2. 通识教育的起步阶段

改革开放以后，我国的政治经济体制都有了前所未有的变化，高等教育也逐渐从精英化走向大众化。在这种情况下，专业教育已经无法解决大学生全面发展的问题，对大学生进行素质教育的呼声也从20世纪80年代开始日益高涨。② 20世纪90年代中期以来，我国大学在教育部的推动下，轰轰烈烈地开展了文化素质教育。1995年，原国家教委发出《关于开展大学生文化素质教育试点工作的通知》，并确定了北京大学、清华大学、华中理工大学（华中科技大学前身）等52所高校为"加强大学生文化素质教育"试点院校。1998年，教育部颁发了《关于加强大学生文化素质教育的若干意见》，进一步明确了加强文化素质教育的重要性和紧迫性、途径与方式、师资队伍建设等，开始了对素质教育的政府指导。1999年1月，教育部批准在全国普通高等学校中建立32个大学生文化素质教育基地，文化素质教育从此进入全面推广阶段。1999年，中共中央、国务院颁发了《关于深化教育改革全面推进素质教育的决定》，将文化素质教育推向高潮。③ 由于人文素质教育的内涵旨在通过人文学科的知识教育、环境陶冶和社会实践，促使学生经过自身的内化和发展逐步形成一种稳定的内在品质和价值取向，最终使学生形成高尚的道德情操、高品位的人格修养，以及创造性思考能力和多维的知识视野。就高等教育而言，实施人文素质教育的目的旨在改变高等教育过分强调专业教育而忽视大学生综合素养培育的状况，提高人才全面发展的素质。尽管文化素质教育的内涵要比通识教育狭窄，但仍然可以将其看作通识教育的重要组成部分，文化素质教育的推广也可以看作通识教育的起步阶段。④

---

① 刘琅：《大学的精神》，中国友谊出版公司2004年版。
② 王本法：《简论通识教育的历史嬗变和时代内涵》，载《济南大学学报（社会科学版）》2005年第3期，第75页。
③ 骆少明、刘淼：《2009年中国大学通识教育报告》，暨南大学出版社2010年版，第3页。
④ 李继兵：《通识教育论》，高等教育出版社2012年版，第56-58页。

3. 大学通识教育实践的新探索

中国的通识教育从文化素质教育开始，二者虽有区别，但其理念和目的有异曲同工之处，都是为了克服专业教育人才培养模式的弊端。随着文化素质教育的逐步开展，通识教育作为一种教育理念和人才培养实践模式开始走进人们的视野。进入 21 世纪后，通识教育更是受到了中国高校的高度重视。2001 年 11 月，由清华大学、北京大学、华中科技大学等联合主办的大学通识课程暨文化素质教育研讨会在香港召开，自此，内地、香港地区和台湾地区多次召开通识教育与文化素质教育研讨会，使中国的学者和管理者更多地接触到通识教育。同时，部分高校开始把讨论变为大胆的实践，北京大学于 2000 年开始在全校开设通选课，2001 年开办元培计划实验班，通识教育开始真正进入中国高校，迈出了我国通识教育发展的重要一步。继北京大学之后，武汉大学于 2003 年全面启动通识教育课程建设工作。复旦大学于 2005 年成立以推行通识教育为目的的复旦学院，中国大学的通识教育改革全面展开。南京大学于 2006 年成立匡亚明学院；浙江大学于 2007 年将竺可桢实验班升格为竺可桢学院，2008 年成立求是学院；中山大学于 2009 年成立博雅学院。这些学校在本科生培养中使用"通识教育"这一概念，主要有两种做法：一是开设"通识教育选修课"，二是提出建立"通识教育基础上的宽口径专业教育"的人才培养模式。至 2009 年年底，北京大学、清华大学、复旦大学、上海交通大学、浙江大学、武汉大学、中山大学、天津大学及大部分省属院校先后开展了通识教育。同时，各中国高校开始组织编辑出版通识教育教材，如北京大学已出版《通识教育十五讲》教材，媒体也开始播出相关的节目如《名家讲堂》等，推动了通识教育的开展。为进一步探讨我国高校人才培养模式，教育部多次召开通识教育研讨会，而以大学为主办单位举办的国际性和地区性通识教育研讨会则更为大家所关注。如 2008 年 5 月在复旦大学举行了"面对时代挑战的大学本科教育改革：大学通识教育论坛"，来自国内 53 所高校的 130 名代表就共同关心的大学通识教育问题展开研讨。此次论坛最鲜明的特点是将研讨中心从以前的通识教育理论转向操作层面，这表明国内众多高校不仅普遍接受了通识教育理念，而且正以不同的形式进行探索和实践。目前，许多部属重点大学及地方院校纷纷行动，探索和实践通识教育已经成为中国高校的共识和高校改革的重点。[1]

---

[1] 骆少明、刘淼：《2009 年中国大学通识教育报告》，暨南大学出版社 2010 年版，第 4 页。

第二节 科技院校通识教育模式类型与特征

一、通识教育理念流派及其哲学基础

对通识教育哲学基础的研究，不同的学者有着不同的观点，这里整理并总结了美国萨拉劳斯学院校长哈罗德·泰勒（Harold Taylor）及美国著名学者克瑞格·赫沃德（Craig C. Howard）著作《通识教育的理论：一种批判的方法》（Theories of General Education: a Critical Approach）的理论观点，在融合二人观点的基础上提出了通识教育的四大哲学基础与理念流派：理想主义、进步主义、永恒主义、折中主义。

（一）哈罗德·泰勒（Harold Taylor）的观点[①]

1. 理性主义流派哲学思想（the philosophy of rationalism）

以雅克·马里旦（Jacques Maritain）为主的一批新托马斯主义者是纯粹的理性主义的代表者。他们在一定程度上为教会学校的通识教育课程计划及罗马天主教学院的传统经典人文学科课程提供了神学与形而上学的哲学思想基础。在这些院校中，教育者更多关注的是对学生在人性、人与上帝关系，以及构成托马斯世界的层级结构等方面的绝对真理的探讨与教授。而莫提默·阿德勒（Mortimer Adler）则将这种思想引入到了高等教育界中的一些世俗院校机构内，从而影响了哈钦斯等人的教育哲学思想。针对美国高等教育系统内部的课程改革，哈钦斯提倡应使中世纪大学所教授的西方传统文明的经典名著课程重新回归到我们当前的大学院校中。在他看来，这些经典名著课程，来自人类伟大的精心杰作，最具永恒与普遍价值，在任何时代、任何地方都可以启发人的心智，是所有人类内心深处的共同理念和经验。支持这种理念思想的还有马克·范道伦（Mark Van Doren）、斯格特·布坎南（Scott Buchanan）和斯特林·费洛（String Fellow）。而对于新托马斯主义者眼中的形而上学则是这样定义的，系统的理性原则与标准是人类探索宇宙、掌握宇宙的一种方法工具，人类在宇宙世界的层级分类中处于动物之上，纯神（pure spirit）或者上帝之下的

[①] Harold Taylor. The Philosophical Foundations of General Education. University of Chicago Press, 1952: 20-45.

位置。而划分的标准则是因为人类具有理性特质。

对人类理性素质能力的培养则成为教育或人类生活的唯一终极目标。由于理性是一种单独的存在形式，并没有特定的社会或物质起源背景，因此理性在任何地方，任何时候都是一样的。那么我们的教育也应该处处是一样的。而对于涉及西方传统文明的教材中所呈现的有关宇宙世界的价值观念与普世真理，对人类理性思维能力的培养有着独特的作用与影响。

因此对于通识教育课程计划内容来说，首要的选择就是那些关注并强调人类终极目标，以及人与自然关系的古代经典文学与哲学著作。而对于教授这些人类经典著作的应该是那些在语言、文学、科学等方面颇有造诣并擅长运用教学法的专家、教师、学者等。

而对于理性主义流派提倡的通识教育课程实践模式则是让学生通过演讲、讨论及阅读的方式来记忆、理解，掌握这些来自传统文学、哲学、科学与艺术等领域的经典著作，且最终以考试的方式对学生进行考查，他们关注的是学生从中掌握并获得对人类活动的反思、分析能力，而不是实证社会科学所关心的，诸如同时代的社会问题或者理论与实践相关方面的理论等。他们认为学生通过学习名著获得的真理与道德标准是普世通用的，是在任何时代都行得通的宇宙世界的规律法则。

另外对于这些理性主义代表者的提倡，在某种程度上，体现出了一种未被公开表明的社会哲学思想，即对传统等级观念的一种维护与稳固。例如，在谈及人与社会关系的时候，他们认为只有那些具有抽象思维、较强的理解能力的人才可以进入高等教育领域接受学习；反之，其他人只能去从事一些更多需要体力劳作的职业。以此支撑着整个社会的正常运转，从而在某种程度上维护了这个社会中处于统治地位的诸如罗马天主教教士、教育家、哲学家、统治者及西方学者的地位。

对于理性主义流派来说，他们希望学生可以对那些涉及西方传统文明的知识进行合理推理、分析，从而更好地去履行公民的职责。而对于他们的提倡，则间接地巩固了罗马天主教学院的地位。通过哈钦斯、马克·范道伦及在圣约翰学院的 100 本名著计划，更多的人开始关注并研究马里旦和阿德勒的思想，同时，更多的学院开始出现包含哲学、文学及艺术等学科在内的通识教育课程。而在一些大学，则开始教授包含人文学科的通识教育核心必修课程，例如芝加哥大学的经典名著课程计划，以及哥伦比亚学院的两年人文课程计划。

2. 折中主义或新人文主义（eclecticism and neo-humanism）

对于第二种通识教育的哲学指导思想，可以称之为折中主义或者更确切地说是新人文主义。一方面，它继承了欧洲的传统哲学思想；另一方面，在二元论思想（肉体与灵魂两部分组成）的影响下，认为我们在浩瀚的知识体系中，存在着部分合理的，对学生的心智训练与培养有着独特作用的相关特定主题科目知识。虽然，对于新人文主义学派来说，并没有专门特定的哲学基础用来指导其提倡的通识教育的课程计划模式，但是，正如理性主义学派一样，他们都在尽力试图避免自己的课程出现专业化或职业化倾向，使其与普通的专业知识课程区别开来。

而对于在哈佛大学发表的报告《自由社会的通识教育》一文中，则很好地体现了新人文主义学派的课程主张。到19世纪中期以后，越来越多的社会批判家和评论家意识到由希腊人－犹太人－基督教徒构成的欧洲传统社会文化环境已经开始发生变化。盛行于新教教会院校与世俗院校的理性主义教育思想观念开始向多元文化与多元知识价值观念转变。在过去的100年间，新教的传统刻板教义教条渐渐地被多元文化社会中学生的兴趣与需求所打破。而1872年哈佛学院的自由选修制度则标志着这场变化的开始。也就是在此时，通识教育（general education）这个词开始在众多大学院校中普及开来。此时的通识教育更多关注的是对学生价值观念及清晰的逻辑思维能力的培养，在非职业化、非专业化的理念的指导下，强调学生对物质世界的理解能力以及对西方传统文明的鉴赏能力。那么，从以上所阐述的通识教育目的来说，新人文主义似乎和理性主义相差不大。而两者的不同之处在于，一方面，新人文主义其实并没有十分清晰明了的哲学前提用以构建自己的通识教育课程计划模式。我们这里，用人文主义或折中主义来对其进行描述，重点强调的是对学生所进行的西方传统人文理念的熏陶及人类理性思维能力的培养。另一方面，在哈佛大学报告《自由社会的通识教育》中被重点提到的，理性主义学派所提倡的基于西方传统文明的通识教育课程忽视了一个严重的问题：西方传统文化知识体系是如此的庞大，且仅在哲学领域就众多的基于不同哲学理念的思想家、哲学家，我们很难做到使每个学生通过经典名著课程掌握过去所有哲学家、学者的观念，唯一的办法只能是选择当前最具有时代价值意义的哲学观念作为主流指导思想原则。报告还指出，当前教育一方面要像杜威所提倡的那样要打破传统的只教授西方传统文明的教育；另一方面，又要像阿德勒所认为的那样，当前教育要致力于在西方传统文明与科学技术创新发展教育中寻找一种平衡。因此，相对于新人文主义学派来说，其提倡的通识教育课程计划更具有灵活性与包容性。

需要指出的是，新人文主义学派认为，西方传统文明或传统文化遗产是指人类在文学、哲学等领域的才智发展的结果。这并不是源于社会的历史环境变迁。在某种程度上，他们认为是人类思维意识的发展导致了社会的变化。而对于他们所提倡的通识教育课程计划基本上涵盖了文学、哲学、科学与艺术四种学科领域的知识内容。一方面，他们希望学生通过对文学、哲学学科的学习，领悟西方传统文明的重要精髓，从而有利于西方民主社会的构建；另一方面，对科学与艺术学科的学习，能使他们日后可以成为此相关领域的专家，同时又可以承担一定的社会责任。

对于人文主义学派和理性主义学派来说，他们都希望未来的高等教育发展可以更正规化、结构化及学术化。而对于二者的通识教育课程计划则更具有一定的保守性与谨慎性。人们应将更多的重点放在对课程教材的革新、通识必修课程的设置及教学大纲的建设上，而不是学生的实际学习过程。

3. 自然主义与工具主义流派（naturalism and instrumentalism）

工具主义代表学派在教育方面重点强调的是对知识的使用。工具主义主张对概念与事实进行重新检验与验证，经过验证的即为真命题；反之，则为假命题。对工具主义学派来说，不存在绝对真理或者绝对价值，认为教育的目的在于促进学生个体身心成长发展及个人素质的提高，并不仅仅着眼于学生理性思维能力的培养。且认为，只有经过个体在实践中得到验证的才是合理的知识与道德标准。

对于人类的理性和情感来说，工具主义认为，只是人类有机体在自然环境中的一种本能反应，不应该将二者区分开来。要将诸如理智与情感、思想与行动、过去与现在，以及知识与价值、物质与意识等统一起来对待，在某种程度上，这种看法与理性主义学派有着些许不同。举个例子，对于理性主义学派来说，自由教育和科技教育、工人阶级与知识分子、艺术家与科学家、过去和现在都是相分离的、没有联系的。他们认为教育仅仅提供对学生理性思维能力的培养和训练。在更深层次上来说，是存在与意识二者关系的不同看法。理性主义学派认为，意识与思想是存在的基础；而工具主义则认为存在决定意识，意识是存在的反应。而正是基于此，工具主义学派提出了人类本质理论。认为人类个体的意识是个体在特定的环境下产生发展的，正是个体独特的行为、情感方式，构成了整个人类社会的生活模式。

在教育实践领域，工具主义学派则更多地关注为学生营造一种有利于其自身发展的教育环境，且在这个环境中，学生可以找到并发现适合自己的发展方向和道路。对于课程设置来说，则一方面强调可以满足学生的兴趣与需要；另一方面，又可以根据社会时代背景的变化做出相应的调整。而对于选择什么样的课程知识及以什么样的方式教授这些知识，取决于知识在现代生活中的作用与价值。在工具主义看来，知识的获得并不是教育的终极追求，而仅仅是个人通向美好幸福生活的一种方法途径。

论及美国社会的通识教育课程知识内容的选择问题，工具主义学派提出了两条原则标准：其一，什么样的知识可以充实并丰富学生个体的美好生活；其二，公民个体获得什么样的知识可以有利于自由和谐社会的构建。基于此，工具主义学派提倡通识教育课程要更多地关注当前社会所出现的一些问题与困境，然后综合运用在科学、艺术、人文等领域的知识去解决这些问题。不同于理性主义学派与新人文主义学派所提倡的教育有着固定目的及课程教材需要有固定内容，工具主义学派认为课程要根据社会的发展与学生个体的兴趣需要不断地做出调整，并认为课程处在一个不断变化的过程中。

在探讨社会问题时，"民主"是工具主义学派使用的一个核心词汇，他们极力倡导一种和谐、民主的社会生活氛围。一方面，每个个体都可以根据自己的生活经验建立起自己的真理、价值观体系；另一方面，他们极力反对认为"受过教育的群体有别于其他的社会阶级"的观点，提倡对所有人类进行最大程度上的教育。而对于上述理念，最早出现在杜威的著作中，并且在一些私立实验学校中发展开来，后在1930年间，盛行于大多数实验学院之中。在西德尼·胡克（Sidney Hook）于美国高等教育董事会发表的报告——《现代人的教育》（Education for Modern Man）中也提道，在民主社会中，教育的作用就是保障个体及社会群体享有平等和自由的权力，使公民对于社会中所发生的事件有着敏锐的洞察力和清晰的判断力。由此可见，在通识教育目标确立的问题上，高等教育董事会也是站在工具主义学派的视角，强调教育的社会角色。

由于受工具主义以及现代社会自身发展的影响，迫切需要制订一定的教育改革计划措施来适应并促进社会的发展转型。于是，在美国教育史上，一批十分具有代表性的教育家，在高等教育董事会上发表了一篇报告，在报告中明确指出，当前社会，应以一种主流思想来指导当前的教育改革。而这种主流指导思想则指的是工具主义或进步主义思想。但是在当时的教育实践中，这种哲学思想多盛行于当时的美国大多数州立大学，这并不是出于对工具主义哲学思想的采纳，而更多是为了促进国家与社会的快速发展。在某种程度上，使学生掌握有关生物、化学、农业、物理、数学、工程、法律、医学及社会科学等其他领域的知识，已经成为促进和谐有序社会飞速发展的必然条件。相反，那些关于拉丁文、希腊语、诗歌、文学、艺术创作及哲学的学习则被认为是人类生活的一种"文化元素"，而不是促进社会进步的必需条件。这种对艺术学科及人文学科的看法，仍然存在于当今的大学院校中，而这种态度只可以在那些将艺术创作及人文探讨作为自己日常生活的重要组成部分的教师那里才会得到改变。因为他们会将自身更多的关于文学与艺术的经验分享给学生。而不像理性主义与新人文主义提倡的仅仅关注的是对学生在精神文化领域的熏陶，忽视了学生在实际经验上的兴趣与爱好。

而对于职业主义教育来说，新人文主义和理性主义学派对其进行了无尽的谴责。他们认为科技教育更多的是对学生进行体能方面的开发和锻炼，而实际上并不是这样子的，无论是任何专业，在某种程度上都是具有职业性的，任何一项活动都是需要一定技能、技巧的，正如学习法语，不管是出于教授他人的目的还是为了可以用流利的法语在巴黎打到的士，或者是为满足自己对法语文化和文学的兴趣与爱好追求，其实一个通用的目的可以将这些都涵盖进去，那就是为了更好地利用与享受生活。

对于当前高等教育课程领域出现的分歧，更多的是将对知识的使用价值与对知识的欣赏价值完全对立起来。以至于在论及通识教育课程知识体系的时候，我们不知道以一种什么样的价值观去判断选择属于通识教育或博雅教育领域的那一部分知识。在工具主义学派看来，在人文学科和自然主义学科领域中选择什么样的知识内容对学生进行教授，主要是取决于这类知识是否能够充实并丰富个体的社会生活。也正是基于此，工具主义学派认为任何有关通识教育的课程计划都必须建立在满足学生的兴趣与需要的基础上，否则将会与我们的通识教育理念相背离。那种只关注学生是否顺利通过考试、取得学分、获得学位的课程教育在某种程度上与学生的个人发展及未来职业工作能力并没有很大联系。

（二）克瑞格·赫沃德（Craig C. Howard）的观点[①]

1. 理想主义（idealism）与纽曼（Newman）

理想主义从19世纪中期开始，代表人物是纽曼。约翰·纽曼出生于英国，受教于牛津大学，在19世纪前半叶曾是牛津大学中正统教（圣公会）的主要倡导者和支持者，后于1845年皈依罗马天主教，从而导致在同年被清除出牛津大学的宗教团体。从纽曼的转变中不难发现，对于纽曼所持的传统旧有的教育价值观，宗教在其中发挥了核心的作用；在纽曼看来，教育更多的是用于心智训练及塑造性情的，而不太强调教育在发现新的知识及在科学领域的新探索和新发现的作用。在纽曼的著作《大学的理念》一书中，可以很好地体现他的教育哲学观念与设想。

（1）理想主义大学。

在著作中，纽曼说道："大学是一个教授普遍知识的场所，也就是说，一

[①] Craig C. Howard. Theories of General Education: a Critical Approach. St. Martin's Press, 1992: 13 – 116.

方面，它的目的是传授知识的，而不是教授道德的；另一方面，它是致力于知识的传播与扩展，而非促进知识的更新与进步的。如果说大学的目的是探索科学与哲学领域的新发现，那它为什么还需要有学生呢？如果说它是进行宗教领域有关神学的传播的，那它又怎么会成为人文与科学的殿堂呢？"

当罗马天主教皇在授权纽曼创办爱尔兰大学（Irish University）时就告知他，不要将英格兰大学（English University）的风气带到爱尔兰，要全力打造一个爱尔兰本土化的、致力于解决爱尔兰本土问题的大学校。这就意味着，一方面要努力培养爱尔兰青年学生用以和世界上其他同龄学生相竞争、相抗衡的工具性技能；另一方面，要致力于激发与培养学生的智性素养能力（culture of intellect），而所谓的智性素养能力，指的是可以控制并超越我们自身本能的、一种稳定且有力的、人类潜在通有的理智分析与判断能力。人类的思想发展在某种程度上就像我们的身体成长一样，是需要规诫与合理引导的。只有这样，我们才会以广阔而全面的视野来了解我们所生活的世界。对于培养学生的智性素养能力，可能爱尔兰大学会做得更好，因为在爱尔兰大学里，教学与研究这两项功能是被清楚明确地区分的，而且研究这项任务与功能在爱尔兰大学是得不到提倡的，这就使得爱尔兰大学的各个院系逐渐把焦点与重心都放在教学上。而对于纽曼所谓的智性能力的培养，他提倡学生首先至少要了解有关科学的相关系统方法、原则，其次要注重对数学、语法、历史、地理与音律（可以更好地学习诗歌）等学科的学习。

在著作的前言部分，纽曼试图为他的观点做深层次的铺垫。他指出，大学的无宗教性是其最重要的特征，但是离开了宗教，大学又无法完成它的使命，因为它需要宗教来维护它的连贯一体性。他提到了信仰与理性之间的张力，但更多的是他阐述了宗教主义与工具主义之间的张力。在纽曼看来，和罗马天主教教皇倡导下的罗马天主教大学相比，由新教创办的大学更具有较强的实践性优势。但是，这种在新教倡导下的世俗教育所具有的实用性优势是比不上罗马天主教教育在对学生的智性能力的培养上所具有的优势的。正如罗马天主教廷所希望的那样，纽曼一直忠诚于天主教的教义与信仰，但是他却在英格兰大学的历史及人类的经验尝试中寻找其思想观念的合理性依据。也就意味着，纽曼认为他自己的教育观念并不是来自于神学，也不是来自于启示录，而是源于生活经验和感悟。

（2）神学及大学合适的身份角色。

由于受到在"皇后学院计划"中提到的将大学的无宗教性作为大学的一个学术性课程原则的影响，纽曼一直致力于解决宗教与大学之间的关系问题。纽曼认为，应该将神学纳入大学的课程，并且基于对人类知识本质的合理理解，提出了一种神学指导下的认识论课程。而大学（university），就如它的词汇构成一样，就是应该教授普遍知识的，那么神学，作为知识的一类分支，必然也应该出现在大学的课程当中。对于纽曼的这些看法，在著作的前言部分就有提到，作为一个英国人，并中途转为罗马天主教信徒的纽曼来说，他一直强调宗教与神学都是人类经验的一部分，并没有认为只可以教授罗马天主教神学，而不提倡新教和东正教神学，在他看来，所有领域的神学都是人类知识领域的一部分，都应该被包含在大学的课程中。

而对于目前大学所教授的课程来说，纽曼认为是不完整的。在大学里，课程已经丧失了知识的完整统一性。而这种情况主要是受到"知识就是力量"观念的影响，越来越多的人开始从纯粹的工具主义角度出发，认为知识越多，权力就越大。而产生更多知识的有效途径就是采取工业化的模式——劳动分工，反映在知识领域就是人类从世俗认知的角度对知识进行分门别类的划分，从而也就导致了不同学科的出现。在这里，纽曼极力反对对知识进行像在百科全书里的，通过字母列表的形式对知识进行分类，他认为这样极大地破坏了知识的完整统一性。而谈到大学的任务，纽曼认为，大学的一项重要的任务就是重建知识的完整统一性。

（3）知识及其功用性与大学的身份角色。

在纽曼看来，知识是统一的，所有知识都是一个有机的整体，各分支学科知识都是这一整体的有机组成部分，各分支学科知识之间彼此平等，相互依赖，相得益彰。所有知识的本质都是一样的，都是对事物的内在规律和本质的反应和归纳。因此，对一个人来说，掌握完整的知识是必要的，也是必需的。只有这样，才不至于割裂知识、误解知识，个人才会得到全面的发展和自由。

另外，纽曼主张知识本身即为目的。认为知识的终极目标是它自身，而不体现为外在的功利目标，更不带有丝毫的职业训练或社会功用的目的。因此，学习知识不是为了带来外在的物质增长和社会繁荣，而是为了心智的培养和理性思维的训练。

对于大学的角色任务，纽曼则认为，大学的终极目的在于培育良好的社会公民，大学要始终致力于教授生活的艺术，致力于探索美好的世界生活。一方面，大学不应该将其视野局限于某种专业领域的探索研究。另一方面，也不应该专注于英雄或者天才的培育或创造，大学并不是诗人或者伟大著作家的产生地，也不是学校的创建者、国家的领导者，或者殖民地的统治者的摇篮地。大学的培育目标应该是努力为社会营造一种良好的智性氛围，致力于培养公民的公众素养，净化公民的心灵，为公民所热衷的行为提供一个正确的行为准则标准，在努力提升国家政治力的实践效力的同时，使公民个体的生活能够更加丰富多样。

(4) 纽曼理想主义的原则和设想。

在纽曼看来，一方面科学真理或许可以通过发现然后将其归纳整理得出，而哲学思想原理则是通过对命题的融贯性逻辑分析得出。人类有限的头脑只通过对事物的直观感知是无法获得对现实世界的哲学真理认知的，但是如果通过在思维领域对事物进行的融贯性逻辑分析则是可以发现哲学真理的。

知识和权力并不是同一语，知识并不代表着权力，在纽曼那里，知识和真理都是属于理想主义范畴的，知识和真理并不具有任何功利性，所谓知识的功利性是被强加上去的，在某种程度上是工具理性主义对知识的一种物化。

人类的头脑思维意识是可以被规诫和加以指导的，只有在被规诫的情况下，人类才会以一种全面、联系的视野来看这个世界。而人类这种全面的、联系的视野的缺乏则是产生罪恶的源泉，在这个层面上，纽曼是柏拉图主义的，认为邪恶是无知的产物。

知识是具有层级结构并且是循环往复的，说它具有层级结构指的是在知识的最顶层应该是罗马天主教的知识教义思想，说它是循环往复的主要是说各门类学科知识都是相互联系的一个整体，在这个整体中，哲学是一切学科的先导。

专注于对某门学科领域的专业化探索研究，虽然在某种程度上会促进这门学科的发展，但同时能会使致力于研究该领域的专家或学者对事物的联系性缺乏一种全面的、正确的认识与理解。

大学是教学及教授普遍知识的地方，它的目标是智性领域的，而不是精神领域，它致力于对知识的传播与扩散，而不是知识的更新与创新，这就意味着，在纽曼那里，大学应该致力于教学而不是研究。而大学的终极目标应该是致力于对学生进行博雅知识及哲学领域的相关思想原则的教授。

2. 进步主义（progressivism）与杜威（Dewey）

从 1882 年杜威的第一本著作《唯物主义的形而上学》（*The Metaphysical Assumptions of Materialism*）问世到他 1952 年逝世，在此期间杜威出版了大量的著作。在某种程度上，他是一位多产的、根据社会的变迁和转型而不断调整和修正自己理念体系的一位伟大的哲学家、教育家。因此，在 19 世纪末到 20 世纪中期，由于受到美国经济危机所造成的社会大萧条的影响，他的思想发生了巨大的转变。1970 年，哈恩（Hahn）根据在杜威的著作中所反映出的不同的形而上学观念，将其思想理论划分为三个时期：早期的杜威主要是受康德（Kant）和直觉主义的影响，强烈反对唯物主义形而上学观对直觉主义的否定，并且强调对宗教和价值观念的研究；后来在其研究生阶段，杜威研习了黑格尔的思想,并且将黑格尔的理想主义发展为1890年时期的实验主义,并最终被工具主义取而代之;而他的理论成熟阶段则是以经验自然主义、实用性-自然主义或者情境主义为代表。

(1) 在《对确定性的寻求》这本书中的观点。

杜威于1929年出版了《对确定性的寻求》(*The Quest for Certainty*)这本书。在书中他向大家阐明了进步主义时代下的哲学角色,他认为此时的哲学更多的是提倡物质实体论而不是理念论,提倡实践论而不是纯粹的心智论。

在这本书中,杜威谈道,由于人类生活在危险的世界中,人类不得不寻求自身的安全,而这主要是通过两种方式进行。一种是通过诉诸上帝,另一种是通过科技发明创造对物质环境世界的控制。对于第一种方法,人类主要是通过净化自身的心灵和情感世界来改变自身。另一种则是通过人类实践行为而改变世界。对于存在于这两种方法之间的张力,主要是由于人类意识到人类本身也只是物种世界的历史长河中短暂的一小部分,而人类采取的一些工具性的发明创造未知是否会造成对上帝诸神的侵犯。因此,对于未来世界来说,则充满着各种危险和不安全因素。谈到对行为实践领域的蔑视,主要是由于受传统哲学家的影响,虽然他们并不是这种观念的直接缔造者,但却在某种程度上使得这种思想得以延续和发展,他们毫不怀疑地认为理论高于实践。而这种对理论和实践的失和与偏离的认识,主要源于传统西方哲学思想家宣称的要保持神灵的圣洁而不被世俗玷污的观念。在现实社会中,工作被认为是繁重的、辛苦的,是充满原始诅咒的,是必须在高强度的压迫下才可以完成的。而相反,那些智性活动则是和闲暇、高贵相联系的。考虑到实践活动是如此的令人不悦,因此在很大程度上都把实践领域的劳作都强压给了奴隶阶级。因此,在这种意义上,所有的世俗尘世都被归结到奴隶阶级的身上,而与那些知识分子、闲暇的自由民及受过教育的贵族阶级无关。所以,在杜威看来,在希腊时代,整个城邦的生活秩序完全是由知识精英和贵族群体所统治的,是高高凌驾于胸无点墨、目不识丁的民众之上的。

因此对于奴隶阶级来说,所从事的所有活动行为都被人类社会视为一种羞辱,而产生这种态度的原因主要由于人类对确定性的寻求。人们认为在各种形式下的社会实践性行为在本质上充满了不确定性,且认为自己在这茫茫宇宙中是极为脆弱的,是宇宙万物中的沧海一粟。然后,人类便开始在这种极不确定且极易发生变化的世界中寻求自我超越。由于实践活动有一个显著的特点就是与它俱在的不确定性,也就是说,可以行动,但必须冒着危险,于是人们便开始把纯理智冥想和理智活动提升到实践活动之上。似乎通过思维人们便可以逃避不确定性的危险。

这种对确定性的寻求其实是对和平的一种寻求，其在实践领域中无法得到保障，但在纯粹的知识领域中却可以得到完全的保障，就像我们有史以来的哲学传统思想观念所认为的那样。我们现代人如今在某种程度上已经创造了大量的科技发明用以维护自身的安全，这是我们的祖先远无法想象到的，尽管他们仍然受着传统的对实践活动蔑视的观念影响。

杜威认为，在人类放弃了纯粹的理智的绝对性之后，诉诸行动所获得的确定性，虽然不是完全的，但却是我们唯一能够实际获得的确定性。人类要从古典理论的逃避世界转为介入世界，科学技术的支配自然、发展产业的过程已经势不可挡。哲学不应该去强化高贵者和卑贱者的鸿沟，应该放弃纯粹理论的自以为是的确定性，它必须面对偶然世界的挑战，与各门科学携手合作而不是对它们作原教旨主义式的抵制。

（2）杜威的进步主义的原则和设想。

在对确定性的寻求上，人们获得更多的物质上的不安全感主要是由于受到二元论西方哲学的困扰，人们在科技领域的一些发明创造主要是其延续生存的原始冲动力在起作用。在对确定性的寻求上，西方哲学更多的是神话了理论的地位，贬低了实践的重要性，因此造成了在认识论、本质论以及伦理学上的一些问题。

对于现代人来说，最主要的哲学领域问题主要是有关科学与伦理学，工具性与道德性的关系问题。真理既不是指观念与目的的符合，也不是指个体与其思想的一致，而是兴趣与行为的对应问题。

教育关注更多的是个体的经验，以及个体如何与其生存的环境发生相互作用。才智是一种可以获得并掌握的习性，培养学生的反思性思维是教育的目的之一。教育过程是无目的的，教育是个体不断更新、成长，不断再组织、再创造的过程。学校的追求目标是保证学生个体的成长，教育最重要的是要与学生的生活经验发生联系。所有的教育价值观念都是和当时的社会环境背景相一致的，离开了当时的社会环境，所有的价值观念应该都是一样的。

社会文明的延续基于人们对科技创造发明的有效交流，社会发展的好与坏，取决于社会内部如何交流和如何发展转型。民主是政治组织的最好形式，可以有效地促进社会成员的成长与发展，因为它鼓励个体自由地发表自己的思想见解，从而在某种程度上增大了个体与个体之间的不同生活方式的影响与联系。个体是不能脱离社会群体而独立存在的，离开了群体，个体将没有任何存在意义。

3. **本质精粹主义（essentialism）与罗伯特·哈钦斯（Hutchins）**

罗伯特·哈钦斯于1930年在芝加哥大学力推了经典名著课程计划，并于

1940年成为这所大学的校长。哈钦斯的理念对自"一战"以来，以科技教育与专业教育占统治地位的高等教育课程领域产生了巨大的影响。在他看来，当时高等教育领域的状况是令人担忧的，在缺乏统一的课程原则标准的情况下，只顾一味地沉浸在无尽的消费主义与反知识主义的海洋中。他一方面批评传统的博雅自由教育变得与当前的生活越来越没有联系，另一方面指责当前现代科技的飞速发展所造成的教育领域的课程内容出现的严重的职业化倾向。哈钦斯的这些批评是歇斯底里的，伴随着法西斯主义势力对民主社会生活的威胁与破坏的加剧，再加上当时社会普遍流露的冷漠与贪心，在某种程度上使得哈钦斯的主张十分深入人心。

（1）哈钦斯的"悲悯"（lament）。

哈钦斯认为，目前高等教育领域有三个难题：过度的专业主义和职业主义、孤立主义，以及反知识主义。这些问题的根源，主要是受到了世俗文化世界中对金钱与利益的追逐的影响。也正是由于高等教育领域财力资源的不足，使得一些高校不得不面向市场，对市场、企业做出妥协，开始致力于培养具备特殊职业技能、可以更好地适应未来职业生涯的学生。这种对公共市场的依存，使得大学不得不在它们的学业标准培养计划及学生的福利上做出妥协与调整。目的是为了更好地迎合短期的市场经济发展需要，结果却使大学成了满足社会短期需求的服务站（service station），成为提供学位认证与资格认证的一个社会服务场所。在哈钦斯看来，此时的美国高等教育领域，除了考虑那些古怪的，在某种程度上明显受不稳定经济带来的影响因素外，再也不以建立统一连贯的课程体系为目标了。

哈钦斯认为，人们混淆了民主社会中民主的定义及高等教育所担负的角色和任务，认为目前高等教育领域的大学院校与他们所应该服务的社会处于一种不民主、不和谐的关系状态。如果有人认为，大学在任何时间，出于任何理由都可以随时随意地开设任何一门课程，那么，高等教育领域的教学质量势必会令人担忧。还有人认为，民主社会中之所以需要教育为每个人提供平等的受教育机会，主要是由于高等教育存在的主要意义在于可以为人们提供获得资本主义民主社会产生的巨大经济报酬的途径。哈钦斯认为这种假定是错误的，在他看来，大学只有在成为一个独立的进行知识运作与理智培养的场所时，才可以发挥对民主社会的贡献作用。但这种知识运作并不是出于工具主义意图，而是大学里面开设的主要面向全体学生的通识教育课程，这种课程计划在高中的后两年及大学的前两年实施，且在学生接受完这些课程之后会被授予BA学位（BA degree）。对于课程的内容，哈钦斯并没有明确指出，他说道，目前我们已经丢掉了我们的传统文化遗产，而这些遗产将是我们需要的最本质的东西，但现实情况是我们抛弃了它，去追逐一些无关紧要、微不足道的事情。对于哈钦斯提出的这种通识教育课程也有另外一种功能，即可以将大学从学院中分离出来，当然，反之也成立。这从另一方面也反映出，高校是否开设通识教育课程，在一定程度上可以看出它是致力于杰出大学的建设，还是朝向普通院校的建设方向发展的。然而高校也不可能同时在两方面都做得很出色，因为为了提升学校的入学率，学校必须开设一些社会需要学生个体所掌握的课程知识内容。但是，哈钦斯认为，学校的这种做法并不是本质精粹主义的通识教育流派所提倡的，因为通识教育并不是一种市场化的教育商品。

对于美国高等教育领域所出现的以上种种问题，主要是基于对"进步"这个词汇的错误理解。如果从物质条件角度来定义，进步则意味着庞大的信息量、更多的科技专业知识，以及人类对环境的控制。那么这样就可以推出，对于哈钦斯所认为的通识教育的本质精粹主义和"进步"是毫无关系的，因为哈钦斯所关注的更多的是质而不是量。在哈钦斯看来，"进步"是随着时间的演进，所有的事物都在不断地变得美好与完善。我们获得的信息在不断增加，所掌握的科技知识在不断扩展，我们的高科技设备与产品是我们的祖先远无法想象的。在科技领域，我们从来都没有停止过发展的脚步，我们发明创造了我们的祖先远不能预见的蒸汽机、飞机、收音机，以及在他们看来远不能实现的工厂体系。对我们的祖先来说，他们又能为我们做什么呢，我们以解释"进步"这个词汇开篇，但却以否认人类是一种理性的高级动物的反知识主义结束。在这种观念下的教育是不会强调对人类个体的智性培育的，更多关注的是对现代工业、科技、经济、政治和社会环境的认知和探索。于是这种现代性的"意蕴"便催生了奇怪的现代现象，即反智性培育的大学（anti-intellectual university）。

在哈钦斯看来，目前高等教育领域所呈现出来的情况比之前描述的更糟糕。一个健康、正常、积极向上的国家，它的民主活力与生命力是以高等教育的完整一体性为基础的。反过来，社会的民主氛围在一定程度上又影响了高等教育的统一连贯性，这两种状态是相互依存的关系。但是对于哈钦斯来说，大学院校必须克服这种相互依存的状态，更多地致力于对知识发展的追求及对学生智性美德的培养，但是这并不是一件容易的事情，因为过度的专业主义理念导致了高等教育课程领域出现了分散段落的现象，大学的课程出现了严重的职业化的倾向，这无疑推进了美国学术领域的反知识主义浪潮。于是，大学便根据社会的需要迅速地在课程方面做出相应的调整，从而也就无暇顾及有关课程内容的真实正确性，并且会影响到所有的学科领域，因为每一个专业学科领域都与职前培育有着密切的关系，而且每一个学科都有丰富的知识遗产传承作为本专业的学科领域的核心内容。但是，在进步主义学派看来，他们是极力反对这种知识遗产传承的，他们只关心和当前社会紧密联系的、实用性较强的一些专业教育课程。对于这种看法，哈钦斯是感到悲叹、惋惜的。他认为，对每一个成熟的专业学科领域来说，如果可以重新找回该领域最核心最本质的那部分知识遗产传承，那么所有有关大学课程领域所出现的困惑都将被澄清、被解决。哈钦斯认为，一个大学之所以可以成为一个完整统一的整体，一个最主要的原则就是它必须以追求真理为终极目的。如果大学院校的各个院系都可以以之为目的，对专业性极强的课程进行缩减，且每个院（系）的领导、教师都可以以追求真理、追求知识为其教育理念，并在这些基础上发展通识教育，使所有的学习工作都建立在对知识的探索上，那么大学最终将会成为一个真正充满大师的地方。

（2）通识教育：经典名著课程计划。

哈钦斯认为，对于大学里所产生的智慧与思想的交流对话必须建立在学生与专家学者教授们共有的信念立场基础上，即对现代西方文明的共同价值理解上，否则这些交流将无法进行。

而对于怎样构建他们的共同信念立场则需要进行相关通识教育的学习。哈钦斯对于通识教育的课程计划体系则是基于西方文明的经典名著课程展开的，具体要求在高中阶段的最后一年和大学的第一年为学生开设通识教育课程，每一个在学校接受书本教育的学生都必须接受对其进行的通识教育课程的教授。最重要的是，大学一年级结束后学生会被授予 BA 学位，这标志着学生接受正规教育的结束。而所谓的高等教育阶段则被定义为那些有能力在大学从事研究生阶段水平的工作的学生所接受的教育，也包括致力于研究解决在教育实践领域的困境问题的研究学者。

哈钦斯有关通识教育最核心的理念就是，不管接受教育的学生是出于何种特定的实践价值观念，不管他们是否打算继续接受高等教育，他们每一个人都应该接受通识教育的熏陶，都应该接受亚里士多德所描述的，被托马斯·阿奎那（Thomas Aquinas）系统整理的"理智德性"的培养与训练。在哈钦斯看来，只有学生的理智潜能得到了较好的培养与规诫，他们才可以更好地适应未来的工作领域。这种观点，在美国的高等教育历史中并不罕见，于 1828 年发表的，建议实施另外一种通识教育课程计划的耶鲁报告中，也可以看到同样的争论。但是，这种观点并不被进步主义教育流派所提倡。在 1930 年，教育的重心仍然是偏重实践性、工具性的，而侧重于对西方文明的批判性鉴赏和传承的理念仅仅兴盛于当时哈钦斯领导下的芝加哥大学。实际上，很多学者是反对哈钦斯的这种看法的，因为他们觉得，哈钦斯在某种程度上更多地代表了一种个人独裁专断主义。

在这里有一种奇怪且不正确的观点：认为是社会的进步造成了传统的自由博雅教育的消亡及目前零碎的课程内容。科技的进步造就了劳动分工，造就了科学技术领域的专业化，使得越来越多的科学技术方法应用到了人类的智力活动领域。在这种情况下，教育当局必然呼吁要使每一个学生接受教育以更好地适应这个快速发展变化的世界环境。但是，哈钦斯指出，培养学生的这种适应性必然离不开政治和道德上的影响，而教育的功能之一就是产生这种影响。教育的真正目的是找出人性中共同的最本质的元素，而这些元素在任何时间、任何地点、任何环境情况下都是一样的。因此，教育也应该以一样的姿态存在于任何地方。而那种认为将学生培养成一种对每种环境都有极强的适应能力的个体显然是与教育的本质概念无关的。

哈钦斯谈道：教育意味着教学，教学意味着知识，知识意味着真理，而真理在任何地方都是通用的，因此，教育也应该以一样的姿态存在于任何地方。我并不否认由于地方风俗传统习惯导致的教育机构或行政中所潜在的不同，但这些都是细节上的，教育在被正确理解的前提下，无论在任何时间，任何地点，任何政治、经济、社会背景中，为学生设计出共同的核心科目课程是十分必要的。所谓何为正确地理解教育的真正内涵，即认为教育是对学生理性思维能力的培养，即培养亚里士多德和托马斯·阿奎那认识论指导下的正确的思维方式（correct thinking），但是目前的情况却是，我们的学校在发挥教育的这一功能上是远远不如社会中的其他组织和机构的，我们的学生更多的是从教堂、家庭、城市生活，以及新闻报刊媒体中锻炼培养了这方面的能力水平。因此，为了实现学校在教育上的这一功能，就必须在学校开设相关通识教育的课程，对学生进行理性思维能力的培养，不管我们的学生对此类课程持什么样的态度，认为对自己是否有价值或者与自己是否有关联。

之所以要实施通识教育，并不是源于院（系）教师与学生的喜好，而是出于我们对历史正确的、敏锐的合理性分析和判断。来源于我们固有的、正如我们的传统经典名著课程中所教给我们的理性思维方式。因此，哈钦斯极力反对本科生在没有一定原则与规诫的情况下，根据自己的喜好自由地选择学习的科目。他认为，在哈佛大学开设的自由选修课程是对"教育有内容可教"（there was content to education）的一种否定。这种情况下的教育其实忽略了教育的一个本质目的——教育是致力于使人与人之间的关系更亲密，过去和现代的联系更紧密，并且不断提升人的理性思维能力的一种活动。那种只关注学生零散的、不成体系的兴趣爱好的课程设置是不会实现教育的这一目的的。

哈钦斯认为，通识教育课程内容应更多涉及的是我们作为人类这种特定物种中最本质的、共有的元素,而不是关注那些造就了我们人类目前生活状态的外在的科技、时政要事等。有关人类的身体成长和性格塑造不应该被包含在通识教育的课程之内,并不是说它们对我们每个人来说不重要,而是这些与我们作为人类本身的共同存在本质是没有关系的。

在哈钦斯看来,通识教育应该是以西方世界的伟大经典著作为主,同时又包含阅读、理解、思考、演讲等行为艺术在内的一种课程模式。只有在这种情况下,我们才会找到我们作为人类的共同本质（common nature）所在,我们才会明白我们的过去是什么样子,我们伟大的先哲是如何思考的,从而才会清楚正确地认识自身。也只有这样,我们的教授与学生才会拥有共有的思想和方法论基础。

（3）哈钦斯的本质主义的原则和设想。

对于真理、道德、正义来说,是存在一定的客观评判标准的,并且人类是可以通过理性分析推理发现得出的,尽管可能它们的客观性不强且不能通过一定的科学验证。

对于人类的终极追求目标应该是人类智性能力的全方位深入的发展。而对于人类的这种智性能力,只有在人类的思想意识受到一定的规诫指导后,才得以快速良好地发展。

正确意义理解下的教育应该是在亚里士多德以及托马斯·阿奎那的形而上学原则方法论的指导下对学生进行智性能力的培养。

民主是最好的政治组织形式,可以保障人类更好地实现其终极追求目标。

大学应该更多地关注对于我们这个时代中所出现的最基本问题领域的批判性分析与思考。

不管通识教育本身是否暗含某种工具性价值,也不管我们的学生的才智能力如何,我们每个人都是有必要接受通识教育熏陶的,而且对于那些不能从经典名著中领悟通识教育理念的学生,我们应该努力为他们找到别的途径方法来进行通识教育的学习。

4. 实用主义（pragmatism）与柯尔（Kerr）

在柯尔修订的《大学的作用》（*The Uses of University*）一书中深刻地反映了"二战"后美国高等教育界所发生的变化,即联邦政府开始授权大学进行一些有关国防、科学技术进步及人类身心健康发展的研究性问题。在柯尔的这本书中,他试图描绘当时的美国大学如何区别于传统意义上的大学。由于受到赠地学院运动及联邦政府参与教育政策制定的影响,在美国高等教育界出现了一种被柯尔命名为"多元化巨型大学"（multiversity）的现代多元化研究型大学。

这种所谓的多元化巨型大学并不是一成不变的固定的组织机构，在这种大学里，科学家、行政人员、教授、学者或者学生并不是来自于同一个地方、同一个社群。因此，在这种情况下，就不像中世纪的大学那样，教师和学生拥有共同的兴趣基础和追求。在这里，教师与学生的兴趣利益取向是各异的，甚至经常是互相冲突的，众多的规则或思想相互碰撞，而且这些思想经常处于被讨论的状态下，讨论到底哪一种思想可以真正地适用于这种综合巨型大学。

（1）统一性的瓦解。

柯尔眼中的最初的大学的统一性，主要是指大学产生在同一个社群，教师和学生是一个联系紧密的整体，在大学内部只有一个中心指导思想原则。在柯尔看来，由纽曼描绘且提倡的大学的最初的统一性已经不复存在，而所谓最初的大学，柯尔主要指的是中世纪的大学，在那里，教师和学生有着共同的信念基础，且更多关注的是对世界的本质及教育实践价值观念的探讨。对纽曼来说，他是极力反对教育的实用主义和工具主义价值取向的，他更多的是将对哲学的探索作为大学的终极追求。而这种态度在一定程度上神化了英国的牛津大学，使得教学成为牛津大学的主要追求目标，而不曾考虑它会对社会带来任何有益的影响。但同时，纽曼却认为，德国的大学模式为美国的大学在教育与科技创新发明领域提供了很好的借鉴。如当时美国的约翰霍普金斯大学（Johns Hopkins University）就以注重研究生阶段的学术研究而著名。直到19世纪末，美国大学的研究生学院及研究生教育得到了飞速的发展。

在1852年，纽曼写道，由于西方民主与工业社会的飞速发展及科学技术的不断创新使得德国的大学产生了新的模式，以往的绅士教育已经不适合现代社会的发展，在大学领域的科学研究已经开始代替道德哲学，研究开始取代教学。

柯尔对于19世纪美国大学的发展状况描述是符合历史发展惯例的，首先是英国大学为美国的本科生教育提供了范例，而德国大学则为其研究生阶段的教育提供了借鉴。随着时代的发展，美国的大学在本科生阶段就开始把重心由教学转向了研究，而所谓的多元巨型大学也在这时问世。这种以研究型为主的大学迫于经济和政治上的需求，不得不与一些社会组织机构相联系，结果造就了外界对大学的另外一种贬值的看法，称大学为"服务站"（service station）。

而对于现代世界所造成的知识分散段落现象，柯尔认为主要是受到了一系列因素的影响。就如美国的大学发展进程一样，一方面是受到了工业革命之后德国大学发展模式的影响，另一方面是赠地学院运动中赋予大学为"特有的服务性机构"的影响。而对于现代大学的这三种职能：教学、研究和服务，柯尔认为直到1930年才完全确定下来。产生的结果就是，由于无法在美国的高等教育的真正本质上达成统一的见解，因而便造成了现代社会中知识不成体系及大学课程零散断落的现象。

（2）多元化巨型大学的特点。

柯尔认为，多元化巨型大学是受到了以下几种大学模式的影响。首先，英国的大学为美国的本科生教育提供了模式；其次，德国的大学为其研究生的培育提供了借鉴；最后，涉及公共参与的具有社会服务性质的赠地学院也对其造成了深远的影响。在柯尔看来，这种多元化巨型大学主要是产生发展于城市内部，是一种多元化的机构，它们有着众多的目标和多个权力中心，且为不同的客户服务。它不是单一的、统一的社群，它不崇拜同一个上帝；它标志着权力的冲突，标志着多种形式的市场服务和公众服务。它没有绝对的中心，也没有统一的指导规范，更多的是代表了一种流动性与不稳定性。

（3）维持多元化巨型大学稳定发展的原动力。

由于美国高等教育界缺乏全国统一的硬性指导规范纲要体系，从而使得美国的高等院校可以根据自身的发展需要及多样化的学生群体制订出不同的改革发展措施。在过去的20年间，面对美国高等教育界出现的各种诉求，一些传统的著名研究型大学并没有在这期间受到较大的影响，仍然保持着自身杰出的地位。而不断增加的美国高等教育学生入学群体，则更多的是被一些社区学院及不断发展成为综合性质的大学院校所接纳。这种综合巨型大学的稳定发展一方面是因为它们有着各种各样的资金来源渠道；另一方面，美国科学技术的飞速发展及不断增长扩充的知识体系也使得综合巨型大学从中受益很多。另外，柯尔还提到了大学的各个院（系）在综合巨型大学的稳定发展中起到了巨大的作用，即使在动荡时期，这些院（系）也会根据自身的兴趣与利益来权衡课程改革及研究的方向领域内容，因此，各个院（系）在很大程度上是综合巨型大学发展过程中的一种实质性的控制力量。

（4）柯尔实用主义的原则和设想。

美国的综合巨型大学可以说是英国学院、德国大学及美国赠地学院的一种特殊的结合体，它并不完全出于一种商业机制，也不完全是一种组织机构，而是在一定的行政政策及一定的资金保障下发展而来的。

综合巨型大学是以多元主义为指导发展思想的，而绝不是一元主义的，其有着不同的需求与众多的利益冲突，因此在发展过程中需要一定的行政领导集体采取有效的措施来平衡这些发展过程中遇到的问题与障碍。这些多元巨型大学与联邦政府有着密切的联系，或是政治上的，或是经济上的。在某种程度上，联邦政府间接影响着这些大学内部的科学研究与科技发明创造。而目前缺乏课程知识的完整统一连贯性则是这些综合巨型大学所面临的一项共有的重大现实难题。

由于美国的高等教育界缺乏全国统一的指导规范体系，这在某种程度上反而促进了在不同的教育目标指导下的美国多样化大学的发展。

（三）对不同通识教育理论流派的哲学审思

1. 就理想主义（idealism）通识教育理念来说

（1）形而上学。理想主义可以追溯到古希腊（ancient Greek）和柏拉图（Plato）时代，强调意识决定物质，认为人的意识、上帝的意志或者宇宙的精神是唯一的真实存在，宇宙是具有创造性的精神实在，且宇宙本体有一个永恒且普遍的真理或实体，而这种真理或实体是一种无形的精神和存在。在理想主义者关于实在的界定中，自我就是一种意志、灵魂和精神，由于存在永恒普遍真理，那么人生便以追求普遍真理为目的。因此，对于理想主义哲学理念下的通识教育应指导学生以追求永恒不变的普世真理为终极目标。

（2）认识论。由于理想主义者强调意识，即形而上学，认为知识就是对观念和概念的精神领悟，由于意识是最根本的存在，因此掌握逻辑学，尤其是演绎逻辑很重要。而逻辑则主要关注的是以理性的方法做出的结论推理或论证，由此可知，知识是理性通过锻炼得来的。

于是，在纽曼看来，教育更多的是用于心智训练和性情塑造的。纽曼极力强调教育要致力于激发学生的智性素养能力（culture of intellect），而所谓智性素养能力，主要指的是可以控制并超越学生自身本能的，一种稳定且有力的人类潜在的理智分析与判断能力。而对于如何培养学生的这种能力，他提倡学生至少要了解相关学科的系统的方法原则，其次要注重对数学、语法、历史、地理及音律的学习。

对于知识而言，纽曼认为，知识是具有层级结构的，且是处在一个循环系统之内的。说它具有层级结构指的是知识的最顶层应该是罗马天主教的神学教义；说它处在一个循环系统之内，主要是说知识是一个相互联系的整体，且在这个整体中，哲学是一切知识的先导。

所有知识的本质都是一样的，都是对事物的内在规律和本质的反映和归纳，知识是属于理想主义范畴的，不具有任何功利性，知识和权力并不能相提并论，所谓知识的功利性是被强加上去的；知识是一个统一的整体，各分支学科都是这一整体的有机组成部分，各分支学科知识之间，彼此平等、相互依赖、相得益彰。因此，纽曼认为，对学生来说，掌握完整的知识是十分必要的，也是必需的。只有这样才不至于割裂知识、误解知识，学生个人才会得到全面自由的发展。

而在大学应该选择何种知识来教授,即是选择那些具有实际应用价值的知识还是那些有利于培养与发展学生美好心灵与智慧的知识,在这个问题上,纽曼则是以真理融贯论(coherence theory of truth)为前提的。真理融贯论以理性主义为基础,坚持真理以自明观念为主的理性系统内部诸范畴的无矛盾性,即陈述是否为真,在于它是否与我们既已接受的信念系统相融贯:如果一个陈述与我们已形成的、并被我们所信服的知识体系相一致,那么它就是真的,反之就是假的。因此,纽曼认为,科学真理或许可以通过探索然后经过归纳整理得出,但哲学、文学领域的原理方法则必须通过对命题的融贯性逻辑分析得出,人类有限的头脑只通过对事物的直观感知是无法获得对现实世界的哲学真理认知的,而通过在思维领域对事物进行的融贯性逻辑分析是可以获得并掌握的。大学是一个教授普遍知识的场所,大学的主要任务就是融合不同学科的知识,并对其进行重新组织和建构,而这其中更应强调的是对宗教神学的教授,理所当然,对作为一个英国人,且中途转为罗马天主教信徒的纽曼来说,在对于大学是否适合教授神学这个问题上,他十分坚定地强调,宗教与神学都人类经验的一部分,无论是罗马天主教神学还是新教或者东正教都在人类知识领域的范围内,都应该被包含在大学的课程中。①

纽曼认为当时大学所教授的课程是不完整的,大学课程在某种程度上已经丧失了知识的完整统一性。而这种情况,在纽曼看来,主要是受到"知识就是力量"(knowledge is power)的观念的影响,越来越多的人认为知识越多,权力就越大,而产生更多知识的有效途径就是采取工业化的模式——劳动分工,即出现不同学科的划分,对于这种情况,纽曼是极力反对的,反对像在百科全书里那样,通过字母列表的形式对知识进行分类,他认为这样极大地破坏了知识的完整统一性。

(3)价值论。在价值论方面,理想主义者追求永恒普遍的价值,价值也是绝对的,真、善、美,从根本上来说,是不会随着时代和社会的变化而变化的。它们不是人的造物,而是宇宙的本质和存在的组成部分,事实上,它们是绝对的善、绝对的真、绝对的美的影像,而为了达到这个理想世界的真善美,必须克制目前的欲望,忍受当前的痛苦煎熬。

因此,对于纽曼来说,他主张知识本身即为目的,认为知识的终极目标是它自身,而不存在外在的功利目标,更不带有丝毫的职业训练或者社会功用的

---

① Craig C. Howard. Theories of General Education: a Critical Approach. St. Martin's Press, 1992: 13 – 63.

目的。因而，学生学习知识并不是为了带来外在的物质增长和社会繁荣，而是针对心智的培养和理性思维的训练。

而对于大学的角色任务，纽曼则认为，大学要始终致力于教授生活的艺术，致力于引领学生对美好生活的探求。一方面，大学不应该将其视野局限于某种专业领域的探索研究；另一方面，也不应该专注于英雄或者天才的培育和创造，大学并不是诗人或者伟大作家的产生地，也不是培养学校创建者、国家领导者，或者殖民统治者的摇篮地。大学的培育目标应该是努力为社会营造一种良好的智性氛围，致力于培育一种高贵且虔诚的、具备良好的智性素养能力，以及拥有哲学式智性思维习惯的"绅士"（gentleman），为了塑造理想的绅士，纽曼便根据各种原则去选择相关知识，那么符合这些原则的知识，纽曼将其称为博雅知识，而在某种意义上，纽曼更多的将博雅知识定义为哲理上的知识，因此，在纽曼看来，大学的本质与目的都在于博雅教育，即"智性素养的培育"和"绅士的养成"，但是，智性和绅士都有自身的局限性，必须依靠宗教和道德的力量给予辅助，只有这样大学才能在其本质之外获得完整的意义。因而，纽曼提倡的大学博雅课程应该是以古典语言、古典文学及神学为基础。①

2. 就进步主义（progressivism）通识教育哲学理念来说

（1）形而上学。进步主义可以溯源于希腊哲人、诡辩学派及洛克的经验主义、卢梭的自然主义、达尔文的生物进化论等。认为无论人的意识是否可以感知到，宇宙万物都是存在的。物质第一性，物质世界要高于精神世界。且宇宙是变化无常的，没有所谓永恒不变的真理，没有绝对唯一的标准，实在是一个动态、一个过程，意义来源于经验，是人与环境交互的结果。因此，对于进步主义者指导下的通识教育更多关注的是学生个体的经验，以及个体如何与其生活的环境发生相互作用。

（2）认识论。认为真理源自科学思维在实践中的应用，真理不是绝对的，而是由其功能或者结果来定的。而知识则是起源于生活中对经验的不断积累和尝试，对于那些可以有效解决生活中的困难的知识则为有用的知识，知识通常是个体在与周围环境中不断发现、体验、交互的结果，一开始追求的都不是抽象和高远的知识，由于个体的生活经验的不同，知识的形成和对生活的问题也自然不同。因此，教育便要尊重差异，承认学生个体的独特性。而对于通识教育的课程设置来说，在尊重学生的兴趣爱好与需要的前提下是不需要统一的。

---

① 约翰·亨利·纽曼：《大学的理念》，高师宁、何克勇等译，贵州教育出版社 2003 年版，第 46、203 页。

对于进步主义来说,"实用性"(utility)是其使用得最频繁的一个词汇,但这种实用性不完全是和学生当前生活状况无关的世俗性、功利性,在某种程度上,这种实用性是指与学生当前生活关系密切的,可以激发对课程设置有最终裁决作用的——学生的兴趣。因此,对于杜威来说,他坚信教育应该与学生的日常生活息息相关,任何教育构想都必须站在学生的立场去考虑,从学生当前的角度出发,或者是对学生未来发展有重要影响作用。

在杜威看来,教育是无目的的,教育是个体不断更新、成长,不断在重构、再创造的过程,学校的追求目标应是保证学生个体健康、合理的发展,教育最重要的就是要与学生的生活经验发生联系。

杜威明确提出"教育即生长""教育即是经验的不断改组与改造",那么对于杜威来说,"经验"一词是杜威教育哲学中最核心的一个词,由于杜威视教育为生活的一个历程,而问题在不断变动的生活中产生,在学校课程的选择上,杜威坚持认为学校课程要以学生的生活经验为基础,而非学习那些由教师事先编订好的固定教材,反对陈旧、僵化、以学科为中心的课程,提倡教师与学生应该共同设计课程。而教材是用来解决生活上的困难问题的,因此,愈需要迫切解决的困难问题,愈在课程中占据优先的地位。

而对于通识教育的方式方法来说,杜威极力倡导一种新教法、新教材,提倡从做中学、从经验中学、从经验中求进步,通过在做中学来达到经验与思维的统一、思维与教学的统一、课程与作业的统一、教材与教法的统一。

(3)价值论。对于进步主义者来说,价值是相对的,是构建于经验之上的,是需要被证明、质疑、再证明的。且他们更多关心的是现世、当前的价值问题,认为目前的社会困境是亟待解决的,生活是一连串问题的解决和经验的不断重组,于是现在就显得比未来更重要。人生是现世而非来世的,个体之间在不断发生交互作用的同时要努力致力于自身问题的解决。

自然,在杜威看来,所有的教育价值观念都应该是和当时的社会环境背景相一致的,离开了当时的社会环境背景,所有的教育价值观念都将毫无意义。

对于个体来说,是不能脱离社会群体而独立存在的,杜威反对任何形式的"个人中心论"和"社会中心论",认为个人的充分发展是社会进步的必要条件,社会的进步又可为个人的发展提供更好的基础。他反对过分强调个人自由和竞争,提倡人与人之间的合作,强调社会责任和理智作用的新个人主义。且认为,民主是社会政治组织的最好形式,可以有效地促进社会成员的成长与发展,有利于社会成员之间自由地发表思想见解,自由地沟通,从而增大个体之间的不同生活方式的影响与联系。因此,在某种程度上,对于通识教育的价值来说,杜威把培养"个体的人"和"社会的公民"看做不可分割的整体,突出了人本主义的价值取向。

3. 就永恒主义（perennialism）通识教育理念来说

（1）形而上学。永恒主义可以付诸对亚里士多德和托马斯·阿奎那等哲学家理念的探求，认为实在、知识和价值是独立于意识而存在的，它们的存在并不是人类精神的根本属性；个别的、具体的事物及其变化发展是非本质的、不真实的，一般概念才有真实性，共性才是事物的本质；人性是不变的，理性乃是人将自己从其他动物中区分出来的特征，是人的本质力量所在，强调教育应当回归过去，以追求普遍的真理和绝对的理性和信仰为目的。

（2）认识论。对于永恒主义者来说，宇宙的一切存在，皆统一成一个体系，其间有着十分精密和清晰的联系，在表象之下，蕴含着内在的原理和原因及真正的知识，这知识就是人类梦寐以求的知识，人类应该致力于对这些知识的探究，而这种探究，将是对世界的本质及人的本质的概括，是人类一切活动的基础。对于真理、道德、正义来说是存在一定的客观评判标准的，并且人类是可以通过理性分析推理发现的，尽管可能它们的客观性不强且不能通过一定的科学验证。

对于永恒主义的代表者哈钦斯来说，其对于自"一战"以后高等教育界所呈现出来的严重的专业化和职业化倾向，倍感心痛，认为当时的美国高等教育已完全走入了歧途，充满了功利主义、实用主义、唯科学主义、唯技术主义、为市场取向的庸俗化方向，且大学已经与他们所服务的社会完全处于一种不民主、不和谐的关系状态，这样下去，大学将根本丧失其大学的理念，最终成为乱七八糟的大杂烩。于是，他认为，现代大学必须实施一种共同教育，在不同院系、不同学科之间必须具有共同的精神文化基础，这种共同教育，也就是他提出的"通识教育"的主张，只有发展通识教育或共同教育才符合大学之道的思想，大学才可以在沟通传统文明与现代文明时不至于发生断裂，才可以真正发挥它对民主社会的作用。

那么对于这些通识教育的课程内容应该如何选择呢，在哈钦斯看来，"教育的真正目的是找出人性中共同的最本质的元素，而这些元素在任何时间、任何地点、任何环境下都是一样的，因此我们的教育也应该以同一种姿态存在于任何地方"。于是，现代大学的通识教育内容必须是"永恒知识"的范畴，应该是人类永远需要探讨的永恒问题和永恒内容，于是哈钦斯的经典名著课程计划便应运而生，不管接受教育的学生是出于何种特定的时间价值观念，都应该通过对涉及西方传统文明的经典名著课程的学习来达到亚里士多德（Aristotelian）所描述的、被托马斯·阿奎那（Thomas Aquinas）系统整理的"理智德性"（intellectual virtues）的培养与规诫。

（3）价值论。从道德上讲，善是遵循于理性的，这就意味着价值是可以通过理性来认识、实现的，从这个意义上来说，哈钦斯认为大学最主要的任务就是注重对学生理性能力的全面培育与训练，而只有当学生的思想意识受到一定的规诫指导并获得此种能力之后，才可以更好地实现其对价值的追求。

在这里，哈钦斯更多关注的是对人类生命的意义及完美理想社会的追求，认为大学教育永久和一致的目的就是通过智性美德的陶冶，达成睿智，止于至善。认为通识教育的主要任务是培养人的理智德性，或者说训练人的心智，通识教育的目的不是传统绅士教育所认为的单纯的性格塑造，而是旨在发展人的理解力和判断力，通识教育是一种人人都必须接受的教育，是面对所有人的心智训练教育，课程应该建立在基本而且具有永恒价值的研究上，因此通识教育不包括技术或科技教育，应将重点放在对饱含了古今人类的智慧精髓及文化宝藏的名著课程的教授上。

4. 就折中主义（electicism）通识教育理念来说

（1）形而上学。对于折中主义来说，其更多的是倾向于心物二元论的，即物质和意识在某种程度上都可以是世界的本源，同时又认为自然万物存在于不变与变化之中，生活中的经验发展历程是不断变化的，但是人类必须在这不断变化的世界中追寻一种永恒的价值观念。即认为教育应该审时度势，既保留传统又要与时俱进。反应在通识教育的哲学理念上就是，不满进步主义与永恒主义，但又不完全否定，在继承二者精华的同时又发展了自己独有的哲学理念体系。

（2）认识论。知识可以通过实践经验和理性推理获得，既要侧重社会实践、科学实验来获得真理，同时又要诉求于人类的理性思维领域。

折中主义认为，人的才能的顺利发展需要在一个自由的社会环境中进行，一方面社会可以为个体的发展提供优良的环境；另一方面，个体又要满足社会的要求，即可以承担一定的社会责任，也就是说，个体不仅要具备基本的社会人际沟通能力，同时又要具有基本的职业素养能力，更要富有内在的精神和心理的满足。

因此，在浩瀚的知识体系中，折中主义者认为，存在着部分合理的，对学生的心智训练、公民素养和职业能力有着独特作用的相关特定的通识教育主题科目，而这些主题则应该是包含了文学、哲学、科学与艺术这几大类。他们希望学生通过对文学、哲学学科的学习，从中领悟西方传统文明的精髓，从而有利于西方民主社会的构建。另外，科学和艺术学科的学习，使他们在日后可以成为此相关领域的专家的同时又可以承担一定的社会责任。

罗索夫斯基，作为折中主义学派中以实际规划哈佛大学通识教育核心课程而著称的著名学者,他的教育观念和举措在很大程度上可以作为折中主义的一个显著的标志。例如,在谈到大学的目标时,他就认为应该对学生进行一种通识性的教育——研读一种旨在授予通才知识和发展通才智力的课程,以有别于专门性、职业性或技术性的课程。那么从这段话很明显就可以得出,大学的功能其实是包含科技教育、通才教育和专业教育的,即在某种程度上,他是不反对大学进行职业技能教育的,他承认大学生在上大学的第一个共同目标是职业的学历资格。这种在理想中不唱高调,在职业技能中不局限于就业糊口的观点,是折中主义的教育本质所在。

在罗索夫斯基担任哈佛大学文理学院院长的时候就明确指出哈佛大学的通识教育目标是为了培养"有教养的人",而这样的人应该具备下列条件:①具有清晰、有效的思考和写作的能力;②对自然、社会和人文有自身独特的批判性理解;③勤于思考道德和伦理问题,具有明确的判断力和抉择力;④在某些专业知识领域有深刻的见解和成就;⑤具有丰富的生活经验,对世界各种文化及时代有深刻的认识。从这些条件中不难发现,罗索夫斯基教育观念中明显的折中主义色彩。①

(3)价值论。对于折中主义来说,要同时兼顾个体与社会的价值,认为只有两者相互配合,才会相得益彰。在民主社会中,承认个人价值的尊严和个人才智的不同,提供其生长发展的机会,而个人必须对社会发展有所贡献,其才能才会得到充分发挥实现。折中主义的人生价值论在于培养自由的社会公民,公民有权利要求生存和发展,公民有义务进行服务和奉献。

1976年罗索夫斯基就曾提出对哈佛大学本科课程的改革,主张本科课程除了专业课和选修课外,还要建立一套共同的基础课程——"核心课程体系"(core curriculum),核心课程不是对通识教育的简单修补,而是重新阐释了关于博雅教育的新内涵与新见解。这套核心课程于1982年9月新生入学时全面展开,且涵盖了七个领域十一个方面,即外国文化、历史研究、文学艺术、道德、自然科学、社会分析与定量推理七个领域。这样,核心课程就与专业课程、选修课程形成了一个统一的整体,课程之间的整合也比以往更加完善②。那么,从核心课程的七个领域中我们可以发现,明显包含了文学、哲学、科学与艺术这四大类,这对学生个体的自我发展及自我价值实现起着巨大的促进作用,而其中的道德与社会分析等学科设置又在很大程度上有利于学生的社会公民基本素质的养成及和谐民主社会的构建。

---

① 黄坤锦:《美国大学的通识教育:美国心灵的攀登》,北京大学出版社2008年版。
② 柴晋芳:《哈佛大学第五次课程改革》,山西大学教育科学学院2008年学位论文。

对于这四种通识教育哲学理念来说，都是在一定的社会环境背景下产生的，且每一种哲学理念都有其相应的课程实践模式，如纽曼创立的爱尔兰大学的课程体系、杜威的实验学校课程计划、哈钦斯在芝加哥大学的经典名著课程计划及罗索夫斯基在哈佛大学的"核心课程"改革，在这里，我们着重的是探讨这些课程模式背后的，对通识教育课程的设置改革起着重要作用的哲学理念。

以纽曼为代表的理想主义其认识论基础主要涉及真理的来源及真理的验证问题。认为真理的来源主要是先验性的，至少是超越世俗的短暂性的，而对于真理的验证性问题，则认为逻辑上的融贯论是所有命题假设的终极裁决。在理想主义者看来，知识并不是代表着力量或者权力，至少在价值观念上并不是出于工具主义的动机，由于知识具有层级结构，因此仅凭人类的直觉是无法获得所有知识的，而在工具主义价值观念的指导下，人们获取的知识大多是零散的、不成体系的，而过度的专业教育则导致了人类对普遍统一的知识在理解上的匮乏，因而，在大学里，主要的任务就是教授普遍的知识，尤其是古典学及神学的知识，但理想主义流派的这种主张对于实用主义和世俗主义凸显的20世纪来说，是极不现实的，尤其对当时19世纪的英国大学来说，更显得格格不入。尽管如此，纽曼关于大学的理念尤其是自由博雅教育的相关理论已经成为世所公认的经典之谈。

正如它的称谓一样，进步主义所倡导的哲学理念更多的是为了适应社会的变化，作为通识教育的一种哲学理念，它认为课程的内容应该以满足民主社会中个体的合理兴趣需要为前提，且认为，个体只有在群体社会的相互交往中才具有意义，这在一定程度上克服了传统教育中脱离实际的弊端，对调动学生的积极性、主动性、创造性，克服注入式的传统通识教育作出了一定的贡献；进步主义同时又强调经验的重要意义，认为经验才是解决生活问题的手段和工具，经验的不断重组和改造便是教育的本质和作用，而进步主义通识教育的本质就在于提供各式各类的机会和经验，将学习视为对生活问题的解决，可以看出，进步主义的通识教育观是具有工具主义倾向的。但由于进步主义哲学基础的局限性，如它过多地强调个人的主观经验，使得其教育理论在很大程度上出现了偏颇和缺陷；在强调直接经验的时候，忽视了对间接知识及系统化知识的学习，而且对于人的自然及社会本质的关系也并没有做出科学合理的解释。尽管进步主义的通识教育哲学理念存在一定程度上的片面性和矛盾性，但其思想的确给美国的社会及高等教育界产生了意义深远的影响。

以哈钦斯为代表的永恒主义认为，人类的理性分析推理能力是可以通过对西方古典名著的学习，不断训练获得的，同时也将人类智性能力的发展作为人类的终极追求目标，这点与理想主义是有几分相似的，永恒主义将大学的统一原则标准作为大学本身的追求目标，但同时也认为大学应该考虑所处的时代背景下的社会基本问题，因此，永恒主义与理想主义相比，更具有现实眼光，正如哈钦斯的经典名著课程改革正是针对当时盛行的工具主义指导下的自由选修制度，以及欧洲法西斯主义所造成的道德与理性缺失的环境背景而提出的。因此，永恒主义与理想主义最本质的不同之处就在于永恒主义更多地关注了社会现实，而理想主义却很少顾及。但是对人类的知识的增长方式而言，永恒主义者更多地认为这是一种积累似的新知叠旧知的过程，并将通识教育和专业教育对立起来，却没有指出二者之间相互依存、相互依赖的辩证关系，略显一定的落后性和保守性。

而对于以罗索夫斯基为代表的折中主义来说，其融合了进步主义观念中肯定个体经验的价值，同时又比永恒主义更具有包容性，除了重视对学生基础知识和基础能力的培养外，更强调对专业以外的共同性知识的开发与培养，注重对学生公民素养能力的培养。在大力提倡通识教育的同时，又不排斥一定的专业教育，认为它们都是高等教育不可或缺的重要组成部分。但是对于折中主义来说，在某种程度上又具有一定的谨慎性和保守性，如它更多的是将通识教育的课程改革重点放在对课程教材的革新、核心课程的设置及教学大纲的设计上，而不是重点关注学生的学习过程。

二、西方人文教育理念及其实践模式演进

在正式阐述西方大学通识教育实践模式之前，有必要介绍一下西方大学人文教育的理念及其实践模式。人文教育是通识教育的重要部分，而且中世纪以来的西方大学博雅教育就是这里所讲的人文教育，通识教育源于此并由此派生。

在西方，"人文"一词最早来自于拉丁词语"humanitas"，创造这个词的是罗马人，他们用这个词来指称那些接受古希腊罗马文化的人，也就是"有知识、有文化的人"。14世纪，以意大利为中心的文艺复兴运动，提倡人的价值与创造，反对神权统治，歌颂人的伟大。由此，"humanitas"被赋予了新的含义即"人文主义"。而"人文教育"则是一个舶来词，译自英文"humanistic education"，最早出现在古希腊亚里士多德的著作中。在著作中，亚里士多德把教育分为"自由教育"和"科技教育"两大类，自由教育适合于"自由人"，即有闲暇时间的自由民和少数贵族阶级，旨在对其进行理智训练和道德培育，从而使其获得心灵上的享受与陶冶，因此是高尚而文雅的教育，在本质

上属于"人文"的教育。到了18世纪，人文教育与自由教育（liberal education）成为可以互换的同义词，是适合于自由人的教育。而新时期，对于"人文教育"的理解也是仁者见仁、智者见智。对其概括而言：人文教育是从加强人文课程、人文知识教育开始的，是包括了哲学、经济学、历史、法律、文学、伦理学、语言学和其他学科在内的，人文学科和社会文化艺术学科知识的教育，是一种以人文精神为核心，以追求真善美为崇高价值理想，以一切具有人性陶冶意义的人类文化与阅历经验为教育内容，以知识传授、实践体验和自身修养为途径，以培养出具有健全的精神、独立的个性、强烈的责任感和富于创造力的全面发展的人为终极目标的教育理念与实践。对于西方人文教育来说，随着历史的发展，在不同的时期有着不同的意蕴，主要呈现出以下四种不同的理念模式，即古典主义人文教育理念模式、浪漫主义人文教育理念模式、存在主义人文教育理念模式与激进主义人文教育理念模式。

（一）古典主义人文教育理念及实践模式

古典主义人文教育理念模式起源于公元前5世纪的雅典教育，历经了罗马时期、文艺复兴时期及启蒙运动时期，到19世纪末20世纪初形成了自己特有的人文教育理念体系。在雅典时期，该模式的内容主要体现在智者派及苏格拉底、柏拉图等学者们关于美好生活、人类美德的对话和著作中。雅典政治家伯里克里（Pericles）提出，一方面社会要致力于构建一个开放和多元化的民主政治环境，另一方面要加强个体对真善美、正义等价值观的诉求。而普罗泰戈拉（Protagoras）所持的"人是万物的尺度，是存在者的尺度，也是不存在者的尺度"的观点，要求培养良好德行的公民，则无疑透露出一种朴素的人文主义价值倾向。亚里士多德在《尼克马可伦理学》（*The Nicomachean Ethics*）这本著作中也充分表达了他的观点。他认为，事物的价值取决于它的特殊性或该事物最突出的性质，而人的独特的价值在于智慧和思维能力，即人的理性。理性是人灵魂的高级部分，人实质上就是理性。在人的生活中，理性是最高级的生活，也是最好和最愉快的生活。这一时期，雅典人把聪慧、公正和理性作为公民最重要的品质，以培养"身心既善且美"的人为教育目标。在教育内容上，以文雅学科为主，即从智育、德育、体育、美育及群育着手，实施读、写、算等教育活动，强调身心平衡发展。到了罗马时期，奥古斯丁的教父哲学和托马斯·阿奎那的经院哲学在教育思想上占了统治地位。在教学上，奥古斯丁认为："在人的心灵里有着共性、一般普遍的知识，有着概念学术方面的知识，其中包括文学、雄辩术、数学、法则等等，这些知识都不是通过感觉进入人的心灵中的，而获取这些知识的方法是靠着对上帝的信仰去内省和回忆的。"托马斯·阿奎那在批判奥古斯丁的基础上承认了个别理智或理性在人的学习中的作用。他从维护神学和信仰的角度出发，认为学习是依靠理性去获得先验知识的过程，其思想仍充满了唯心主义的人文教育色彩。对于雅典及古罗马时期的人文教育来说，其对人文的理解仍然处于一种混沌的状态，是一种相对狭窄的人文教育。作为古典人文教育理念模式的第三个发展阶段，即文艺复兴时期的教育则更多的是提倡人性、批判神性、提倡人的尊严和自由，是一种批判经院主义及禁欲主义的人文教育。这一时期，在教学内容上，十分重视对古典文学之类古籍的学习，恢复了体育、音乐、绘画和诗歌的教育，在教学方法上则十分强调尊重学生的个性，反对苛刻的教条与体罚，旨在使其可以从无知和教条中解放出来，成为一个真实且美、自由且有尊严的个体。而以蒙田（Montaigne）、康德（Kant）等人为代表的启蒙运动时期，人文教育更多地主张以"人"为中心，提倡人人平等的原则，更加注重对公民个体自主、批判意识的培养，强调多元化、自由的政治环境。19世纪末20世纪初，古典人文教育理念模式在纽曼（Newman）、阿诺德（Arnold）、赫钦斯（Hutchins）、阿德勒（Adler）等人的提倡下得到了进一步的深化与完善，强调教育应围绕"人性"的主题展开，反对一切"教育适应环境""注重即时需要"的观点，强调通过学习和钻研西方伟大著作，来培养学生的智力，以便使其更好地掌握真理。纵观古典主义人文教育理念模式的发展演变历程，不难发现，古典主义人文教育理念模式主要以"人"为中心，以"善"为向导，以理性的培养、人性的完整为目的。在教育内容上重视对经典著作的研究和学习，强调经典原著和文化艺术作品的价值。在古典主义人文教育代表者看来，学习这些经典著作可以使人们从无知、教条和自我克制的黑暗时期中解放出来，使人们朝着真理、美丽、自由和有尊严的方向发展，从而使他们的形象如古希腊罗马壮丽的文化那样优雅而美丽。

  在古典主义人文教育理念模式影响下的课程主要以七艺（文法、修辞、辩证法，以及数学、几何、天文和音乐理论）等古典课程为主，同时强调对西方经典文明著作的学习。早期欧洲的一些大学及美国的一些高等院校的课程设置都受到了古典主义人文教育理念模式的影响。从1636年起到之后的200年间，美国高等教育的课程设置主要以必修的固定宗教课程和古典人文学科为主。例如哈佛大学第一任校长邓斯特（Henry Dunster）提出的哈佛大学学生必修的12门正式课，要求分年级讲授逻辑学、希腊文、伦理学、天文学等古典的人文学科。这12门课程的核心是古典语言和文学，都强调传统语言和哲学。这些课程是在参照欧洲大学尤其是牛津大学和剑桥大学以"七艺"和"文雅学科"为主要学习科目的基础上设置的，是学生通往学士学位的必经之路，在不考虑不同学生的兴趣爱好和职业打算的前提下,是共同必修的。对于欧洲的巴黎大学来说,进入该大学的学生首先要学习由"七艺"构成的古典课程,由属于预科阶段的文学院传授,这种课程是预备阶段的学习课程,不仅为学生提供基本的知识,为今后高级阶段的专业学习奠定知识基础,更重要的是发展学生的判断力、理性思考和推理能力。19世纪末20世纪初古典主义人文教育理念模式的提倡者赫钦斯尤其强调西方经典名著在大学教育中的地位,他认为西方经典名著的学习不仅有助于培养学生良好的思维能力,而且也为现代社会问题的解决提供了途径与方法。在具体课程的实践上,他要求芝加哥大学的全体学生应该在大学一年级学习古希腊的名著,二年级学习古罗马、中世纪和文艺复兴的名著,三年级应主要学习16—17世纪的名著,四年级主要学习18世纪之后的名著,他所倡导的这种经典名著课程成为芝加哥大学学院课程的基础。除了上述大学外,意大利的波隆那大学(Bologna University)、萨拉尔诺大学(Salerno University)、法国的布拉格大学(Prague University)、维也纳大学(Vienna University)、普林斯顿大学(Princeton University)、加拿大的魁北克神学院(Quebec Seminary)、温莎国王学院(Windsor king's college)、费雷德里克顿国王学院(Fredericton King's College)在18世纪之前开设的课程中也都具有浓厚的古典主义人文教育的色彩。

当今以美国为主的一些西方大学也都受到了古典主义人文教育理念模式的影响,在开设的人文和社会科学领域的课程中多以西方文化和文明作为课程的核心,以经典名著作为阅读与学习的材料,如美国的哈佛大学、斯坦福大学、圣约翰大学等。在哈佛大学的人文课程设置中包括了诸如美学与诠释、文化与信仰、道德推理、世界各社会和世界中的美国等领域的课程。其中,"美学与诠释课程"中指定要阅读和讨论的读物包括贝多芬的《第九交响曲》和《幻想交响曲》、史特拉汶斯的《彼得鲁什卡》和《春之祭》、亨德尔的《弥赛亚》及蒙泰威尔第的《奥菲欧》等伟大经典著作。对于斯坦福大学来说,它的人文课程则包括了人文学科入门、学科宽度中的人文社科、公民教育、基本语言技能(语言和外语)等。在这些人文课程中有一门"生活艺术"课程,其中规定学生要研读柏拉图的《会饮篇》、莎士比亚的《哈姆雷特》、尼采的《欢愉的知识》和莫里森的《所罗门之歌》。另外一门课程"史诗之旅、现代的追逐"要求学生必读的书籍有毕加索的《十日谈》、但丁的《地狱》、荷马的《奥德赛》,建议选读的作品有狄德罗的《宿命论者雅克和他的主人》、卡夫卡的《审判》、波德莱尔诗歌选等。该课程用旅行做隐喻,通过探讨"旅行"的不同目标和史诗英雄在追求目标过程中的成长,来将身份和自我定义的人类任务外部化。而研读这些经过历史检验的人类文化遗产,将对学生人文素养及理智德性的培养发挥十分重要的作用。

圣约翰学院在1997—1998年之间实施的课程则是古典主义人文教育理念模式在课程实践领域的典型代表。该学院规定大学一年级学生应以学习古希腊名著为主，其中包括15位大思想家和一些著名科学家的40多部传世之作。如荷马的《伊里亚特》、柏拉图的《理想国》、亚里士多德的《诗学》；二年级学生以学习古罗马、中世纪、文艺复兴前后的经典名著为主，包括33位思想家、科学家、艺术家的作品50多部，如阿奎那的《神学大全》、莎士比亚的《理查德二世》；三年级学生主要研读16—17世纪30多位思想家的著作40多部，如伽利略的《关于两种新科学的对话》、洛克的《政府论》；四年级侧重于18—19世纪当代的一些经典名著，如达尔文的《物种起源》、林肯的《演讲集》、马克思的《资本论》。

（二）浪漫主义人文教育理念及其实践模式

浪漫主义人文教育理念模式出现在18世纪，也称作自然主义人文教育或治疗主义人文教育理念模式，最早体现在卢梭（Rousseau）的著作中。在著作中，他提出了一个有关"美好人生"的独特理念，这种美好的人生把"善"归结于人的自然倾向和自我调节的发展，认为"善"是个体自发行使的一种自然力量，是人类个体的自主能力和本真力量。他认为教育的目的旨在培养身心协调发展的、广泛适用社会发展的自然人，即自给自足、自由自乐、生气勃勃的"自然人"。卢梭反对过度追求文化进步及百科全书的知识，反对无限制地追求财富和社会地位，对压迫和剥削人的专制主义教育提出了批判。他主张教育要更多地顺应个体的自然生长规律，在教学上反对对学生进行教条或者鞭戒性的施教方式。到了19世纪，浪漫主义人文教育理念模式在裴斯泰洛齐（Pestalozzi）和福禄培尔（Froebel）两位著名教育家的提倡下得到了进一步的发展。在福禄贝尔看来，上帝在人身上潜藏了一粒种子，这就是人的固有的本能，也就是人的内在本质，它必然要反映到外部世界中，即通过各种活动达到内在与外在的统一、主观与客观的统一，亦即"生命统一"。而这种活动能力所包含的创造性又是每个生命个体与生俱来的，因此教育要顺应人的自然特性，教育内容应该充分考虑学生个体的兴趣、爱好、愿望、自由与自决。对于每个学生个体来说，都体现着整个的人性，且都以完全特殊的、个人的、独一无二方式呈现出来，教育必须致力于保障每个学生的个性得到完整的生长、发展与提升。同时，在学生个体的发展过程中，也要注意实现个人与他人、个人与集体的联系，强调合作的重要性。二者认为凡是有益于成长的观念，如爱、关心、信任、有感情的个人关系是促进全人发展的主导力量，对于教育与教学改革而言，应该以"自由、平等、博爱"为主题。20世纪，在尼尔（A. S. Neill）、约翰·杜威（John Dewey）、马斯洛（Abraham Maslow）、罗杰斯（Carl Rogers）、库姆斯（Arthur Combs）等人本主义心理学家的提倡下，浪漫主义人文教育理念模式形成了以学生个体为中心的自然的、经验的、治疗的人文教育形式。进步主义运动的代表人物杜威主张，教育要从学生个体的心理发展状况出发，尊重学生个体的经验，注重培养学生的探索精神和动手能力。而对于以马斯洛、罗杰斯等为代表的人本主义心理学家也更多的是以反对理性、提倡感性主义的面目出现，带有极大的浪漫主义色彩。在他们看来，教育应着眼于人类理智与情感、高级需求与低级需求、本能冲动与理智行为之间的整合，强调培养"自我实现的人"。在教育内容上，主张课程的选择从学科中心转变为学生中心，课程内容既要满足学生求知的需要，又要满足学生情感的发展与价值观的需要。

经过近两个世纪的发展，浪漫主义人文教育理念模式最终形成了一套独特的内容体系。总体上来说，浪漫主义人文教育认为每个人的内心都存在"内在自然"，而真正的教育在于唤醒人的"内在自然"并实现人的"内在自然"。因此，教育要顺应人的自我发展水平和人的成长规律，依照人的内在法则使个体更好地实现自我。浪漫主义人文教育理念模式在某种程度上不赞成古典主义人文教育理念的观点。它认为要拯救我们暴力的不幸福的人类文明，必须把个人的幸福作为教育的终极目标；而要实现这一终极目标，则需要建立积极的教学氛围，即具有爱、信任、接受、平等、自由、相互尊重和开放的自我表达的氛围。因此，在学校教育中，书籍并不是最重要的工具，而把更多的关注点集中放在了教学氛围、教学方法上。由于浪漫主义人文教育理念模式提倡在个体的内在自然需求驱动下，通过人的内在机制、环境的相互作用及积极的人际关系来促进人的全面发展。因此，浪漫人文教育在关注教学氛围、教学方法的同时，还重视支撑这些方法的人际关系。在课程设置方面，浪漫主义人文教育理念模式既没有课程编排设计，也没有特别指定的必修人文课程，只是规定人文课程学分的最低要求，让学生在全校各系科自由随意地选择修习。

由于传统的古典人文教育模式不能适应社会的快速发展，因此西方大学在浪漫主义人文教育理念模式的影响下，在人才培养目标和课程方面做出了重大的调整。以哈佛大学为例，在1869—1909年爱略特（Charles Eliot）担任哈佛大学校长时期，艾略特特别强调教育要致力于培养能帮助、引导和支配自己的，独立自主的自由人。在此理念的提倡下，哈佛大学实施了自由选修的课程制度，即每一个学生可以按照相关原则自由地选修规定范围内的本科课程。在1874—1875年，除了修辞学、哲学、历史学和政治学以外，所有必修科目只限于一年级；在 1883—1884 年，选修制也扩展到一年级，有 3/5 的科目实施选修制；到了 1895 年，剩余的必修课仅限于两门英语和一门外语。之后哈佛大学的人文课程开始多样化，不再局限于古典学科，人文课程的范围也扩大了。如语言学的学习，不再局限于传统的希腊语、拉丁语，而是扩展到了研究和学习东方的语言，诸如德语、法语、意大利语等。对于历史学的学习也不再是简单地让学生记忆历史事实，而是靠教师积极地、善于理解地举出实例将它们生动化来讲授；哲学的教学也不是传统的教学，而是让学生在争议探讨中了解哲学，教师要做的只是解释，而不是把自己的观点强加给学生。这种课程制度允许学生在大学为其提供的课程中自由地选择他们喜欢的课程。这在很大程度上满足了多样化的学生群体对不同课程的需求，不仅让学生的自然天赋和能力得到了充分的发挥，而且也为学生的个性发展提供了更为广阔的空间。

在布朗大学的课程设置的过程中，始终遵循着这样的理念：大学生是成年人，了解自己喜欢什么、欠缺什么；教育应该充分考虑每个学生的智力水平、兴趣和愿望；学生可以根据自身的需要和意向及在其自身能力与精力的范围内按自身的实际情况来发展自己。布朗大学的人文课程涉及了世界文明与文化、社会问题分析与议题、艺术、文学与各种表达方式的研究与创作、沟通技巧和道德与责任五大领域。学生在这些领域内自由地选择人文课程，并达到相应的学分即可。

（三）存在主义人文教育理念及其模式

存在主义人文教育理念模式产生于 20 世纪 50 年代，60 年代广泛流行于一些西方国家。它由存在主义哲学演化而来，同时也借鉴了现代存在主义和现象学文学的观点。其代表人物有萨特（Sartre）、克尔凯戈尔（Soren Kierkegaard）、尼采（Nietzsche）等。在存在主义的代表者看来，哲学的根本问题是有关"存在"的问题，只有人的存在才是真正的"存在"。真正的哲学是研究人的具体存在，这种存在是指人的非理性的内心体验情绪，诸如烦恼、恐惧、不怕死亡等，是人存在的基本内容。人的存在是人自己创造的，人的存在就是人的生活，即个别的、不可代替的个人是一切价值的源泉，不强调人应该成为什么样的人，而是强调人应该成为他自己，生活得有特色。萨特提出，个人可以自己选择决定成为什么样的人，在把握自己安身立命之根的基础上使人成为他自己。同时，尼采也认为，人的尊严存在于真实的、创造性的自我克服并自我创造的活动中，他要求学生成为具有独立性、独特性、创造性和自主性的"自我"。

存在主义人文教育理念模式不提倡古典主义人文教育把人作为理性人来培养，反对浪漫主义人文教育所认为的"个人存在的内在特征"或者"善良的、独特的固有个体"的观点。存在主义人文教育强调人的主体性和能动性，认为教育是个体自我选择、自我创造，并塑造成一个真实主体的过程，在宇宙世界中并不存在客观的价值观，只是因为人们的视角不同，而出现不同的价值观。在他们看来，人的本质是自由的。因此，人的价值观是个人意志自由选择的结果，不受外在的自然或非自然的权威的束缚，个人按自己的意志在行动中真实地进行自我选择、自我创造、自我表现、自我实现，形成自己独到深刻的认识和见解。而对于教育活动来说，应该着重关注的是人的潜能如何被最大限度地调动起来并加以实现，以及人的内部灵性与可能性如何充分生成。教育被看作人的灵魂的教育，而非理智知识和认识的堆积。教育旨在引导学生去充实人生的精神，形成统一的品格，建立人们相互之间生机盎然的相遇关系。在教学上，反对传统教学中教师偏重知识的传授，忽视教学关系中作为主体的学生，要提倡在课堂上实行民主且自由的"对话教学"，认为师生之间的讨论与谈话是最好的教学形式。

受到存在主义人文教育理念模式影响的大学有哈佛大学、哥伦比亚大学等。1974年，哈佛大学实施了核心课程来代替原来的通识课程，核心课程分为五个领域，即文学与艺术（包括文学、美术或音乐，与文化有关的课程）、历史研究、科学、社会分析与伦理道德研究。这些核心课程要求学生发挥自己的主动性和能动性进行有效的思考和写作，能批判性地看待一切事物，形成自己独特的认识和见解，从而成为一个"有教养的人"。如文学和艺术课程的目标是培养学生批判性地理解人类如何对他们的生活经验做出艺术性的表达，历史研究目的在于掌握其中的思想方法以理解历史，社会分析与伦理道德问题研究目的在于对有关社会问题的理解和分析能力，科学课程的目的在于掌握科学方法以便明智地处理科学资料，外国文化研究使学生对本国文化及传统有深刻独到的见解。

再如，哥伦比亚大学在2001—2002年实施的核心课程包括现代文明、逻辑与修辞、文学人文科学、艺术人文科学、音乐人文科学、科学、外语、体育和重要文化。其中，现代文明课程通常被安排在二年级学习，时间为一年；逻辑与修辞课程被安排在一年级学习一个学期；文学人文科学包括西方文学和哲学名著在内的课程，要求所有一年级的学生必须学习一年；艺术人文科学主要学习西方艺术名著，在一年级或二年级学习；音乐人文科学主要学习西方音乐名曲，在一年级或二年级学习；科学课程要求学生必修学习三门科学课程（至少9个学分），在一个系内至少学习两门课程或者学习两门跨系课程，第三门课程必须来自不同的系；外语学习四个学期；体育要求所有学生要修四个学分的体育课；所有学生都要选修重要文化课程。这些核心课程每一部分的目标都强调学生要进行自主性思考，形成自己的观点和看法，因此特别强调学生的主体性，尤其是自主批判能力和分析能力。

（四）激进主义人文教育理念及其模式

激进主义人文教育理念模式主要体现在20世纪60年代的"反文化"（counter-culture）运动和新马克思主义运动中，代表人物主要有有弗莱雷（Freire）、阿普尔（Apple）、科泽（Kozol）等。激进主义人文教育理念模式的哲学基础主要是以"法兰克福学派"为代表的社会批判理论。在批判主义者看来，当前发达资本主义国家的社会与教育处于一种压抑人性的病态环境下，先进的科学技术越来越泯灭人性，个人的真正需要受到了压制。弗莱雷提出，教育者的目的不仅仅在于教会人们知识，而在于教会其学会用知识来命名这个世界，重新认识自己与社会的关系，进而培养人们的批判性思维能力，使其从原先被现实淹没的状态中脱颖而出。

激进主义人文教育又称激进教育或者批判教育。激进主义人文教育认为教育与文化、社会、经济背景密切相关，如果教育独立于文化、社会及经济背景，那么会产生许多的问题，诸如无知、犯罪、欺骗、贫穷、无家可归、愤世嫉俗、战争、药物成瘾、自杀、吸毒成瘾、文盲、对女性及少数民族的歧视、社区和家庭的解体、技术官僚意识（technocratic consciousness）。这些社会的现实问题不是技术上的缺陷造成的，而是特定的意识形态的体现。在教学方式上，激进主义人文教育主张通过讨论来鼓励学生进行独立性和批判性的思考。在教学原则上则提倡教学应该更加政治化，即在课程与教学上把阶级、种族、性别、宗教冲突、政策、权力、斗争等问题放在重要地位，使学生更多地关注社会现实问题，并能以独立批判的视角去看待社会问题。而对于不同种族、阶级、性别、年龄的学生来说都可以学习与社会民主有关的知识，并参与民主社会的管理。激进主义人文教育代表者所提倡的教育旨在使人从受压迫和失去人性化的生活方式中解放出来，使个体更好地去理解整个世界，了解他们自身的生活状况并发展个人对社会的批判性思维能力。激进主义人文教育试图消除社会的不平等现象，进而建立一个真正民主、平等的社会。

20世纪60年代以来，为了满足社会现实的需求，西方大学人文教育课程领域出现了更多的关乎社会问题的课程，要求学生去关注当代社会中的一些重大问题。如性别平等和种族多样化问题、能源和环境问题、宗教问题等。目前，多伦多大学开设了"妇女和性别研究""和平和冲突研究""宗教学"和

"环境科学"等课程,其主题包括性别、战争、革命、全球公平性、谈判理论等。哈佛大学人文课程中开设的"社会分析""文化与信仰""道德推理""世界各社会"和"世界中的美国"这些课程则涉及不同的宗教信仰、社会传统、民俗和文化、人权、政治公平与政治审判、全球化等问题。

除了以上大学,马萨诸塞州立大学(University of Massachusetts,简称UMASS)、不列颠哥伦比亚医学院(Medical College of British Columbia)、卫斯理女子学院(Wellesley College)开设的人文课程中也非常重视对现实问题的关注和解决。2010年,马萨诸塞州阿姆赫斯特校区在"社会世界""社会与文化多样性"和"写作"三个领域为本科生开设了共13类人文教育课程。即人类学、比较文学、经济学、英语、教育、历史、语言学、音乐、哲学、政治学、心理学、社会学与刑事司法、地质学。这13类人文教育课程包括30余门课程,要求学生选修并达到所要求的学分和成绩。每一类别中都有若干门课程关注社会议题,其中有近20门人文课程不仅仅局限于对理论知识的介绍,还包含对社会现实问题的探讨和分析。例如,人类学中的"电影中的文化"课程,以电影作为媒介,对不同社会和人类文化学领域的问题进行了探讨,关注点集中在性别角色、民族、宗教和社会变革等方面;比较文学中的"东西方的善与恶"课程,通过跨文化的比较来研究东西方的伦理问题,例如,无辜的受罪、存在的邪恶、破碎的社会中信仰的力量。涉及的当代议题则包括核战争、大屠杀、边缘人等;经济学类别中的"政治经济学概论"课程概述了当今美国经济社会的实况,有关的主题包括失业、不平等、歧视等;英语类中的"美国身份"课程则是让学生通过阅读文献来探讨美国身份的认同方式,阅读聚焦在美国的信仰、阶级、性别、个体和社会、占有和剥夺、民族和种族等方面对确立美国身份的作用;教育类中的"教育中的社会多样性"课程研究的议题是社会认同、社会学习理论及社会权利和特权;历史类中的"1876年前美国文明的发展"课程主题包括奴隶制和奴隶解放、与印第安人的关系、宗教改革及内战等重大事件。

2010年,不列颠哥伦比亚大学面向全校学生开设了100多门人文课程,内容涵盖了人类学、历史学、哲学、文艺研究、区域研究、专题研究和社会科学七大门类的诸多方面。这些人文课程中很多课程的具体内容和主题都与社会现实生活密切相关。例如,人类学这一门类中有多达一半的课程涉及社会主题,如"种族关系""当代社会问题""比较视角中的女性""文化健康与疾病""跨文化视野中的家庭"等课程。而在专题研究门类中,几乎所有的课程都与现实生活有关。

人文教育理念模式的发展史,既是人文教育的思想史,也是人文教育的实践史。在这一过程当中,每一阶段人文教育理念模式的出现,都有其浓厚的哲学、社会学、伦理学等意识形态领域的思想基础和社会文化背景。古典主义人文教育理念模式侧重于对经典名著课程的学习,浪漫主义人文教育理念模式主张学生可以根据自己的兴趣和个性选择人文课程,存在主义人文教育理念模式重视个体的主体性和能动性的发挥,而激进主义人文教育理念模式则更多地关注社会的现实问题。尽管人文教育在不同的历史时期呈现出了不同的理念模式,但其基本内涵却是一致的。在教育目的上,始终体现了"以人为本"的指导思想,反对一切割裂或者奴役人性的教育观念与行为,旨在使教育者实现多方面的和谐发展,进而达到个性完美。在课程设置上,主张设置能够赋予人以"人性"的人文学科。在教学方法上,强调以学生为中心,使其能在自由的氛围中愉快地学习。

人文教育作为起源于西方并在西方社会的发展过程中起到重大作用的一种教育思想,对当代的教育具有很大的借鉴意义。现如今,加强人文教育已成为世界上绝大多数国家广泛关注的问题。由于每个国家的情况不同,含义与提法也不尽相同。在西方国家或者发达国家,其人文教育思想主要体现在教育内容特别是课程设置上,因此,对于我国的教育发展而言,尤其是高等教育阶段的课程设置更应该建立在对以上四种人文教育理念模式充分理解的基础上。对于人文教育而言,它不仅仅包括哈钦斯经典名著的学习,也不仅仅是文化素养的养成,它是特定时代社会文化生活的一种内在体现,既表达了该时代文化生活的价值理想,也为现实社会提供了具有超越性的价值追求与关怀。

三、大学通识教育模式及其哲学基础

(一)古典自由教育课程实践模式(classical courses)及其哲学基础

古典自由教育课程实践模式起源于传统的欧洲大学,尤其是英国的牛津大学与剑桥大学。其课程内容主要是以七艺(文法、修辞、辩证法前三艺,以及算数、几何、音乐、天文学后四艺)和博雅学科(liberal arts)为主要学习科目。后经哈佛学院的继承与移植,统一发展为包括人文(修辞、希腊文、阿拉伯文、教义问答的神学、历史、逻辑、雄辩论)、社会(伦理和政治)、自然(植物学、天文、数学)三大领域十二门科目的自由教育课程内容。课程的核心是古典文学和语言,强调传统的语言与哲学,且这种课程在当时是学生通往学士学位的必经之路,在不考虑学生的不同兴趣爱好和职业打算下,是共同必修的。①在这一时期，接受此种高等教育博雅课程的学生大都来自于贵族，专业课程教育并未被明确提出，学生们统一学习希腊语、拉丁文、数学和伦理道德课程。而这种博雅课程可以说是古典自由教育课程实践模式的最好代表，被认为包含了绝对的、永恒不变的真理，只需学生掌握吸收，而不允许任何质疑或者批判。

对于古典自由教育课程实践模式的哲学基础来说，它源起于古希腊著名哲学家亚里士多德所提倡的"自由教育"（liberal education，有时也译为"博雅教育"或"文雅教育"），认为使真正的自由人区别于奴隶及一般自由人的不仅仅是他们的出身和身份，更是他们所接受的教育，以及他们所拥有的德性，如聪慧、慷慨、正义、大方等。在《尼各马可伦理学》（*The Nicomachean Ethics*）中，亚里士多德就充分地表达了他的观点，"每一种东西所特有的，对于那种东西自然就是最好的和最愉快的。因此，对于人，符合理性的生活就是最好的和最愉快的生活，因为理性比其他任何东西更加使人是人。因此，这种生活也是最幸福的"。② 此时，自由教育的目的是发展人的理性、心智，它排斥任何职业性或功利性的目的，不是为了谋生和从事某种职业做准备。自由教育的内容更多关注的是知识的整体性和全面性，且着重强调的是宗教神学。而对于自由教育的对象则主要是具有闲暇时间的少数贵族阶层，带有明显的阶级色彩。

古典自由教育课程模式可以说是在自由教育的理念下发展而来，而通识教育的理念又源起于自由教育。因此在某种程度上，古典自由教育课程模式也属于通识教育范畴的早期形态。但这一时期，认为接受古典自由教育课程的前提是"自由民"而非奴隶，从这一角度来说，这是一种"闲暇教育"或者"有闲阶级"的教育，本质来说是一种精英教育；另一方面，这种课程模式排斥与人的理性发展和德性完善无关的科技教育，鄙视知识的实用价值，在一定程度上具有明显的时代局限性。

（二）自由选修课程实践模式（free electives curriculum）及其哲学基础

1868年，年仅35岁的化学家查尔斯·伊利欧特（Charles Eliot）在哈佛大学发表就职演说，从此拉开了自由选修课程实践模式的序幕。在他看来，美国

---

① Johns Brubacher, Willis Rudy. Higher Education in Transition. Haper & Brothers publishers, 1958: 14–15.
② 张法琨：《古希腊教育论著选》，人民教育出版社1994年版，第325页。

是善于变化的国家，大学和社会之间的联系与反应，应比在一些迟滞的国家中更为机敏和迅速。美国的高等教育只有在充分地考虑不同学生的个体智力差异下，创造出使学生个体的独特能力得到最佳发展的课程才是明智的。他相信，大学本科生都是已经成熟的、有自律能力的成年人，可以对自己的行为负责。学校给学生们提供自由选择的机会可以进一步培养和训练他们的自我责任感，从而令其在步入社会之后使这种自我责任感转化为社会责任感。① 同时，伊利欧特认为，所有的课程都具有同样的价值。他认为那些喋喋不休的关于究竟是语言、哲学、数学还是科学能提供最好的智力训练，究竟通识教育应是文科还是科学的讨论，都是不切实际的空谈。他极力反对在数学和古典文学、科学和形而上学之间做出非此即彼的选择，认为只有对所有学科兼容并蓄，才可以发挥它们最大的益处。

因此，基于以上的认识，伊利欧特便开始在课程领域全面推行选修制度，提出人文教育与科学教育并重，从而使传统的古典自由教育课程模式由强调传统的人文主义知识转到注重专门化的、实用性的知识的轨道上来。在学校课程设置上，打破原有的做法，所有课程按照阿拉伯数字逐一排开，以方便学生选修。每年都有部分必修课变为选修课，新增的课程也作为选修课，学生们可以根据自己的兴趣爱好与职业打算，自由选择所修课程。到1886年，选修制在哈佛本科院校中确立下来。学校规定，任何学生只要修满18门课程，且其中2门课程之间没有任何联系，并且有1/4的课程成绩在C或者C以上，其余课程为D，就可以获得学士学位。② 自此以后，众多大学也纷纷效仿哈佛大学，设置了自由选修课程。即在这些大学中，不再设置特别的通识教育课程计划，只为学生提供一系列课程供学生自由选修。学校对学生有一个总的学分数的规定，学生完全可以按照自己的兴趣爱好，自由选择这些课程。

自由选修的课程实践模式主要是受到进步主义哲学的影响，可追溯到18世纪的自然哲学及达尔文的生物进化论。尤以帕克和杜威为代表，认为教育永远处在发展变化的过程当中，教育的过程要顺应自然规律，与人的成长阶段相适应。教育者必须依照新的知识及变化的环境，随时修正其教育方法和政策。教育的本质是教育经验的不断改组和改造。而对于学生的兴趣而言，作为进步主义教育代表人物的杜威认为，兴趣是教育训练中最重要的因素，兴趣是有目的的行动的动力，兴趣和训练是相联系的，有了兴趣就能专心致志、聚精会神、忘我于某种对象中。而无论是理智方面的训练还是靠意志实行的训练都不

---

① Richard Norton Smith. The Harvard Century. Simon and Schuster, 1986: 29.
② 郭健：《哈佛大学发展史研究》，河北教育出版社2000年版，第133-134页。

能缺少兴趣。在自然科学和人文科学的关系上,杜威强烈反对将二者相分离,他认为,教育把科学视为解释物质的专门知识,把文学视为属于人本性的做法是错误的。要认识到自然科学领域的知识在人事方面也占有它的地位,利用自然科学同样可满足社会的需要,解决很多社会科学的问题。他说如果一个社会要成为真正民主的社会,就必须克服教育上这两类学科的分离。[①] 在有关教育中的个性培养问题上,杜威坚持认为,个人的见解和喜欢学习的对象都是不同的。如果一个学校用一个模式来要求学生,那么必然结果就是:精神错乱、故意矫作、信心消退及盲从习惯滋长。因此,学校教育要以学生为中心,容许学生的个体兴趣自由。只有这样,民主社会才可以以其理想的方式顺利地发展起来。

自由选修课程模式给美国的高等教育带来的影响是不可小觑的。一方面满足了学生不同的兴趣爱好与需求,提高了学生学习的积极性,极大地促进了大学课程的灵活性。但同时,这种课程实践模式也带来了十分极端的影响。由于缺乏统一的课程选择标准,再加上学生群体的多样性,学生们通常不顾及自身知识构成的缺陷与不足,一些达不到一定学业技能水平的学生却仍然可以自由地选择课程,从而使大量的学生学不到系统连贯的课程知识体系,严重影响了美国高等教育的质量与大学声誉,使人们对学士学位的价值产生了质疑。由于受到这种自由理念的驱使,大学院(系)比以往更自如地选择自己感兴趣的领域开展研究,学术化的过程更多地变成了专业化的过程,而所有功利性的研究也在一定程度上得到了支持。此时的美国大学更多的是以科学研究为主,而在一定程度上忽视了本科教学。这导致了美国大学专业教育盛行,所规定的通识教育课程大部分被删减,自由选修课程模式逐渐退出历史舞台。

（三）分布必修课程实践模式（distributed requirement curriculum）及其哲学基础

所谓分布必修课程实践模式指的是采用一套主修科目与兼修科目相结合的方式,或者说是在一套课程中,规定几类必修的科目,而在每类必修科目中又给予学生一定的选择权利。而分布必修的课程实践模式主要是基于伊利欧特时期的自由选修制度及罗威尔的集中分配制。于1909年接替伊利欧特就任哈佛大学校长的罗威尔,一上台就宣布了要改革自由选修的课程实践模式,从而引入了集中分配制。这种制度要求每个学生为了取得学士学位,必须修够16门课程,其中6门课程是主修,必须是集中在一个学科领域或者专业领域内。剩

[①] John Dewey. Democracy and Education. Free Press, 156–159.

余的 10 门课程中，至少有 6 门课程要分配到所学专业以外的自然学科、社会学科和人文学科三个领域中。而所谓集中课程就是专业课程，所谓分配课程就是通识课程。① 到 1914 年，哈佛大学全面推行了集中与分配的课程制度。而分布必修课程实践模式则是综合了自由选修制与集中分配制，具体就是在大学的课程设置中，将课程分为专业课程和可以在自然学科、社会学科和人文学科三个领域中选修的基础课。且对学生必须修习的学科领域（自然学科、社会学科和人文学科），以及在各领域内至少需要修习的课程数目或者最低学分数做出规定。②由于分布必修课程模式实践起来比较简单，因此在目前的美国大学中，这类课程模式仍然是通识教育所采用的一种主要的课程实践模式。

分布必修课程实践模式的哲学基础充分地融合了进步主义和要素主义的观点。一方面进步主义以"变"为中心，认为宇宙是一个大变局，进步包含着变化，而变化包含着新奇，而新奇就要求有新的经验和法则。因此进步主义强调经验与实际的变动性，不认为事物是恒定的，世间不存在绝对的永恒真理；更多关注的是自由与民主，否定权威，重视适应与进步，强调对人性的关怀及学生个体的权利和自由，尊重学生的兴趣和爱好，允许学生在规定的范围内自由选择感兴趣的课程内容。另一方面，要素主义坚信宇宙是一个定局，虽然存在变化，但这种变化是现象，而非本质。而且，即使变化也是有规律的，万变不离其宗。教育应基于不变的本质，去适应变化的世界。教育的内容应该是代代相传的文化遗产，强调文化价值的永恒性和客观性。要注重维护社会的文化知识遗产，重视学科知识的完整性，强调对人文科学和自然、社会科学的广泛涉猎和学习；注重学科中心与逻辑组织结构，严格学生的学业标准，不能单单凭借学生的兴趣原则。因此，基于以上哲学基础，分布必修课程实践模式旨在尊重学生兴趣爱好的前提下，使其能够具备一定的专业知识，为进入职场实现自身价值和推动工业社会的发展做准备。但同时又可通过对学生的智力训练，使其形成共同的文化信仰，从而提高个体的科学和人文素养，为将来幸福而美满的生活做准备。

分布必修课程实践模式的实施，一方面减轻了古典自由教育课程的刻板性，同时又解决了自由选修课程模式的随意性，使学生在掌握了必要的基础知识的同时，满足其个人爱好与实际需求，让学生无法再通过简单累加课程学分而得到学位。在这种情况下，学生需要对自己的大学课程做出一个整体而严密的规划，从而减少了选课的盲目性与任意性。但同时，这种课程模式在较长时

---

① 郭健：《哈佛大学发展史研究》，河北教育出版社 2000 年版，第 145 – 146 页。
② 陈小红：《通识教育课程模式的探讨》，载《复旦教育论坛》2010 年第 8 期，第 40 页。

期的实践过程中也遭到了一定程度的质疑。如对于"分布必修"指的是学生可以在自己专业外自由选择课程,但是对于这些课程并没有指定具体的必修科目,也没有提供一定的选择顺序。因此,分布必修课程往往演变为大学院系的入门课程或基础课程。对于这类课程内容来说,往往是浅尝辄止。部分教师根据自己的个人喜好随意开设分布课程,其内容没有经过严格的审核,导致众多选修课程五花八门。在某种程度上,学生学到的知识缺乏内在的连贯性,达不到通识教育的目的。

(四)经典名著课程实践模式(great book program)及其哲学基础

经典名著课程实践模式起源于罗伯特·哈钦斯(Robert Maynard Hutchins)在芝加哥大学所实施的本科课程改革计划。20世纪30年代,面对高等教育界当时出现的过度的专业主义和职业主义倾向,他认为,对于每一位接受高等教育的学生来说,都必须要了解和掌握人类知识体系中最基本、最核心和最普遍的那部分内容。而对于学校来说,要致力于为学生设计一套最基本的,适用于在任何时代和任何环境,都可以教授给学生的课程体系。具体要求则是在高中阶段的最后一年和大学的第一年对学生集体进行基于西方文明的经典名著课程的教授,这些学生在接受完这些课程之后会被授予"BA学位"(BA degree)。[①] 这是一种以西方世界的伟大经典名著为主,同时又包含阅读、理解、思考、演讲等行为艺术在内的经典名著课程模式。而对于经典名著课程的取材,则主要是以古今重要观念和问题为主,在师生的讨论、了解和澄清下,共同汲取其精华,陶冶智性心灵;对于科目选择的原则不是实用性,而是其智性内容,并按照智性内容的深浅对其进行归类,以学生学习经验的递增程度来编排。科目内涵则以明确系统知识为先,从而达成全面普遍的认识。在哈钦斯看来,学生只有通过对经典名著教材的学习与理解,才能明白过去是什么样的、西方伟大的先哲是如何思考的,从而清楚正确地认识自身。在这个基础上,学生才会建立批判的标准,重新评估传统的价值,在为专精领域的研究做出准备的同时,又促进了知识的统一,更好地发掘了人类的共通性,这也有利于团结社会的构建。

经典名著课程实践模式的哲学基础可以溯源于亚里士多德和托马斯·阿奎那(Thomas Aquinas)等哲学家对人性的探求,并发展于永恒主义的代表者罗伯特·哈钦斯。亚里士多德认为实在是独立于意识之外而独立存在的,它们的

[①] Craig C. Howard. Theories of General Education: a Critical Approach. St. Martin's Press, 1992: 55, 56–57.

存在并不是人类精神的根本属性。人性是不变的，理性乃是人类将自己从其他动物中区分开来的特征，是人的本质力量所在；强调教育应当回归过去，以追求普遍的真理和绝对的理性信仰为目的。作为永恒主义的重要代表人物哈钦斯也坚持认为，宇宙的一切皆统一成为一个体系，其间有着十分精密和清晰的联系，在表象之下，蕴含着内在的原理及真正的知识。而这些知识就是人类梦寐以求的知识，人类应该致力于对这些知识的探索。大学更应该专注于对这些知识的发掘与斟酌。[①] 对于美国高等教育界当时所追求的功利主义、实用主义、唯科学主义及唯技术主义，哈钦斯是倍感心痛的。他认为当时的大学已经与他们所服务的社会完全处于一种不民主、不和谐的关系状态。而这样长期下去，大学将从根本上丧失其理想，最终成为乱七八糟的大杂烩。因此，他提出在现代大学必须实施一种共同教育。在不同的院（系）和学科之间，必须具有共同的精神文化基础。而这种共同教育也就是哈钦斯所提出的"通识教育"的理念。只有发展通识教育或共同教育才符合他所倡导的大学之道的逻辑，大学才可以在沟通传统文明与现代文明时，不至于发生断裂，才可以真正发挥它对美国社会民主的作用。

经典名著课程实践模式凭借其独特的课程知识内容体系，在美国高等教育界产生了十分重要的影响。在科技发展导致学科分化的今天，其教育目的始终围绕"心智的培养"。这为纠正高等教育的职业化和专业化提供了些许借鉴。同时，它通过古典名著课程来训练学生的思维，在很大程度上提高了学生的判断力，发展了以哈钦斯为代表的永恒主义学派所倡导的，通过"回到古人那里去"，而提高人类普遍的理解力与洞察力的观点。在加强对学生理智美德培养的同时，又在一定程度上减少了科学和物质高度发达的文化世界中出现的"精神贫血"现象的发生。[②] 但是，对于经典名著课程实践模式来说，它更多的是沉湎于过去，只看到了过去的文化遗产对学生个体理性的培育与完善，排斥了当今科技的教育价值，不适应现代社会的发展，反映了其保守性的基本特征。

（五）核心课程实践模式（core curriculum）及其哲学基础

核心课程实践模式是在自由选修制和集中与分配制度的基础上发展而来的，最早由哈佛大学的第 23 届校长詹姆斯·柯南特（James B. Conant）提出。

[①] 张贤斌、王保星：《外国教育思想史》，高等教育出版社 2007 年版，第 396 页。

[②] 徐春霞：《对赫钦斯通识教育大学理念的再认识》，载《高等农业教育》2006 年第 8 期，第 76 页。

柯南特于1933年担任哈佛大学校长之后，于1943年任命了一个13人组成的专门委员会研究"通识教育"问题。并于1945年发表了《自由社会中的通识教育》(General Education in a Free Society) 一书，其中指出，人类的知识应该是系统的、统一的，并且是有利于推进社会的民主和繁荣的，建议学生必须修读包括人文科学（文学、哲学、艺术、音乐等）、社会科学（美国民主、人际关系等）及数学和科学（数学、物理科学、生物科学等）等三大领域的课程内容，而这种共同必修课在当时是被作为学生的核心课程体系的。[①] 1971年，德里克·博克（Derek Bock）在担任哈佛大学校长之后，就力主由哈佛大学文理学院的院长罗索夫斯基（Rosovsky）进行大学通识教育的全盘改革规划。1978年，罗索夫斯基提出在专业课和选修课之外建立一种"核心课程"。他认为这种"核心课程"是一种综合传统独立学科中的基本内容，是一种以向所有学生提供共同的知识背景为目的的课程设置。这类课程模式强调帮助学生培养某方面的能力，而不是掌握某一门学科的具体知识，其目的在于对学生进行心智训练。

这种核心课程最初被分为文学与艺术、历史研究、社会分析与伦理道德研究、科学和外国文化五个领域。按照规定，学生在本科期间所修读的32门课程中，除了16门专业课及8门选修课之外，剩下的8门"核心课程"必须从以上提到的五个领域中选择。直到1985年，哈佛大学的核心课程逐渐调整，涵盖了七个领域十一个方面，由原来的五个领域发展为包括文学与艺术、自然科学、历史研究、社会分析、道德、定量推理和外国文化在内的七大领域。哈佛大学的学生除了学习专业和选修科目之外，至少要选修8～10门核心课程。[②] 这样，核心课程就与专业课程和选修课程形成了一个统一的整体。而核心课程的教学工作主要是由来自不同科系，且具有较强的专业素养和融会贯通能力的骨干教师担任。教师在授课的过程中必须严格遵守通识教育的教学目标，采取课程讲授与研讨等方式。

自哈佛大学提出核心课程实践模式以来，不少大学，尤其是美国大学都纷纷效仿其课程设置模式，并不断对其进行研究与改造，使其更加契合本校的大学文化与传统。直到现在，一些大学，例如波士顿大学、芝加哥大学、圣约翰大学和哥伦比亚大学等都仍然维持着这种核心课程实践模式。

核心课程实践模式由于兴起的时间相对较晚，因此充分扬弃了以上几种课

---

① Report of Harvard Committee. General Education in a Free Society. Harvard University Press，1945：204－230.

② 朱国宏：《哈佛帝国》，上海人民出版社2002年版，第125页。

程实践模式的优劣，摒弃了极端的自由选修和经典名著课程实践模式，丰富和发展了分布必修型，而其哲学基础则可归之为折中主义。折中主义认为，自然万物存在于不变与变化之中，生活中的经验发展历程是不断发展变化的。人类必须在这不断变化的世界中追寻一种永恒的价值观念，即认为教育应该审时度势，既要保留传统又要与时俱进。[1] 反映在通识教育上的哲学思想就是，一方面不满进步主义与永恒主义，但又不完全否定，在继承二者精华之上的同时又发展了自己独有的哲学理念体系。罗索夫斯基，作为折中主义学派中以实际规划哈佛大学通识教育核心课程而著称的著名学者，他的教育观念和举措在很大程度上可以作为折中主义的一个显著标志。例如，在谈到通识教育的目标时，他就明确提出要培养"有教养的人"，而有教养的人则必须具备下列条件：①具有清晰、有效的思考和写作能力；②对自然、社会和人文有自身独特的批判性理解；③勤于思考道德和伦理问题，具有明确的判断力和抉择能力；④在某些专业知识领域有深刻的见解和成就；⑤具有丰富的生活经验，对世界各种文化及时代有深刻的认识。[2] 而这些目标体现在通识教育的课程上，则是旨在授予与培养学生通才知识和通才能力的"核心课程"，即：一方面通过对文学、哲学、文化、道德、历史等学科的学习，使学生从中领悟世界文明的精髓，从而有利于西方民主社会的构建；另一方面，通过科学和艺术学科的学习，使他们日后可以成为相关领域的专家，同时又可以承担一定的社会责任。

核心课程实践模式曾被认为是迄今在理念上最完美的体现通识教育精神的一种实践方式。"核心课程"的"核心"知识是历经时间考验的，是学生以后学习的基础，且这些课程大都具有较强的连贯性。最重要的是，核心课程还提出了道德观和价值观的培养，以及对心灵和理性的培养要求，注重全面发展学生的人文素养。但由于其实施需要由具有相当素养的教师来担任，同时对学生的水平也有一定的要求，如核心课程更适合于知识背景同质性高，且智力水平较高的学生。因此，核心课程在理论上虽然有着较完整的体系结构框架，但是其实施有着一定的条件限制和特定要求，并不适合所有的学校，在实践上得到的支持并不多。

---

[1] Harold Taylor. The Philosophical Foundations of General Education. University of Chicago Press, 1952：30－35.

[2] J. L. Raccliff. Re-envisioning the Change Process in General Education. New Directions For Higher Education, 2004, 125：99.

（六）主题联结式课程实践模式（thematic bundles of courses）及其哲学基础

从 20 世纪 90 年代起，美国大学的通识教育课程改革主要体现在明确培养目标并减少学生的课程选修等方面。在课程内容方面，则由传授某科目入门知识，转向以主题、模块和小组等为基础的跨学科学习。[①] 大学教育开始采用将自由教育和专业学习联结起来的模式。通识教育课程则主要以跨学科的主题联结形式呈现。对于这种课程实践模式来说，其课程内容一方面维持有利于培养学生学业能力与素养的科目（诸如数学、英文写作和演讲等）比重的同时，又要求学生更多地去关注当代社会中的一些重大问题，例如，性别平等和种族多样化、能源与环境的可持续发展、恐怖主义，以及对非西方文明的理解与包容等主题。哈佛大学于 2003—2004 年开设的针对一年级新生的"人类对环境系统的改变""人类的起源与演化""科学技术与良好社会生活"，以及加州大学开设的"生物技术与社会"和"全球环境：多学科的视角"等都属于此类课程。[②] 由于这种课程模式主要是围绕一些主题进行的课程开发、设置与实施，较好地体现了跨学科、多学科、关联性及开放性的特点。因此，针对这些特点，在教学方式上较多地开展研究性教学与合作学习，且教学多为研讨式。

主题联结式课程实践模式的哲学基础是以折中主义和后现代主义的调和为基础的。折中主义认为在浩瀚的知识体系中，存在着部分合理的，对学生的心智训练、公民素养和职业能力有着独特作用的相关特定的通识教育主题内容。该哲学流派认为，学生个体的顺利发展需要在一个自由的环境中进行，一方面社会为个体提供良好的发展环境；另一方面个体要满足社会的要求，必须承担一定的社会责任。主题联结式的课程实践模式为学生创设自由学习氛围的同时，也更加侧重了对学生社会责任感的培养，如学生通过对世界能源与环境的认知，进一步意识到保护环境和节约能源的重要性；通过对性别平等与种族文化多样性的了解，进一步坚定了不同性别、肤色、信仰及阶层之间相互包容，不同种族和国家之间相互依存，以及维护世界和平与发展的基本信念。而后现代主义相对明显的一个特征，是怀疑和否定。即主张对一切合法性的基础加以质疑，对任何一种被奉若神明的前提和假设发动攻击，驱使人们尽可能地从广

---

① 龙跃君：《关于联结：复杂性科学视野下大学通识教育课程理论的思考》，载《高等教育研究》2007 年第 6 期，第 71 - 73 页。

② 同上。

阔的视野和多样化的角度来重新审视以往不言自明的或默默无闻的话语。① 反映在主题联结式课程实践模式的课程内容方面，就是否定人类中心论，增添生态教育内容，提出人与人、人与社会、人与自然之间要和谐发展；而在教学方式上则呼吁消解权威中心的话语权，提倡被边缘的、局部的弱者和少数派发言，即通过开展研究性教学和研讨小组的方式，使教师与学生、学生与学生之间平等对话，从而促使教学质量提升，使学生更好地领悟通识教育的主旨精髓。

主题联结式课程实践模式是将具有关联的学科以主题联结的方式进行组合。这种课程实践具有扩展学生认知、思维及解决问题视界与能力的功用。譬如，围绕个体生存能力，学生可以通过对生理学、心理学、社会学等相关学科知识的学习和探讨，形成对知识全面与统整的认识，养成从不同的视角与侧面认识和解决问题的能力；同时，这种课程实践模式可以将曾经相互隔离的学科教师有机地整合起来，增进相互间的沟通与联系，使原来分散的教师个体力量，在培养学生能力时形成合力，使教师和学生汇聚成一个融洽的、有机的教育群体。但是，这种课程实践模式在课程内容开发上难度较大，其教材编写较为关键。

第三节　科技与人文的融合：科技院校通识教育理念

大学理念是一所大学的灵魂，反映着大学的理想、追求和信念，规范着大学的使命和发展目标。通识教育（general education）是一种旨在发展人的理性、心智，全面培养人的各种潜能的教育理念，是对所有大学生进行的一种非功利的、共同的教育。对于科技院校而言，其通识教育的理念要以科学精神为基础，以人文精神为价值取向，也就是既信奉科学，又崇尚人道，以科学为基础和手段，以人文为方向和目的，在科学和人文的相互协调、相互补充中实现人和社会在物质与精神两方面的和谐发展，并在此基础上实现人的解放。

一、科技教育与科学精神是科技院校教育的基本功能

从物质活动是人类最基本的活动的意义上说，科学活动也是人类最基本的

---

① 余凯、徐辉：《后现代主义与当代教育思潮引论》，载《比较教育研究》1997年第6期，第9-13页。

活动，人类对物质的追求是无止境的，因而人类对科学的追求也是无限的。不仅物质的进步越来越直接地有赖于科学的进步，社会其他方面的进步也与科学的进步及由此带来的物质繁荣有着不同程度的关系。现代科技正日益成为经济发展的决定性因素，知识经济的出现已经充分说明了这一点。现代科技的发展还深刻地影响着人们的生产方式、生活方式及思维方式、思想意识和价值观念。此外，诸多人类共同面临的灾难性问题的解决，虽然首先需要人文觉悟的提高，但在手段上还必须依靠科学技术。①

在现代社会，科学已经成为人们生活不可分割的一部分，或者可以说，现代科学正在变成一种大众文化。历史与现实都有力地证实，公众的素养，特别是公众的科学素养，已经成为一个国家兴旺发达的关键，成为一个国家可以持续发展的根基。正如热拉尔德·富雷（Gerard Fourez）所说，科学家、经济学家和技术专家都认为除非全民都关注科学技术文明，否则发达国家的经济很容易陷入困境，而发展中国家的经济也很难腾飞。大卫·雷顿（D. Layton）在《技术对科学教育的挑战》一书中提出，科学本身不应被看作是目的，而是人们步入社会生活的必要因素，现代科学不再被看作是生产绝对的、普遍的和永恒不变的真理的机器，而是对待认识的一种特殊的方法。随着知识经济时代的到来，国际社会的竞争越来越聚焦于科技和教育的竞争。

目前，无论是发达国家还是发展中国家，基于对历史、现实、未来的客观、理智的认识都给予科技教育以前所未有的重视。例如，美国继1985年提出《普及科学——美国2061计划》之后，1989年又发表了《面向全体美国人的科学》，1996年又制定了历史上第一个《国家科学教育标准》。中国作为发展中国家也提出了"科学兴国"战略等。面对科技教育如此重要的作用与地位，作为主要培养科技人才，以科学精神为依托，实施科技教育的科技院校来说，搞好科技教育、培养科技人才则是其最基本的目标与功用。因此，科技院校首先要厘清科技教育的内涵与真谛。

科技教育是指以传授自然科学技术知识为主，培养科学精神，以发展对客观世界规律的认识，提高改造物质世界的能力为目的的教育。科技教育要全面提高人的科学文化素质，就不能只是科学知识的教育，而是包含了科学精神、科学知识、科学方法、科学态度这相互关联的四个层次的教育。

1. 科学精神教育

科学精神教育在科技教育的整体架构中居于核心的地位，是科学教育的灵魂。科学精神并不是脱离具体活动的抽象观念体，科学精神是在科学真理探索

---

① 扈中平、李方、张俊洪：《现代教育学》，高等教育出版社2002年版，第192页。

的过程中，在对科学本质的认识不断深化的过程中，孕育起来的推动科学进步的价值观和心理取向。科学精神的内涵是很丰富的，理性精神、合作精神、创新精神是其集中体现，怀疑、批判、挑战是其主要特征，求真务实、开拓创新是其基本要求。

2. 科学知识教育

科学知识是科技教育的重要组成部分，但并不是科技教育的重要内容。科技教育要向学生传授科学理论知识，使他们获得某一科学领域学科的理论基础，这个知识体系包括客观现象、科学事实、科学概念、科学原理、科学定律等知识，可以发展人的智力，培养他们的科学能力，为科学文化素质发展和提高奠定坚实的基础。

3. 科学方法教育

科技教育并不是简单的对自然规律的揭示，更重要的是找到研究自然规律的方法。任何一门学科走向科学的过程都是形式化、符号化、建立数学模型和试验模型的过程。不同学科建构符合自身研究对象的形式、符号和数学模型的方法，就是这门学科特有的思维方法和工作方法。在科学教育中，使学生掌握科学方法，学会学习，比单纯掌握知识更重要，这是因为科学方法一旦内化为人的思维方式与行为方式，不仅会大大提高人的智力水平，还可以挖掘出人的巨大的创造力。

4. 科学态度教育

科学态度是通过对科学知识的正确理解和科学发展的整体把握而形成的科学信念与科学习惯。由于科学来自于实践，经过了实验的校验，具有可重复性，所以是真实可信的。而任何科学真理又是相对的和不断发展的，任何科学知识都要被新知识所取代，在这个过程中，阻止任何超验的、臆想的东西进入科学领域的防线，就是科学态度。

科技院校在进行科技教育之前必须认真领悟与把握科学精神的意旨所在，以科学精神作为实施科技教育的首要指引。科技院校必须以本院校所开设的技术类或理工类专业为核心，在结合本校的实际情况的基础上认真制订出一套完善的科学课程体系，使学生在最大程度上获得较完整的自然科学或科技知识理论体系。对于科学方法及科学的教育，科技院校在课程的设置中，应该注重强调学生学习的方法、学生学习的态度，通过教师与教学及校园文化环境的熏陶，来提高学生学习科学知识的效率，使其具备良好的科学素养。[①]

[①] 王永斌：《中国科学教育的历史分析与发展对策研究》，西北师范大学 2003 年学位论文，第 5-7 页。

社会正日益走向科学化的时代，在这样一个"知识生产力已成为生产力、竞争力和经济成就的关键因素"的当今社会，在科技竞争已经成为国家与国家、地区与地区、集团与集团全方位竞争的决定性因素的当今世界，作为主要培养科技人才的科技院校在开展通识教育时更要将科技教育和科学精神作为自身的基本功能，不仅要提高学生广泛的适应能力，更重要的是发展学生的智力，以帮助国家在"一场脑力战役"中掌握"世界的领导权"。

二、人文教育与人文精神是科技院校教育的价值取向

近现代世界发展史一再表明，尽管科学的功能日益巨大，但它并不能解决一切问题，尤其是科学本身不能直接解决价值问题。科学万能的信仰、技术决定一切的理念，来自工业革命时期，是工业社会的产物，是人的物欲恶性膨胀的结果。多少年来，狭隘的物欲观念不断加深着对人的统治，以致在现代社会中人类所创造的巨大变化几乎都是以直接获得物质利益为中心的。科学万能论者还企望科技能够克服人类社会的一切危机，解决人类社会的任何难题，并自动使人类走向光明。然而，科技和物质给人类带来巨大利益的同时，由于科技的非人道化使用，也给人类造成了巨大的灾难和威胁。随着人类理性的不断觉醒、需求的不断完善，以及科学的局限性的逐渐暴露，科学万能的信仰正在坍塌，以科学为基础，以人文为价值方向的社会发展观正在深入人心。人们日益认识到，无论从社会发展和人的发展的角度看，还是从教育自身发展的角度看，科学教育都需要人文教育的价值导向。[①]

教育必须首先教会学生"如何做人""做什么样的人""怎样做一个技艺精湛品格高尚的人"。因而必须有一种是培养人的人文精神的教育，是以一切具有人性陶冶意义的人类文化与阅历经验为教育内容，以知识传授、环境熏陶、实践体验和自身修养等为途径，达到以提升人性、发展个性、塑造人格和培养人文精神为目的的教育理念和教育实践，其终极目标在于"精神成人"，在于培养出具有健全的精神、生存的本领、独立的个性、完善的人格、强烈的责任感和富于创造力的新人，为具有现代科技人所需要的人文精神、现代科技人的形成提供精神品质和灵魂塑造的引导。这种教育不是科学教育和技术教育所能涵盖的，这是属于另一个教育思想和实践体系的教育，谓之"人文教育"。在某种程度上，人文教育主要是以传授人文知识为主，以发展学生认识与处理社会关系、人际关系、物我关系的能力为目的，它用一定的价值标准帮

---

① 扈中平、李方、张俊洪：《现代教育学》，高等教育出版社2002年版，第193页。

助学生去树立、改造自己的人生观、道德观、价值观，发展一定的道德情感、审美能力、合作精神等，并指导自己的行为朝向合人道合规律、合人类共同利益的方向发展。

人文教育以养成独立人格、追求真善美的统一作为教育的根本目标，在长期的发展过程中，它为科技教育提供了有力的精神支撑。它不仅校正着科技教育的内涵和价值目标，而且维护着科学精神、科学理念。人文教育对科学教育具有巨大的促进作用，直接表现在人文思想、人文方法对自然科学研究、自然科学教育的影响上。爱因斯坦曾说，物理学最后的问题，往往要归结为哲学问题，因此，要解决物理学中最后的问题，常常必须求助于哲学。如自然界是否存在确定的因果性问题，观察主体、观察工具在科学实验、科学观察中的作用问题，宇宙有限还是无限的问题，等等，在极大程度上已经超越了物理学本身，甚至超越了自然科学本身，需要哲学来加以解答。哲学对这些问题的解答，不仅影响着科学家的世界观，而且影响着物理学研究的方向，甚至影响着整个自然科学发展的方向。在这里，人文科学对自然科学的促进和影响作用是无论怎样评价都不过分的。哲学、人文科学不但直接影响着科学家的世界观，而且为自然科学提供着重要的方法论基础。不能否认，自然科学有其特有的研究方法，并且，由于自然科学各门学科研究对象的不同，不同学科的研究方法也各不相同。但是，我们又必须看到，作为具体研究方法的方法论基础却又是相同的，而这些方法论又大多来自人文科学，而非纯粹来自自然科学。如作为一般方法论基础的自然辩证法，作为科学推理基础的形式逻辑和数理逻辑，等等，便是人文科学研究的成果。可以说，没有自然辩证法，没有科学的逻辑学，便不会有今天的自然科学。人文科学对自然科学的促进和影响作用，由此可见一斑。现代的科学研究不仅要应用逻辑方法、辩证的思维方法，而且，在重大的科学发现、重要的科学发明中，想象、联想、直觉等方法往往起着关键的作用。在这里，人文科学对自然科学的促进作用则更加具体地展现了出来。科学创造是在一定的文化背景下完成的。这里的文化背景，既有科学自身创造的科学文化背景，也有人文科学创造的人文文化背景。科学的发展史表明，人文文化背景越宽广、人文思维越深刻，科学创造就越能深入前沿，就越能深入自然的本质和规律。这是因为，科学活动本质是立足已知领域、探索未知领域的过程，是立足已有真理、探索未知真理的过程。因此，科学创造活动必须有开阔的视野，必须有宽广的知识背景。而哲学、语言文学、艺术乃至历史知识等，即是这样的知识背景。这些背景知识，为科学创造活动提供了广阔的文化空间，激发了科学家的热情和创造性思维。这就不难理解，伟大的科学发明和发现，为什么总是诞生于哲学、文学、艺术繁荣的时代；也不难理解，在欧洲的中世纪，为什么没有科学的进步，而在文艺复兴以后，科学的发明和发现则接踵而至。

对于主要实施科学或科技教育的科技院校来说，将人文精神作为教育的价值取向，对学生进行人文教育的培育与熏陶则是理所当然之举措。科技院校培养出来的合格毕业生，除了要具备过硬的专业知识技能外，还必须具有高尚的人格和科学的世界观、人生观、价值观等良好的精神境界，这样的学生才会更好地实现自身价值，也更有益于社会。因此，科技院校开展人文通识教育工作，就应该以人文精神为其基本价值导向，在让学生更好地掌握专业技能的同时，通过各种人文教育工作的手段和途径，帮助学生塑造良好的精神境界，比如健康的心理状态和科学的世界观、人生观、价值观，以及强烈的民族精神、社会责任感、历史等。这些良好精神素养的形成，都会有助于学生的自身价值得到最大限度的体现。

目前，由于受到社会就业环境的影响，一些科技院校在学生培养目标上存在浓厚的功利主义色彩，往往偏重于专业技术知识的传授，而忽视了人文精神的塑造。一些学生一旦在工作和生活中遭遇挫折，就一蹶不振或感情用事，无法做到心态平和地去摆正自己的人生位置。因此，为了让科技院校的学生更好地适应社会，实现自身价值，科技院校在确定培养目标上，除了要求学生必须具有过硬的专业技能，还须具备良好的精神素养，学校在以人文精神为其教育价值取向的情况下，认真开展好人文教育工作就尤显必要。当前科技院校开展人文教育，应注重加强思想品德、价值观念、社会公德、职业道德、审美情趣和文明礼仪修养等方面的教育，使学生不仅要学好专业技术知识，还要学会做人、学会生活。

三、科技与人文的融合：全人教育是科技院校通识教育的基本理念

全人教育的核心思想在于教育培养目标的转变。全人教育对传统教育只重视知识传授和技能习得的培养目标提出批评，倡导教育培养完整的人，使人在身体、知识、技能、道德、智力、精神、灵魂、创造性等方面都得到发展，成为一个真正的人、一个具有尊严和价值的人、一个作为人的人，而不仅仅是一个雇员、一个国家的人力资源、一个政治或经济的工具。[①]

[①] 刘宝存：《全人教育思潮的兴起与教育目标的转变》，载《比较教育研究》2004年第9期，第17-21页。

全人教育呼吁一个完整的教育目的观，要求建构一种完整的教育。只有完整的教育，才能促进人和社会的全面、和谐的发展。科学教育和人文教育都是构成完整教育所不可缺少的，它们各有其不可替代的价值，都又各有其固有的局限性。科学教育的长处恰恰是人文教育的短处，人文教育的长处恰恰是科学教育的短处，二者具有恰到好处的互补性，抬高或贬低任何一部分，都将导致教育的失衡，进而导致人和社会在发展上的失衡。①

对于科技院校来说，在其悠久的办学历史长河中，形成了浓厚的科学精神。在科学精神的统领下，科技院校具有浓郁的质疑、钻研、探索、求实、知行统一的精神。自然科学在科技院校得以传承、发展、应用。但社会的协调发展需要工程或技术科学和人文科学并重，需要培养科学精神与人文精神融合的人才，在科技院校中实施科技与人文融合的通识教育是其必然选择。

1. 实施科技与人文融合的教育是时代发展对人才培养的必然要求

工业文化不同于农业文化的一个显著特点是生产力发展中的专业化及由此而产生的细致分工。专业化使资本主义得到飞速发展，分工又极大地提高了速度和效率，但是"分"不是万能的。一方面，它加深了劳资之间的矛盾。美国未来学家托夫勒认为，高度专业化的重复劳动使工人的非人性程度大大增强，专业化的工作不需要一个"全人"，而只要人的一个肢体或器官。再没有比这更恰当地说明过度专业化的弊端了。另一方面，同这种生产力发展相适应并为之服务的专业化教育也应运而生。人文教育也在这种过细的专业技术分工中，被排斥于科学教育之外，两者产生了严重的对立，分门别类的研究和教育，即专门化人才的教育成了这一时期的主流。不论社会制度如何，凡是经历着工业文明的社会都享受着专业教育的好处，同时也接受着过度专业化的弊病所带来的后果。当过度的专业化不再是生产力发展的形式的时候，科学首先打破了传统的专业化分类的桎梏。20世纪40年代末，产生了横断性科学和交叉性、边缘性科学。随着人们在实践的广度和深度上的拓展，产生了由多门学科共同协作才能完成的综合性学科，完成了"分久必合"的逻辑过程，适应科学技术要求的通用人才教育应运而生，厚基础、宽口径的高等教育正在代替专才的教育。这是工业文化后期和信息文化孕育初期出现的情况。当科学的发展又把我们从工业文化时代推进到一个新的文化时代——信息文化时代的时候，传统的工业布局发生了根本性的变化。此时，信息的收集、整理、存储、识别、更新、创造及其成果构成了新的科学、知识和技术——一种强大的生产力。现代的生产力已经离不开知识和技术。科学、技术、知识不仅成为一种经

---

① 鄢中平、李方、张俊洪：《现代教育学》，高等教育出版社2002年版，第195页。

济，而且变成了经济发展的支柱产业，人们称这种经济时代为知识经济时代。电子信息技术飞速发展，人与人、人与自然、人与环境的距离的缩小，自然科学与社会科学的壁垒被打破，它们之间的交叉、渗透、融合成为当今文化发展的一大趋势和特点。世界经济全球化明显加快，人们所面临的共同问题似乎正在超过他们各自所面临的问题。所有这些都告诉我们：知识经济是世界经济。在世界经济中，人的地位和作用被提升到了突出的位置。知识经济时代的市场是对人的智力、创造力等各种能力的占有，人的作用明显地超过了以往任何经济时代。

为了适应经济的发展，社会向人们提出了全方位的要求。"人的全面发展""人的价值实现""以人为本"的口号，影响到了社会政治、经济、文化、科学等各个领域，强调知识、能力、素质发展的全面教育应运而生。历史总是螺旋式地前进，农业化时代对复合型（"成人"型）人才的要求，被工业文化时代对专业型人才的要求所否定，人类社会发生了一次质的飞跃；信息文化的到来又使人类社会发生了一次大的飞跃，新的复合型（全面素质型）人才模式的需求又否定了专业型的人才模式。从农业文化到工业文化再到信息文化，人才模式从复合型到专业型再到新的复合型，经历了一个否定之否定的过程。[①]

2. 实施科技与人文融合的教育是科技院校培养创新型人才的需要

科学技术研究需要创新，创新是科学技术研究的不竭动力和不朽灵魂。要创新，就必须有创新思维和方法。而创新思维的形成，特别是创新思维中的非逻辑思维的形成，有赖于人文素养和人文精神。科技院校的学生，学习人文知识，提升人文精神，能使学生思维开阔，产生新思维、新方法。爱因斯坦认为，想象比知识更重要。想象常常触发"灵感"，引导科学发现和技术发明。科学精神属逻辑思维，是追求真理，其本质就是创新，创新意识就是科学精神的灵魂。非逻辑性思维开拓思路，逻辑性思维整理思路，完成创新的理性构建。科学技术研究要实现创新，要求逻辑思维和非逻辑思维的融合，科学精神和人文精神的融合提供了一种思路，表现其价值。随着知识经济时代的到来，创新成为经济社会发展的主要动力。知识经济对知识创新的要求，实际上是对创新人才的要求，是对人才创新精神和创新能力的要求。知识经济的发展不仅需要科学技术和科学精神，而且需要人文知识和人文精神。科学理性是求真，人文理性是求善。科学理性离不开人文理性的指导和规范，高科技必须要有高

[①] 宗文举、常华辽：《论理工院校人文教育与科学教育的融合》，载《天津大学学报》2002年第9期。

人文的制衡。因此，科技院校的大学生只有科学知识和科学精神是不能满足时代发展的需要的，必须同时具有人文知识和人文精神，把科学知识和人文知识内化为人的内在品质，做到科学精神与人文精神的融合，才能在认知、情感、意志等方面全面发展，使感悟力、想象力、创造力不断提升，成为创新的主体。

3. 实施科技与人文融合的教育有利于实现科技院校学生真理与价值的统一

任何成功的实践都必须是真理尺度和价值尺度的统一，科学精神与人文精神的统一。科学精神要求用理性思维、实事求是地认识和改造世界，以合乎逻辑的思想从事科学认识和技术创造，人文精神要求把人的利益和人的发展作为一切认识和实践活动的出发点，贯彻以人为本的原则。科学精神与人文精神的融合，使得理性与情感、分析与感悟、追求真实与求善求美之间形成统一；对世界的认识与改造，既从科学出发，判别其是与非，又从人出发，满足人的需要，给人带来福祉；既在认识和实践中追求真理，又要在追求真理中体现价值。正是科学精神与人文精神的融合，才使人的认识趋于真理与价值的有机统一，促进科学技术和伦理道德的协调发展，促进人类社会与自然世界的和谐发展，最终为构建和谐社会保驾护航，这是科学精神与人文精神融合在学理层面上展现的价值。①

4. 通识教育是科技院校实施人文与科学融合教育的必然选择与最佳途径

通识教育（general education）又称为"普通教育"，是最早由美国德博学院的帕卡德教授于1829年提出，目标是培养具有高尚情操、高深学问，能够自我激励、自我发展的人才，并且注重理智培养和情感陶冶的博雅教育。从最基本的意义上讲，通识教育是包含人文教育内容的教育，它既非一个系的主修课程，也不是自由选择的任选课程，而是作为对已成为大学核心课程的专业主修课程的一种平衡。

科学与人文融合理念的核心是科学与人文并重。它要求教育教学应能够在科学与人文之间创造更好的联系，重视科学与人文知识领域的整合与融会贯通，把二者整合为一种"以科学和人文学科为基础又不削弱任何一方的广泛的人文主义"。科学与人文融合，就是要避免将科学和人文的因素简单配置在相应的科学教育或人文教育之中，也不能采取简单地"配比"科学与人文比例的办法，而是力求科学与人文的均衡与整合，人文素养与科学素养提升并举。构建有助于学生科学与人文素养全面提升的通识教育课程体系，是体现科

---

① 于丽：《科学精神与人文精神融合教育的当代价值——以理工院校为例》，载《边疆经济与文化》2013年第4期。

学与人文融合的基本载体。通识教育的目的在于促使学生打破学科限制，完善知识结构；维护大学的人文精神，培养慎思明辨的能力；造就通达古今、富有文艺涵养及创造力的大学生。在科技院校中，通过通识教育培养学生高尚的情操、广泛的兴趣、积极的情感、健康丰富而独特的个性等。通识教育可以为科技院校的学生打开一扇通往人文关怀、寻求全面发展的门，使科学知识为人类的发展服务。

科技类院校实施通识教育的目标是在考虑本校富有特色的科技类专业的基础上，吸收国外通识教育积极有活力的内容，再结合本国博大精深的传统文化，开展具有本校与本国特色又与国际接轨的通识教育。坚持"以学生为本"的理念，赋予学生以人文关怀、人文道德，使其全面、持续、和谐地发展，从而培养在某一技术专业领域杰出，且行为优雅、学识渊博，具有国际眼光和时代精神，富有开拓创新能力的新时代人才。

第二章 日本科技院校通识教育模式研究
——以东京工业大学为例

第一节 日本科技院校通识教育的发展历程

历史上，日本科技院校通识教育的发展可以分为四个时期，不同时期的通识教育理念因所处时代不同而呈现出不同的特征。

一、以"培养工业实用人才"为特征的通识教育（1868—1911年）

明治时期是以"培养工业实用人才"为特征的通识教育理念。这种通识教育理念是实用主义取向的，目的在于培养工业人才。这是因为明治政府（1868—1911年）认为，教育是实现"富国强兵"和推动近代化的有力武器，因此要大力发展科技，培养学以致用的人才。明治维新之前，汉学（或对中国经典的学习）是武士或武士阶层流行的文化。在那时，武士阶层形成了社会的主导力量，武士文化和中国经典也一代一代流传下来。知识在封建教育机构传承下来，如塾、藩校等教育机构。然而，自明治维新以来，武士阶层解体了，他们以中国经典为基础的悠久文化也在现代学校中消失，于是传统文化最终消亡。[1] 明治维新之后，伴随着西方的学术、制度被大量引入，以基督教为背景的西方道德伦理无法在日本直接推行，而当时的局势也不便于由天皇来直接提倡中国的儒家或者佛教的教化。于是，颁布了《教育敕语》，其为了强调和弥补难以从西方引入的对民众的道德教化，也是为了达成"和魂洋才"目标中"和魂"的必需前提。

《教育敕语》就这样成了战前日本教育界必须无条件遵守的总纲领，上至帝国大学、高等学校，下至寻常小学校无一例外。它是所有受教育的国民所接

---

[1] ［日］大冢丰：《全球化时代对日本大学博雅教育的若干思考》，年智英译，载《比较教育研究》2009提第1期。

受的道德教育和爱国教育,更是对精英教育所要达到的目标的要求和共识。可以说,《教育敕语》是战前日本企图构建民族认同、理想信仰的重要标志。此外,《教育敕语》体系也可以看作日本战前教养教育中修身立志的部分,也是其最高层面,对一般民众乃至上层精英的教育力均不容小觑。①

在明治时期的教育体系下,学生进入帝国大学之前,要在旧制高中接受三年正规的人文教育或者博雅教育。这种旧制高中,相当于大学预科。中等教育毕业生中有极少数成绩优异、家境也比较好的学生能考入高等学校修读大学的预科,然后进入相应的帝国大学,毕业后成为对口专业的政府官员、行业领袖等国家的栋梁之才。在帝国大学里所学的专业知识都是西洋教师用外语和外国教科书直接传授的西方最先进、最前沿的内容,学习的环境、内容和方法上泛泛之辈难以企及。在当时皇权、政治的压力下,许多教育机关根本没有太多的自由,唯独以第一高等学校(以下简称"一高")为首的旧制高等学校(旧制高中)争取到了一定的自由。当时,文相森有礼批准了一高可以实施学生自治的寄宿生活管理方式。

由于当时高等学校的学生的学习环境、待遇等各方面都得天独厚,因此,这些志存高远的学生也形成了精英意识,深感富国强兵的重任在身。当时,一高学生的生活作息习惯、锻炼强健体魄,乃至性格情操等都恪守超常的高标准。例如,时任校长木下广次所推崇的自治带有封建时代武士阶级教育的意识。② 木下的训导中体现出"修身、齐家、治国、平天下"的儒家政治观,把国家问题归因于个人问题;其伦理内容包括"自重自敬""刚毅活泼""有为活泼";其具体实践方式中包括了"坐、作、进、退、礼、让"的练习课以矫正学生行为举止等。

相比木下关注学生的行为举止训练,赤沼金三郎则更重视对宿舍公约的遵守,奖励人格修养上的成长。对不当的行为,他提倡学友间应直言忠告使其悔悟,他还重视舆论监督相互制裁的方式,甚至授予寮委员司法权以惩罚宿舍内的违规、犯罪者。

每年一高按文科、理科和医科总共招收不足300名学生,文科和理科各分成甲乙丙三个班,医科一个小班。高等学校的三年间,不论什么科、什么专业,所有学生每周必须完成的课程都非常多,课时要求高达30至38课时。其中,修身、国语汉文、英语、德语、历史、地理、哲学、伦理、法学经济通论、数学和体操是文科和理科都修读的科目。有关"修身"科目,低年级使

---

① 陆一:《教养与文明——日本通识教育小史》,生活·读书·新知三联书店2012年版。
② 寺崎昌男:《自治寮制度成立史论》,载《旧制高等学校史研究》1978年第15期。

用的教材是中国的经典《论语》，高年级则使用自编教材《伦理学辑要》。其中，《论语》课程从高等中学校成立起持续存在至大正末年，在昭和年间被取消。

简言之，旧制高中相当于大学预科，为期三年，主要接受人文教育或者博雅教育，是日本在特殊文化时期的产物。当时，旧的文化已经逐渐消失，而新的文化又后继无人。不管是新的文化还是旧的文化，每个社会都需要一批精英人才引领着时代的发展，而在这样的情况下，旧制高中就自然而然地发展成为进行精英教育的不二机构。

二、以"中西合璧的人才"为特征的通识教育（1912—1944年）

大正时代（1912—1926年）和昭和时代前期（1926—1944年）是以"中西合璧的人才"为特征的通识教育理念。大正时期的知识精英的成长经历和社会环境与上一代相比已经大大不同了。"大正教养派"年幼的时候，现代学校体制已经形成，在学校中主要学习西方现代知识。同时，他们相较"明治修养派"缺乏日本传统学问的训练。当时正处于从古典到现代，从东方到西方的重要转折点上，其中折射出了由于跨越转折而产生的经久不散的焦虑。可以说，这一时期的教养教育（通识教育）是在本土文化与外来文化不断调和、挣扎中建立起来的。

1906—1913年担任第一高等学校校长的新渡户稻造[①]认为，"修养"中包含了"修身"和"养神"两种不同的理念[②]，并且提出"修养主义"将来的发展方向应当是舍弃限制人的、反动的"修身"而实现"知行分离"。他在著述中号召读者："你们无论向什么方向发展进步，希望都不要违背常识的判断，不要盲目跟从空洞的理论教条，与时俱进，而且要时常提醒自己是否做到与时俱进。"[③]

阿部次郎，一高毕业，后为东京帝国大学教授。阿部的教养思想诞生于日俄战争后垄断资本主义大发展的时期。他的《三太郎的日记》在战前的日本高等学校里极其受欢迎，被誉为"青年的圣经"。他认为，教养主义不是学习

[①] 新渡户稻造（1862—1933年）：日本著名的国际政治活动家、教育家、农学家。他除了担任过第一高等学校校长外，还是东京女子大学的首任校长，是日本人眼中"教养人"的典范。
[②] 简井清忠：《近代日本的教养主义和修养主义——成立过程的考察》，载《思想》1992年。
[③] 新渡户稻造：《缩印修养》，实业之日本社1910年版，第4—8页。

那些可以出人头地、建功立业的知识，而是全面思考学问、文化和艺术的价值。他最终提出的"人格主义"就是要通过教养来提升人格。决定人真正活着、建立自我的并非钱财物质，而是内心的力量。阿部认为，要成为一个有教养的人，乃至一个伟人，独立的读书与思考真理是必经之途，并且越深入沉潜其中越好。这是大正教养主义最标志性的特点——独善，以"我的教育还不够"为由，两耳不闻窗外事，堂而皇之地避开社会世事的纷扰，陶醉在自我"思想的进步"之中。

河合荣治郎的教养主义吸收、承续了许多阿部次郎的观点，但是在强调社会改革的必要性方面，以及参与社会改革的方式这两点明显地区别于大正教养主义。他一方面赞赏大正教养主义；另一方面也指出其在关注社会性因素上的欠缺，并建设性地进行理论优化。他的十二卷《学生丛书》几乎涵盖了当时的知识精英专业教育以外所需涉猎的所有问题，也正是这套丛书的出版，奠定了日本现代教育形成之初的教养教育的思想理论框架。

有关河合荣治郎的教养理念，作为一名教师，他十分关注在教育理念的引导下学生究竟是如何生活的。因此他提出，教育和教养的区别在于，教育行为的主体是教师，客体是学生；而教养是对自我的教育，它的主体和客体都是自我，是由自我意志来决定，使现实的自我努力成为理想的自我。对于那些精英学生而言，最重要的任务是要形成自我教育的自觉，通过阅读西洋经典、相互讨论、写信、写日记，以及与教师友人交流等手段来实践教养。这种基于"人格成长"的教养的最高目标就是"真、善、美"，"我们所具有的各种能力中，至少包含着对学问、艺术和道德的能力。实现了这些能力的地方就会产生真善美，它是这些能力完全实现、发挥到极致而化身的神。所以人格的成长意味着向神的接近。人格的成长是只有自己为了自己，也是必须为了自己而完成的任务，第三者无法参与，这个过程中也就显现出我们善的威严与神圣。"[①]

关于教养和专业的关系，河合认为两者并不存在矛盾，而且是统一的，他们之间就是普遍与特殊的关系。基于每个人的不同个性而发展出某一方面细分的专业专长、社会职业与其人格的进步是目标一致的。他也提醒学生：学问（真）、道德（善）和艺术（美）三者必须有机关联、共同发展，而不要把其中一项单纯地作为一种职业而畸形发展。

关于学生的生活态度，河合认为学生时代是人生中一段特殊的时期，潜心于"世界观的学习"比什么都重要，特别是不应费心于职业学习和对物质生

---

① 河合荣治郎：《社会政策原理》，载《河合荣治郎全集》（第三卷），社会思想社1968年版，第277－278页。

活的追求。他给出了理想的学生日常生活安排表——上课、考试及各种日常事项都应考虑到如何有助于人格完善。除了《学生丛书》，他还编写过学生时代必读的名著名单。河合认为：" （学问）既不是为了国家，也不是为了利益而存在，而是为了人格的实现而存在的"，"我的意思并不是要在学生时代就从事社会改革实践，我只是说教养的结果若没有带来社会改革那就不是真正的教养"①，"大学的学生生活是特别受照顾的年代，是不需要顾虑生活、可以静心沉潜（读书）的幸福时代"②。简言之，河合要求作为精英的大学生在大学期间潜心学习立志，待到毕业以后再把实践行动付诸现实。

这一时期，受西方文化熏陶成长的一代知识精英，逐渐引领着日本走向民主主义。与过去的国家主义、集权主义有所不同的是，个人主义开始抬头。人们的自我意识开始觉醒，正如河合荣治郎认为："（学问）既不是为了国家，也不是为了利益而存在，而是为了人格的实现而存在的。"个体的重要性开始被重视。像台湾黄俊杰教授所说的那样，通识教育就是自我觉醒的教育，这个时期的日本正在不断开放、活跃，精英阶层受到更加民主的文化教养（战前的教育主要是以精英教育为主）。同时，不得不说这个时期的国家主义色彩还是很浓重的。

三、以"市民教育"为主要特征的通识教育（1945—1989年）

昭和时代中后期（1945—1989年）是以"市民教育"为主要特征的通识教育理念。日本经历了战败后，举国上下变得茫然不知所措。就在这个时机，以美国为首的占领军强力介入。作为战败国的日本在占领军的压力下，必须构建战后新的教育体系，刻不容缓的是公民教育的重建，1945年10月下旬，文部省设立了"公民教育刷新委员会"。委员会的目标是要在年内推广公民不是战前的臣民、皇国民的理念，可以借鉴大正时期流行的与民主主义相近的个人主义思想，并且要普及适应新时代的政治教育，使民众理解代议政治和世界形势。③

1950年，日本大学基准协会（the Japan University Accreditation Associa-

---

① 河合荣治郎：《致学生》，载《河合荣治郎全集》（第十四卷），社会思想社1967年版，第260页。
② 河合荣治郎：《大学的自由》，载《河合荣治郎全集》（第十五卷），社会思想社1968年版，第53页。
③ 山住正己：《日本教育小史（近·现代）》，第152–153页。

tion）准备了一份报告——《大学中的通识教育》（General Education at Universities），勾勒了战后高等教育标准的基本框架。报告指出，"自由教育"因时而异、因国而异，但却始终体现着强烈的贵族气息。报告进一步强调，自由的、人的教育应该摒弃贵族气质，而发展为"通识教育"。委员会认为这种通识教育的目的是"培养优秀市民，使其成为自由民主社会的原动力"。[①] 1956年，文部省颁布的《大学设置基准》中出现了一个新的概念——"基础教育学科"。《大学设置基准》的基本条例要求所有高校必须严格遵循，其规定36个学分的通识教育中最多有8个学分作为专业基础课程。这种变化回应了产业部门的要求，产业部门对学生专业知识和技能的下滑表示不满。1963年《国立学校设置法》（The National School Establishment Law）修订后规定，建立一个特殊的部门即教养部，负责为所有在校生提供通识教育课程。到1968年有32所国立大学建立了教养部管理通识教育。

在战后有关教养教育的定义上，南原繁和矢内原忠雄这两位大学者奠定了日本战后的一般教养教育的出发点和方向。20世纪40年代，哈佛大学柯南特校长所推行的"哈佛通识教育红皮书"方案几乎被一字一句地照搬到了日本大学基准文件中。[②] 另外，一般教育研究委员会报告书定义一般教育的目的是在大学阶段的"市民"养成，其目标是全人（whole man），而且一般教育不是自由教育和博雅教育所指向的贵族主义的自由学艺教育，而是更具现代性的普通教育。[③]

1946年11月，文部省召开了"关于设定大学设置基准的协议会"，1947年5—7月的会议上确定了一般教养教育科目的基准框架：

教授科目分为专业科目和一般教养科目。

一般教养科目分为社会、自然、人文三大系列。

学生在三大系列中至少分别修满3门科目。

大学应配备的一般教养科目数：文科系大学或学部至少15门以上，理科系大学至少12门以上。

外语课属于人文系列。

随之，新制大学纷纷以合并旧制高等学校、师范学校等方式成立。1949年后，各大学的教养学部也相继设立，均采取入学前2年在教养学部中接受一

[①] Daigaku Kijun Kyokai (the Japan University Accreditation Assoeiation). Daigaku Niokeru Ippan Kyoiku (General Education in Univeristy). Daigaku Kijun Kyokai, 1950: 6.

[②] 寺崎昌男：《大学教育的创造：历史·体系·课程结构》，东信堂1999年版，第31页。

[③] 寺崎昌男：《大学教育的创造：历史·体系·课程结构》，东信堂1999年版，第34页。

般教养教育（称为"前期课程"），后 2 年分专业修读"后期课程"的 4 年制新式大学。试行开始后的 1950 年 6 月，文部省结合实际情况又对一般教养科目的基准要求作了修改：

  文科和理科应准备的一般教育科目数，都必须在 15 门以上。

  学生必须在三大系列中至少分别修满 3 门科目，原则上每科目 4 学分，总计 36 学分。

  外语课从一般教养科目中分离出来，大学应准备 2 门以上的外语课，各分配 8 个以上的学分数。

起初对一般（教养）教育这个新词的解读主要有如下三种意见：①把一般教育当作专业教育的基础教育；②一般教育是为了使刚入学还难以选择专业的大学生通过一段时间的非专业学习逐渐了解自身适合的专业；③一般教育是为了养成现代社会人必备的素养，与博雅教育相应，现代的一般教育应比较全面地涉猎人文科学、社会科学、自然科学的基础知识。第一种认识常见于理工科大学，矮化了一般教育，甚至其独立的意义。东京大学教养学部长内原忠雄主张：一般教养教育应该包括为将来专业学习打基础的知识，广泛的知识面使学生开阔视野（理工科学生也应学习一些人文社会知识），并培养坚持追求真理之精神。

随着一般（教养）教育在大学中扎根，它和专业教育之间的矛盾和对立关系日益显现。根据"大学设立基准"的规定："所有大学的一般教育应设自然、社会、人文三类科目，保证 12 学分。"这个标准是一般教育在制度上的确立和发展的根基。另一方面，也意味着专业教育要为此让出相当的课时和学分。科技院校当即明确提出 12 学分所占比重太大。于是，他们自行变通，把专业学科的基础教育、准备教育部分充入属于一般教育的 12 学分。大学在这种专业教育处于绝对强势的格局下，离一般（教养）教育原本人格养成的教育理想渐行渐远。

从理念上讲，在美国民主主义的语境下，自由教育和博雅教育（liberal arts）的精神特质是对现有体制的批判，占领军统治下的日本只能批判战前的体制。但结合日本的社会文化背景，战前的学历精英的特权，是对未来官僚的训练培养，因此他们不愿放弃这种特权，实施的也仍然是精英教育。然而，到了 20 世纪 60 年代中期，日本高等教育大量扩张，大学生的身份失去了往日的精英性质，教学质量明显不如战前的精英教育。1968 至 1970 年，学潮风暴席卷全日本大学，史称"大学纷争"。它发生的时间点是日本战后高等教育规模空前扩大的时期。"大学纷争"的后果客观上使一般教育的环境恶化。

四、以"自由自主"为特征的通识教育理念(1990年至今)

20世纪90年代以来通识教育理念是以"自由自主"为特征的。1987年文部省成立了一个智囊咨询机构,命名为"大学审议会",标志着政府对高等教育的关注重心从数量的扩大转移到质量的提高上。随即出台的一系列政策表明,政府把提升高等教育质量的目标细化成"教育研究的高度化、高等教育的个性化、组织运营的活性化"三项。

在这样的背景下,1991年2月,大学审议会公布了题为《关于大学教育的改善》[①] 的答复报告。听取了这份咨询报告后,同年6月文部省决意修改"大学设置基准",史称"大纲化"。这次改动直接导致了大学一般教育的急速萎缩。"大纲化"5年后,几乎所有的国立大学(除了东京大学至今保留了教养学部)都撤销了教学部这个专门负责一般教育的建制,"一般教育"这个词在大学教育界销声匿迹,被"教养教育""共同教育""国际教养教育"等五花八门的概念代替。

《大学设置基准》第19条款规定校长组织课程管理,即将通识教育作为"广博而影响深远的教育,培养人的一般判断力和丰富人生品质的教育"。与1991年之前相比,日本现在的高校不再受学分的限制,只要修满至少124学分就可以毕业,以前的学分均分给通识教育的三个领域和专业教育。随着1991年《大学设置基准》的放宽,许多大学开始进行课程改革。1994年,即法案修正后的第3年,552所大学中有329所(73所国立大学、33所市立大学和223所私立大学,59.6%)在全校实施课程改革。此外,46所大学在有限的几个学院里实施课程改革。因此,总共375所学校(67.9%)开始实施各类课程改革,其中,362所学校(78所国立、28所市立和256所私立学校)进行了通识教育的具体改革,已经有194所学校取消对通识教育和专业教育的割裂。[②] 关于通识教育教学的组织,105所学校(19.0%)经历了结构变革,因此,139所学校里的特殊部门只用于从事通识教育教学,32所学校中属于该特殊部门的教师负责教授通识课程。在140所学校中,教授通识课程的教师分

---

① 文部省大学审议会平成三年2月答复报告——《关于大学教育的改善》。
② Daigaku Kaikaku no Sinchoku Jyokyo (Present Situation of University Reform). Daigaku Siryo (Documentation on Universities), 1994: 28-30.

散在各个学院，在104所学校中，每个单独的学院都负责通识教育。①

"大纲化"以后，大学教育改革形成了以专业教育为中心、轻视一般教育的逆流，这是大学审议会始料未及并与其期待背道而驰的。眼见事与愿违，大学审议会于1998年10月又一次发布了答复报告：《21世纪的大学和今后的改革方策》②。其中明确表示"担心教养教育正在受到轻视"，提出"必须重视教养教育、确保教养教育和专业教育能有机地结合、互补"的期望。接下来一次答复报告是2000年11月的《符合全球化时代要求的高等教育》③。其内容都明确地强调着新时期大学教养教育（一般教育）仍具有不可低估的重要性。然而，那时担任重任的教养（学）部已经几乎灭绝，这种错位预示着政策难以落到实处。而且，这份答复报告并没有指明发展方向或给出具体的指示。

2000年以后，大学评价学位授予机构④以95所国立大学为对象，对自由教育进行评价。作为其功能的一部分，该机构从第三方视角客观地评价大学中的教育和研究活动。大学评价学位授予机构随后出台了一份报告，名为《国立大学自由教育成果现状》。报告强调了《大学设置基准》修订后10年内大学发生的细微变化，最明显的变化反映在术语的使用中，术语"通识教育"代之以"自由教育"或"博雅教育"。

报告指出，"据调查发现，自由教育的理解仍然因校而异"。⑤ 然而，随着负责通识教育的教养部的解体，自由教育或博雅教育不仅由之前的教养部担负起来，大学中的其他部门也担负起来。许多大学建立了新的组织或部门，负责协调全校的博雅教育并将博雅课程分配给每位教员。报告将各种各样的博雅教育课程分为9类：①激发新生使其适应大学教育的课程；②狭义的博雅教育课程（过去定义为通识教育课程）；③跨学科综合课程；④外语课程；⑤信息处理课程；⑥健康与运动课程；⑦专业基础课程；⑧补偿教育课程，弥补高中教育的缺失；⑨国际学生的日语课程与日本面面观课程。教学方法是多样化的，如讲座、小组研讨、辩论、集体作业、实习或现场培训等。从广义上讲，不仅

---

① Daigaku Kaikaku no Sinchoku Jyokyo (Present Situation of University Reform). Daigaku Siryo (Documentation on Universities), 1994：28 – 30.
② 文部省大学审议会：《21世纪的大学和今后的改革方策》，1997 – 10 – 31。
③ 文部省大学审议会：《符合全球化时代要求的高等教育》，1999 – 11 – 18。
④ NIAD—UE Was First Established as a National Organization to Impart Degrees to Those Who Graduated from University Equivalent Institutions. It Was then Reorganized Into Its Present Status in 2000.
⑤ NIAD—UE. Kokuritsu Daigaku Niokeru Kyoyo Kyoiku no Torikumi No Genjyo (Present Status of Efforts Conceming Liberal Education in National Universities) (Tokyo：NIAD—UE, 2001), p12, p30.

一、二年级学生学习这些博雅课程（早期的通识教育也是如此），而且三、四年级的学生也与专业课程一同学习。95 所国立大学中有 58 所（61.6%）在 4 年中提供这些课程，15 所（15.8%）仅提供给一至三年级学生，13 所（13.7%）仅提供给一、二年级学生。①

第二节　日本科技院校通识教育模式解析

一、日本东京工业大学通识教育理念与目标

东京工业大学（Tokyo Institute of Technology）是以工程技术与自然科学研究为主的世界一流理工大学之一。大学的简称"东工大"，英文简称"Tokyo Tech"，隶属国立大学法人。在英国泰晤士报教育专刊发表的 2009 年世界大学排名（The-QS World University Rankings 2009）中，东京工业大学的综合排名为世界第 55 位，工程与技术（engineering/technology）类大学排名世界第 19 位，自然科学（natural sciences）类排名世界第 48 位。

东京工业大学正式建立于 1929 年 4 月，前身是以培养工学方面专业人才为办学目的的"东京职工学校"（1881 年 5 月 26 日建校），于 1929 年 4 月升格为东京工业大学。现共有三个校区，位于东京都目黑区大冈山的大冈山校区为主校区。另外两个校区为位于东京都港区芝浦的田町校区，以及位于横滨市绿区长津田町的须豆香华台校区。东京工业大学现有在校学生约 1 万人，其中硕/博士研究生 5 183 人（留学生 853 人），本科生 4 989 人（留学生 340 人）。

在战后重建的 20 世纪 50 年代，日本经济高速增长的 20 世纪 60 年代，从经济迅猛发展到泡沫经济出现的在 20 世纪 80 年代，该校不断为日本培养出优秀的工程师、研究人员、工商界人士等。2004 年 4 月以来，根据适用于所有国立大学的教育新法规，该校成为日本"国立大学法人"的一员。

大学本科（日本称为学部）分为 3 个学部，分为 7 类，共覆盖 30 个学科。研究生院（日本称为大学院）则分为理工学研究科、综合理工学研究科、生命理工学研究科、情报理工学研究科、社会理工学研究科及创新经营管理研究科等 6 个研究科。另外还包括资源化学研究所、精密工学研究所等 150 余个学

---

① NIAD—UE. Kokuritsu Daigaku Niokeru Kyoyo Kyoiku no Torikumi No Genjyo (Present Status of Efforts Conceming Liberal Education in National Universities) (Tokyo: NIAD—UE, 2001), p12, p30.

内共同教育研究设施。

建校130余年来，东京工业大学为日本各界造就了大批优秀人才，尤其是科技人才。可以说，东京工业大学不仅见证了日本近代工业的发展与现代科技的繁荣，而且也是这一历史演进过程中的有力推动者。一个时期的人才培养目标决定了其通识教育的实践，反之，通识教育的实践是这个时期人才培养目标的践行。以东京工业大学的历史沿革为思路，以各个时期不同的人才培养目标为线索来探讨其通识教育实践的演变路径。

（一）第一阶段："本土思考"——通识教育的探索与尝试（1881—1945年）

这段时期的东京工业大学可谓喜忧参半，从"东京职工学校"（1881年）到"旧制东京工业大学"（1929年）见证了学校的快速成长，存续危机、关东震灾和战争荒废则打破了学校的宁静与秩序。其间，通识教育也正是在这种不平静的历史夹缝之中显示了最初的本土探索与尝试。

1. 人才培养目标

明治维新以后，教育被提升到了一个前所未有的高度，当时的明治政府认为，教育是实现"富国强兵"和推动近代化的有力武器。为此，他们推行了这样的文教政策：普及旨在提升国民知识水平的初等普通教育，整顿以领导者养成为目的的高等专门教育机关，在较短时间内学习到欧美国家的先进科学技术。[①] 再加上手岛精一等人对工业技术教育的狂热追求直接促成了"东京职工学校"的建立。

"东京职工学校"最初便是响应学习欧美国家的先进科学技术的政策号召，以养成独立经营的工业技术人员为其人才培养目标，它具有中等职业技术教育的性质。为了服务本国近代工业的快速发展和战时的国家总动员，学校之后几经易名升格，终没有改变其以"纯粹的工业技术人才"为本质特征的人才培养目标。

2. 通识教育实践

培养"纯粹的工业技术人才"似乎不需要什么通识教育。的确，这个时期东京工业大学的教学活动中显然是没有通识教育的容身之地的，但正是在这一期间，我们却可以隐约从它的课程设置找到其中的"通识"成分。

1881年（明治十四年）初创时期的东京职工学校分预科和本科两个教学阶段，预科一年，本科三年。预科阶段学习基础科学科目（数学、物理学和

---

① 東京工業大学：《東京工業大学130年史》，東京工業大学発行2011年版，第48页。

化学等）和修身科目；本科阶段始设两个专业，即化学工艺科和机械工艺科。两个专业的课程设置除了理所当然地重视专业科目及实验之外，还要求在前两个学年把修身作为其公共必修科目。① 这其实反映了1880年12月《改正教育令》颁布之后，文部省对修身课极为重视的状况。

"1895年（明治二十八年）学校开设'共通学科'，所谓'共通学科'是指在本校所开各专业学科之外，提供给一至三年级学生公共必修这一类科目的统称。其主要目的是为学生履修各专业学科提供必要的、基础性的准备。"② 当时东京工业大学的专业门类已初具规模，涉及了染织、机械、电气、应用化学和工业图案等理工类学科。就其所开设的课程来看，每个专业的课程选择均包含了伦理、数学、物理和化学（有机化学和无机化学）等公共必修科目，也就是上文提到的"共通学科"。

明治维新以后的日本，一方面近代工业得到了蓬勃发展并走上了快速发展的资本主义道路；另一方面在军国主义势力持续膨胀的背景下，为了缓和国内经济矛盾，其已经踏上了对外侵略扩张的路子。东京工业大学虽然在之后一段时间不断提高办学层次，但是，在重大灾难面前就连正常的教育活动都很难维持，那么幻想通识教育能够获得突破性进展更是一种奢望。

3. 这个阶段通识教育的主要特征

东京工业大学这一时期的通识教育实践可以说是完全依附于专业教育而存在。通识课程主要呈现基础性和伦理性的主要特征，在特殊时期还带有强烈的民族根性和浓厚的军国主义色彩。尽管实践上这种通识教育实践模式在战争结束之后很快被否认，而且理论上很难或者根本不能被称为通识教育，但是可以想象，这种实践模式的局限性从根本上是由当时的社会时代背景所决定的。毋庸置疑，这是东京工业大学对通识教育最早的"本土思考"。

（二）第二阶段："美国指导"——通识教育的导入与壮大（1946—1990年）

作为第二次世界大战战败国的日本，在由美军占领的时期内开始构建战后新的教育体系。在改革高等教育方面，美国教育使节团两次报告书指出不仅要不断扩大高等教育的入学机会，而且还要修正战前大学教育过分专门化的倾向（尤其反映在战时体制下），发展大学的"自由思想"，增加高等教育中自由主义教育的比重。由此，美国式的"通识教育"（即"一般教育"general educa-

---

① 東京工業大学：《東京工業大学60年史》，東京工業大学発行1940年版，第95-98页。
② 東京工業大学：《東京工業大学60年史》，東京工業大学発行1940年版，第219页。

tion）开始正式导入日本的大学教育中。

与此同时，战争刚刚结束后的东京工业大学陷入了一种极端的发展困境之中，时任大学校长的和田小六（1890—1952年）先生顺应美国指导下日本教育发展的潮流，开始了全方位的教育改革。新成立的"教学刷新调查委员会"历时4个月之久，于1946年2月1日颁行了《东京工业大学刷新要纲》（以下简称《要纲》），并以此作为战后初期推进学校全面改革的指导方针和行动纲领。这一实践对大学发展影响甚大，被称为"和田改革"。课程改革方面，学校始设"一般教养科目"，从此，东京工业大学揭开了"通识教育"进入大学教育的序幕，并伴随着学校的不断发展得到持续的充实与壮大。

1. 人才培养目标

"二战"结束后不久，1946年2月1日颁行的《要纲》便对东京工业大学的办学目的和人才培养目标做了新的表述："本校是以追求真理及崇高的事物为理念，以文化及相关的健全价值为基准，致力于科学技术的发展。与此同时，培养有志于工业技术并具有自主思考能力及创造能力的青年，从而能够为发扬世界文化及增进人类福祉而做出贡献。"[①] 这一表述延续了一贯重视培养工业技术人员的强烈主张，除此之外也注入了一些鲜活的空气，例如对真理的探求、文化价值的思考和强调对世界文化及人类福祉的贡献等方面，其实反映了学校人才培养目标的重大转向。自此以后，东京工业大学开始由以"纯粹的工业技术人才"为本质特征的人才培养目标转向以"有教养的科学技术人才"为本质特征的人才培养目标。

得益于美国民主化教育改革的积极影响与"和田改革"对大学办学目的与人才培养目标的重新界定，东京工业大学在办学层次上历经中等职业技术学校、高等工业技术学校、旧制大学，迅速发展成为兼有本科教育和研究生教育的新制国立大学；办学性质上东京工业大学也由原来的单科大学逐步发展成为理工科综合大学，办学实力明显提升。伴随着日本战后经济的蓬勃发展，到20世纪末，东京工业大学已经为日本各界输送了大批优秀人才，科技研发与成果转化成绩卓著，并成功跻身亚洲一流大学、世界知名理工大学的行列之中。

2. 通识教育实践

从字面上来讲，"有教养的科学技术人才"包含了两个方面的信息：一是作为科技人才所必须具备的专业知识与技能，二是作为科技人才所应该具备的丰富文化涵养。为了寻求两者之间的有机关联，并促使其协调发展，实施通识

[①] 東京工業大学：《東京工業大学130年史》，東京工業大学発行2011年版，第99页。

教育已是必然。

首先，通识教育的课程设置方面，作为"和田改革"的重要一环，从1946年4月开始，本科阶段课程新增人文科学、社会科学、保健卫生和外国语等科目类别，后来逐渐形成了"一般教养科目（人文科学、社会科学、自然科学）-外国语科目-体育科目-专业科目"多位一体的、独特的"楔形"课程体系（如图2-1①所示，其中教职科目的设置是专为培养理工类教师人才而设，在此不作讨论）。而且，这种"楔形"课程体系模式虽然在之后几十年的大学改革进程中经过了不断的调整与充实，但是其主体课程框架被一直沿用了下来（如图2-2②所示）。

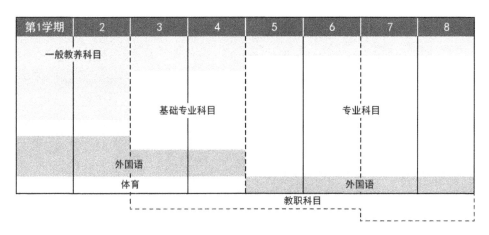

图2-1　"学习指南"（东京工业大学1950年10月刊）

图2-1和图2-2是东京工业大学通识教育在同一发展阶段始末两端的具体课程设置情况。其中图2-1代表了"和田改革"背景下通识教育的导入以及"楔形"课程体系的确立；图2-2则鲜明地展现了伴随社会进步与大学发展，"楔形"课程体系的调整与充实。究其课程架构而言，图2-1到图2-2的递进发展大多显现出的是科目名称的调整、变换和科目总体归类上的些许差别，此外还有上图未能直接体现到的各科目类别下设具体课程的更新与丰富，所以并未有实质性的区别与突破。例如，图2-1所展现的一般教养科目其实等同于图2-2中的共通科目（人文科学、社会科学和自然科学三大领域），

---

① 東京工業大学：《東京工業大学130年史》，東京工業大学発行2011年版，第107页。
② 東京工業大学教育研究等総合検討委員会：《Tokyo Tech Now '95》，東京工業大学発行1996年版，第30页。

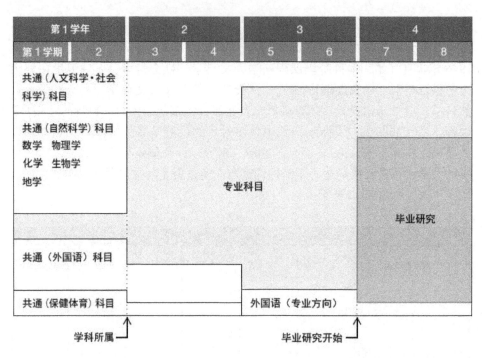

图2-2 大纲化前的"楔形"课程体系实施模式

这类科目经常开设的课程有文化史、文学概论、语言学概论、哲学概论、美术史和音乐概论(人文科学领域);心理学、社会学概论、社会思想史、经济学、统计学、法学概论、日本宪法和政治学概论(社会科学领域);数学、物理学、物理学专题研讨、物理学实验、化学、化学实验、生物学和生物学实验(自然科学领域)。此外,外国语科目通常开设英、德、法、西、中、俄等多种语言课程,体育科目则常常以保健卫生和体育实技等课程为主。

其次,在通识教育的实施方面,颇具特色并最值一提之处便是前面已经提到过的"楔形"课程实践模式。这种课程实践模式的流程可以简要表述为:通识教育科目(共通科目)多数集中在第一学年,越往高年级分量越小;相反,专业教育科目在第一学年分量极小,随着专业学习的不断深入,与其相对应的课程也越来越多。即学生在初入大学的第一学年可依据个人兴趣学习各学科领域知识,其广泛涉及人文科学、社会科学和自然科学三大学问领域,还有外国语、体育卫生等方面,专业方面只不过是学习所占比例较小的专业基础类课程;进入第二学年,专业课程比例增加,学生开始正式的专业学习,此时通识课程仍占一定比重;第三学年和第四学年是学生专业学习的核心阶段,系统性的专业科目学习和最终的毕业研究是这两个学年的重中之重。相反,通识课程所占比例已经微乎其微。"楔形"课程实践模式的主要目的旨在让学生通过前期广泛的通识课程学习，逐渐适应大学生活，充实自我文化涵养，发现与培养学习兴趣，找准今后学习生涯的方向，并为未来职业与生活做好积极准备。

3. 这个阶段通识教育的主要特征

这一时期，东京工业大学成功地导入了通识教育，并使之获得了如同专业教育一样的独立地位，由此开始形成了"通识教育－专业教育"两位一体的、完整的大学教育体系。与此同时，通识教育在日益受到重视的背景下得到了相当程度的发展，课程体系的丰富和制度安排与设计的更新是其壮大的重要体现。但是，独立地位的拥有只是表明了通识教育不再是专业教育的附庸，不再是大学教育中完全没有位置的事物，即独立性问题的解决；真正能够体现通识教育完全价值的是地位的问题，而非作为众多修饰语之一——独立性（问题的解决）。专业教育有它无数的修饰语（也可以称之为光环），受到更多关注的、拥有优秀师资（专家）的、课程内容精深且富有职业导向（实用性）的。专业教育常常所获得的某些"荣幸"恰恰也是通识教育进一步改革与发展所持续追求的东西。

（三）第三阶段："时代需要"——通识教育的整合与完善（1991 年至今）

东京工业大学在战后导入通识教育的改革，顺应了当时美国指导下日本高等教育发展的方向，而且作为专业教育的补充，通识教育适时地修正了战前高等教育发展过度专门化的倾向，从而培养了大批优秀的人才，有力地配合了战后日本经济的恢复和高速增长。但是，到了 20 世纪末，信息化不断深入，科技突飞猛进，新技术更新日新月异，人类可持续发展持续遭遇挑战已经成为人类社会发展的主旋律。面对新科技革命以来发生的重大变革，作为站在日本新科技研发一线的东京工业大学也必然要调整思维，重新审视大学办学理念、人才培养目标与实践、学校长期规划等重大议题。同时，已经有着 40 余年实践历史的通识教育在这样的大背景之下正在进行着自身的整合与完善。

1. 人才培养目标

进入 20 世纪 90 年代，在国际方面，全球化进程不断加快，新科技革命日新月异，多元文化开始渗透到人类生活的各个领域；在日本国内，泡沫经济的彻底崩溃使得国内经济开始走向持续不景气的状态，再加上大量国内企业迁移海外导致的产业空洞化现象和产业结构调整对人才多样化的强烈需求，大学毕业生就业显然不容乐观。因此，大学只有培养全面发展的、适应能力强的创新性人才才能符合社会发展的需要，才能跟上历史前进的步伐。

2001年10月24日，在东京工业大学迎来建校120周年庆典之际，受文部科学省任命，相泽益男教授开始担任该校校长。相泽校长上任伊始，由其领衔组成的"21世纪个性洋溢的东京工业大学研究委员会未来构想研究分会"以全球的视野审视了本校发展的现状及问题，并提交了"未来构想研究分会报告书"。该报告书明确提出了本校今后发展的长期目标，即创建"世界顶尖水平的理工科综合大学"。要建成"世界顶尖水平的理工科综合大学"，首先必须在教学上培养出世界一流的人才。沿着这一构想的指引，2009年4月，东京工业大学在即将迎来建校130周年庆典之时，经过多方的研究与议论终于促成了中期规划"东工大构想2009"的推出。作为迈向"世界顶尖水平的理工科综合大学"这一长远目标的中期规划，"东工大构想2009"提出了要以培养"创时代的知·技·志·和的理工人"作为今后一个阶段的人才培养目标。① 这一人才培养目标清晰地反映了对该校人才培养的一种期许，即持有求知动机，注重技术磨炼，抱有崇高志向，秉承和谐精神。

由此，我们可以把这段时期的东京工业大学总结表述为培养"新时代的科技创新人才"。"新时代的科技创新人才"作为当前东京工业大学的人才培养目标，除了包括以往对人才培养的合理标准与期望之外，还加入了"新时代"和"创新"两个元素（即使两者已经密不可分）。"新时代"代表了人才培养理念必须是符合时代发展特色的，同时人才培养的规格必须是多样化的；"创新"一词一改过去师生之间过于注重知识的授受，却相对忽视知识创新能力的培养，而这正是作为理工科人才所必须具备的素质。

2. 通识教育实践

培养"新时代的科技创新人才"对通识教育提出了更具考验的课题：通识教育的地位如何得以提升？通识课程的选择如何才能合乎时代要求，体现创新精神？通识教育的进一步强化会不会削弱专业教育所本该达到的"理想"（立足社会的专业知识与专业技能）？由此，专业教育与通识教育的矛盾又一次紧张起来。

1991年2月，日本重新修订了"大学设置基准"，大学内部各项制度的制定与实施更加灵活，比如原来由文部省统一规定的本科教学课程分类，现在改由学校自行决定，而且在总学分一定的情况下，各个大学有更大的自由决定课程体系中各科目类别的学分分配比例。大学教育中便呈现了一种"刚性化的

---

① 国立大学法人東京工業大学総務部総務課：《東京工業大学の将来構想「東工大ビジョン2009」》, http://www.titech.ac.jp/about/activity/img/vision.pdf.

通识教育模式被舍弃，弹性化的通识教育制度逐渐被各大学采用"① 的状态，这也是日本为促进高等教育发展的多样化和各大学寻求自身个性化发展的重大转变。

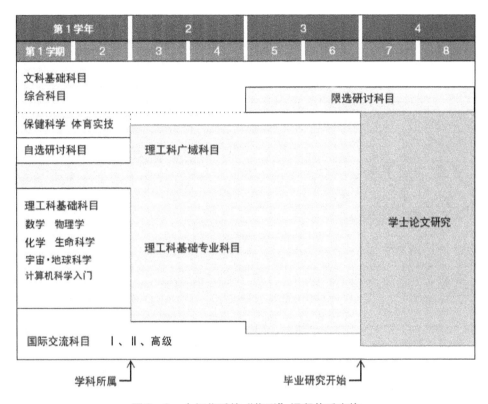

图2-3 大纲化后的"楔形"课程体系实施

在通识教育的课程设置方面，东京工业大学以"教授学生专业知识与技能，培养他们广博精深的文化涵养和综合的判断力，促使每个学生充实个性的养成"为课程编制的目的与理念，率先对通识课程进行更新与重组（见图2-3②）。一方面，将原来的共通科目分化为文科科目、体育保健科目、国际交流科目和理工科基础科目；另一方面，增设综合类科目（自选研讨科目也是综

---

① 江涌、冯志军：《日本大学通识教育改革及其启示》，载《教育研究》2005年第9期，第89页。
② 東京工業大學教育研究等総合検討委員会：《Tokyo Tech Now '99》，東京工業大學発行2000年版，第14页。

合科目的一种），通过跨学科的文理"融合"课程为学生提供遨游知识海洋的广阔空间，同时培养学生综合判断力和创新精神。后来，为了应对新时代的社会变革又开设了信息网络科目（1998年）、环境教育科目（1999年）、创造性育成科目（2007年），还有以"致力于学习和研究人类创造的多样文明，同时包括去仔细地探索与挖掘那些人类曾经是如何度过他们无可替代的人生，还有历史的积淀如何塑造了现今的世界这些问题"① 为宗旨于2006年开设的文明科目（见图2-4②）。

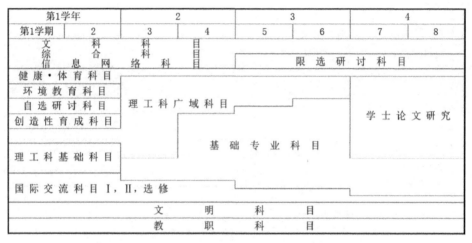

图2-4　当前东京工业大学学期与课程架构关系（2012年）

其次，在通识教育的实施上，除了前面已经提到过的"楔形"课程实践模式之外，在这一阶段通识教育开始由"全学科目教育协议会"统筹，并把主要责权分配给了若干专业教育机构。例如，文科科目由研究生院社会理工学研究科承担，文明科目由世界文明中心提供，国际交流科目属于外国语研究教育中心掌管，信息网络科目由研究生院信息理工学研究科负责，理工科基础科目则根据课程内容所涉及的学科领域不同分属于理学部、工学部和生命理工学部。师资队伍方面，以现阶段开设的文科科目为例，2012—2013学年文科科

---

① 国立大学法人東京工業大学世界文明センター:《外部評価報告書》,http://www.cswc.jp/report/2011assess_repo.pdf.

② 国立大学法人東京工業大学学務部教務課:《学部学習案内》,http://www.gakumu.titech.ac.jp/kyoumu/guide/guide_24/gakubu1/index.html.2012-11-22。

目共开设具体课程99门，除去其中8门课程教师未定，剩下91门课程共有59位教师担任。其中包括教授19人、副教授14人、非常勤讲师21名、助教4名、外教1名。由此数据推断东京工业大学负责通识教育实施的师资力量算得上优秀，是其人才培养目标能够顺利实现、通识教育理念得以全力贯彻的重要保障与推动力量。

3. 这个阶段通识教育的主要特征

从20世纪末到现今，东京工业大学不断地巩固着已经取得的丰硕成果，不论在通识课程的更新上还是通识教育师资队伍建设上，也包括通识教育管理体制与机制的完善上都取得了重大突破，而且已经初步形成了以通专融合、课程得力、信息共享、评价反馈和学习支援为特色的通识教育实践模式。但是东京工业大学的通识教育改革并非是一帆风顺的，博弈、激辩仍是其不断整合与完善过程中的常态。当然我们也有理由相信，东京工业大学的通识教育实践正在其迈向"世界顶尖水平的理工科综合大学"进程中扮演着一支不可忽视的力量。

（四）当前东京工业大学通识教育理念与目标

作为日本"科技立国"战略的有力助推器，东京工业大学所取得的巨大成就与其人才培养目标的定位是密不可分的。而践行于其人才培养目标过程中最显著的特色除了有傲人的专业教育，更重要的是从战后初期发端、有着66年历史传统的通识教育实践。正如东京工业大学现任校长伊贺健一所述："东京工业大学虽名为工业大学，其实并不只是进行单纯的理工科专业教育，有特色的文科科目的充实也是本校的历来传统。"

东京工业大学历来注重培养全面发展的创新型人才。2001年10月24日，在东京工业大学迎来建校120周年庆典之际，受文部科学省调任，相泽益男教授开始担任该校校长。相泽校长上任伊始，由其领衔而组成的"21世纪个性洋溢的东京工业大学研究委员会未来构想研究分会"以全球的视野审视了本校发展的现状及问题，并提交了"未来构想研究分会报告书"。该报告书明确提出了本校今后发展的长期目标，即创建"世界顶尖水平的理工科综合大学"。

但是走向"世界顶尖"的道路并非容易，首先在教学层面便要求学校能够培养出世界一流的人才。沿着这一构想的指引，2009年4月，在东京工业大学即将迎来建校130周年庆典之时，经过多方的研究与议论促成了中期规划"东工大构想2009"的推出。作为迈向"世界顶尖水平的理工科综合大学"这一长远目标的中期规划，"东工大构想2009"提出了要以培养"创时代的知

·技·志·和的理工人"作为今后一个阶段的人才培养目标。① 如果说"创时代"是代表培养学生开创未知领域、挑战未知世界的勇气和能力,那么"知·技·志·和"又代表了怎样的含义?在面向 2013 年有意愿报考东京工业大学的学生制作的"大学指南 2013"中给出了详细而形象的解读:

知识学习:东京工业大学是一所集结才智的大学,它将带领你在日本乃至世界的知识海洋中求知。在构成本校的理学部、工学部、生命理工学部中,有能够激发学生求知欲的,具有个性的教授,通过高质量的现场学习,将为你打造一个光明的未来。

技术磨炼:学到知识如果不实践就没有意义,只有活用知识才能掌握技术,在这里年轻的探索者能利用丰富的设备和环境,以更高的追求为目标,钻研技术。

胸怀志向:对于任何事情都保持积极挑战状态的学生,本校将竭力支持,并不断完善援助体制。试想一下十年后的自己,瞬间就会觉得自己能行,你可以将改变未来的能力掌握到手。

和谐精神:仅仅拥有丰富知识和扎实技术的人生是不完整的,可以说胸怀大志并且重视和谐的精神也是很重要的。通过学业,还有组织同学聚会能拓展自己的视野,构建一个丰富的人际关系网。②

很显然,东京工业大学能不能培养出"创时代的知·技·志·和的理工人",不是只有专业教育才有发言权,反而与通识教育有着十分密切的关系,甚至可以说后者在某种程度上决定了这种人才培养的规格。为了更好地培养"创时代的知·技·志·和的理工人",东京工业大学于 2011 年成立了人文科学中心(Center for Liberal Arts),该中心提供各式各样的课程,同时也提供机会让学生与教师创造个性化的人文学科教育。开讲的科目有:伦理学、文化人类学、社会与艺术、现代日本了解、社会共识技巧、景观学简介、现代世界的状态、当代艺术、国际关系与沟通、新闻网、哲学等等。

如图 2-5、图 2-6 所示,人文学科中心于平成 25 年(2013 年)和 26 年(2014 年)开设的一些课程,有具体时间安排,并且大部分课程都是由(准)教授进行授课。人文科学中心的活动开展,是由学生自发进行的,该中心的成员也由刚成立的几个人员,逐渐发展壮大。其中男女比例是 7∶3。对于这些自

---

① 国立大学法人東京工業大学総務部総務課:《東京工業大学の将来構想「東工大ビジョン 2009」》,http://www.titech.ac.jp/about/activity/img/vision.pdf。
② 国立大学法人東京工業大学学務部入試課:《大学案内 2013》,http://www.titech.ac.jp/about/introduction/pdf_magazine/annai2013.pdf。

愿参与的学生，他们都认为这样的人文教育对他们的专业教育是有帮助的，且可以提供给他们不同的视角去反思自己的人生，并认为通过人文科学中心的活动可以接触到真正的教育。

■H25年度後期

		月曜	水曜	金曜
1・2限	9:00～10:30			2年 文系基礎 現代世界を知るために 池上彰 教授 アートから見る日本社会 伊藤亜紗 准教授
3・4限	10:45～12:15	1年 文系基礎 哲学 桑子敏雄 教授	3年 総合科目 医に展開する工学と生命倫理 桑子敏雄 教授 生命の科学と社会 上田紀行 教授 伊藤亜紗 准教授、他	1年 文系導入 ニュースから現代を見る 池上彰 教授 パフォーマンス論 上田紀行 教授
5・6限	13:20～14:50	2年 文系基礎 文化社会論 上田紀行 教授 映像文化に学ぶジェンダー論 鶯谷花 非常勤講師 問題解決のための思考法実践 佐藤清一郎 非常勤講師 宇野健司 非常勤講師		
7・8限	15:05～16:35			
9・10限	16:50～18:20	文系基礎		

图 2-5 人文学科中心于平成 25 年（2013 年）开设的课程

由此，我们可以了解到东京工业大学的通识教育正在如火如荼地开展着，通过设置这种机构，为学生创造学习通识教育的平台。其中一个很有特色的地方是，参与这个机构组织的活动的学生都是自愿的，也就是说，吸引到的学生都是比较有意愿接受通识教育的。相信有更多东京工业大学的学生会发现这个人文科学中心的魅力所在，并积极参与进来。

东京工业大学是以培养应用型人才为主的综合性大学，强调科学技术教育

■H26年度前期

		月曜	水曜	金曜
1・2限	9:00〜10:30		4年 文系基礎 倫理学 桑子敏雄 教授	2年 文系基礎 文化人類学 上田紀行 教授 芸術と社会 伊藤亜紗 准教授
3・4限	10:45〜12:15	1年 文系基礎 現代日本を知るために 池上彰 教授	3年 文系専修 社会的合意形成の技法 桑子敏雄 教授 現代世界の歩き方 池上彰 教授	1年 文系導入 風景学入門 桑子敏雄 教授 現代アート 伊藤亜紗 准教授
5・6限	13:20〜14:50	2年 文系基礎 コミュニケーションと国際関係 パトリック・ハーラン 非常勤講師 ネットジャーナリズム論 津田大介 非常勤講師		

※集中講義文系ゼミ 上田紀行 教授、集中講義文系ゼミ 伊藤亜紗 准教授

图 2-6　人文学科中心于平成 26 年（2014 年）开设的课程
资料来源：http://www.liberal.titech.ac.jp/w/course/，2014 年 3 月 13 日。

和专业教育。同时，它也十分重视通识教育，除了必修的通识课程外，还提供给学生学习通识课程的平台。由此，我们可以总结出，东京工业大学的通识教育理念是以培养"通专结合"为特征的通识教育理念。

二、日本东京工业大学通识教育课程结构与内容选择

通识课程是实践通识教育理念的载体，要解决的问题是通过给学生提供什么样的认知领域与课程内容来达到通识教育的理念和目的。而有关通识教育课程设置的理想与理念，黄俊杰先生在《大学通识教育的理念与实践》一书中进行了详细的阐述，他将现代大学通识教育课程设置理论归纳为四种：精义论、进步论、均衡论、多元文化论[1]。

---

[1] 黄俊杰：《大学通识教育的理念与实践》，华中师范大学出版社 2001 年版，第 119 页。

"精义论"通识教育课程设置理论是以永恒主义哲学为指导,认为在人类不断变迁的社会政治经济文化生活之中,有一套永恒不变的核心价值,这种价值皆保存在经典作品之中,因此这种通识教育理论强调通识教育课程应以经典的阅读、分析和讨论为中心。"进步论"认为未来的人类社会会是一种高度都市化、信息化、知识化的社会,而教育的基本目的,就是要让学生对未来的生活有准备,教育的每一阶段的基本任务,就是为这种"对未来的探索"做准备①。"均衡论"认为通识教育的课程应该在各种知识的分支领域力求均衡,这样才能免于片面性。"多元文化论"主张用"多元主体并立"的精神来设计通识课程的架构及教学内容,以吸纳多元文化之内涵,开拓学生相容并蓄的胸襟。

东京工业大学的通识课程设置倾向于"进步论"。这种理论主张通识教育课程应以具体贡献于学生未来的生活为目标,因此必须具有前瞻性,在这种想法下,许多大学通识教育课程架构的规划,都非常注重培养学生适合未来社会生活的能力②。进入21世纪,随着知识经济时代的不断深入和全球化进程的加快,东京工业大学更加重视课程的设计与更新,希望通过合理的课程设计与实施来实现培养适应社会发展的、具有世界思维的"创时代的知·技·志·和的理工人"。图2-7是东京工业大学现阶段正在采用的课程架构。

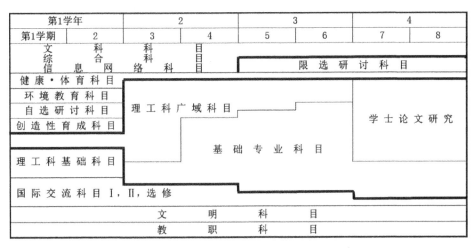

图2-7 东京工业大学学期与课程架构关系(有改动)

---

① 黄俊杰:《大学通识教育的理念与实践》,华中师范大学出版社2001年版,第121页。
② 李宛蓉:《日本大学通识教育课程设置与管理研究》,华南师范大学2007年学位论文。

我们按照通识教育课程包括人文科学、社会科学、自然科学三大领域及公共必修课程"通识化"的逻辑思维，将东京工业大学通识教育的课程架构分为以下几类：

（一）文科科目

递进式分布是文科课程的主要特色，它包括文科导入科目、文科基础科目和文科发展科目。文科导入科目专为一年级新生而设，旨在为进一步系统性、深入性的文科学习打下基础，并养成基本的文科学习思维。开设世界文学入门、日常生活与法等具体课程；文科基础科目是文科科目的核心，是文科学问中最精粹的部分，虽以"基础"相称，却是丰富人类思想涵养和充实心灵的有效途径，有哲学、逻辑学、历史学和心理学等相关课程。文科发展科目则侧重对学生分析问题、解决问题等应用方面能力的培养，政治分析法和用英语学习日本的情况等是其中较有代表性的课程。

（二）综合科目

所谓"综合"，按照现代汉语大词典的释义，即不同种类、不同性质的事物组合在一起。东京工业大学作为日本最大的理工科综合大学，从战后"和田改革"开始便一直追求通识教育（一般教育）与专业教育的"融合"。东京工业大学开设综合科目以超越学问过度分化为理念，旨在实现跨学科的文理"融合"。如此一来，把不同学科知识组合在一起的综合科目从真正意义上倒不是为了"综合"，而是为了通过知识的学际碰撞达到学问之"融合"。这类课程由多数教师共同开设，每位教师负责各自的讲授主题。

（三）文明科目

文明科目是由东京工业大学"世界文明中心"提供的科目。"世界文明中心"由"人文学院"和"艺术学院"两个机构组成，建立于 2006 年 4 月。"本中心致力于学习和研究人类创造的多样文明，同时还包括仔细地探索与挖掘那些人类曾经是如何度过他们无可替代的人生，还有历史的积淀如何塑造了现今的世界这些问题。"[①] 这是东京工业大学世界文明中心成立之时官方声明书的一段文字，深刻揭示了其历史使命与理念。文明科目作为其实践的载体，同样肩负了这一责任。更进一步，文明科目通过诸多艺术表现活动和对现代社

---

① 国立大学法人東京工業大学世界文明センター：《外部評価報告書》，http://www.cswc.jp/report/2011assess_repo.pdf。

会问题的深入考察，培养具有艺术感知和社会责任意识的新时代理工人。这类科目于2007年正式纳入全校课程架构之中，有现代艺术研讨班、艺术言语论和文明研讨班等相关课程。

（四）健康·体育科目

这类科目有专为一年级新生开设的健康科学理论和体育实习等公共必修课程，还有为中高年级学生开设的专项体育类（如网球）选修课程，课程组织形式以实践课为主，以集中性的理论讲授为辅。古希腊哲学家柏拉图曾经说过，身体教育和知识教育之间必须保持平衡。体育应造就体格健壮的勇士，并且使健全的精神寓于健全的体格。这句话若放到现代社会中虽稍欠合理，但却深刻阐释了体育与智育之间的辩证关系。东京工业大学开设健康·体育科的目的正是在于让学生理解人类生命与健康相关的科学知识，培养其运动实践能力与技巧并逐步形成健康向上的生活意识。

（五）国际交流科目

东京工业大学希望培养的"创时代的知·技·志·和的理工人"不仅是能够生活在日本的理工人，而是活跃于世界中的理工科人才。将外国语科目称作国际交流科目，足见其更看重外国语科目的跨文化交流职能。这类课程的使命在于培养学生的语言应用能力和增进学生对世界各国文化的了解，以达到在世界舞台上发出自己的声音、毫无障碍地传递自己的思想的目的。这类科目所开设的具体课程非常丰富，除各个级别的英语课程外，还有包括汉语、德语、法语和留学对策等课程供学生选修。值得一提的是，国际交流科目所设课程全部采用小型外语研讨班这样的课程组织形式。

（六）理工科基础科目

这里将理工科基础科目归入通识教育课程，一是基于它本身的基础性和共通性；二是虽然现在东京工业大学并未明确列出哪些是通识教育课程，但是从战后"和田改革"到1998年这段时间，理工科基础科目一直被归入到"一般教育（自然科学）科目"的范畴[①]，尽管现在已经不存在这样的称谓。这类课程的内容以各专业学科领域的基础知识为主，目的在于使学生通过一年的入门学习，习得基本的学科知识，与此同时明确自己的兴趣所在，为大二正式进入

---

① 東京工業大学教育研究等総合検討委員会：《Tokyo Tech Now '99》，http://www.hyoka.koho.titech.ac.jp/hyokasitu/technow/tokyotechnow99.pdf。

所属专业学习奠定基础。这类科目开设微积分、线性代数、制图、物理学、化学等专业基础课程。

（七）信息网络科目、环境教育科目和创造性育成科目

这三类科目具有共同的特点：第一，开设的时间都不长。信息网络科目开设于1998年，环境教育科目开设于1999年，创造性育成科目开设于2007年。第二，从某种意义上来讲，三类科目都是为了应对新时代的社会需要而产生。信息时代的不断深入，人类可持续发展遭遇挑战，科技突飞猛进，新技术更新日新月异是这个时代的真实写照。第三，由于此类科目历时较短，尚不具备充实、系统的课程体系。三类科目目前开设的具体课程均不超过两门。由此看来，这三类科目"资历"尚浅，但作为新生事物，它们的特色就在于通过多样化的课程组织形式使学生掌握基本的信息技术，思考网络伦理；深刻理解人与自然的共存之道，推动可持续发展；坚持"科技立国"战略，养成永不衰竭的创造力。

东京工业大学的通识教育课程架构的规划，非常注重培养学生适应未来社会生活的能力。除了一些基本通识教育科目外，东京工业大学还开设了文明科目、国际交流科目、信息网络科目、环境教育科目和创造性育成科目，这些科目都是意在培养具有艺术感知和社会责任意识的理工人；培养学生的语言应用能力和增进学生对世界各国文化的了解，以达到在世界舞台上发出自己的声音、毫无障碍地传递自己的思想的目的；培养学生掌握基本的信息技术和"科教立国"的思维。虽然这些科目开设得比较晚，但不难发现，东京工业大学在不断地努力培养适应未来社会生活的学生。正如"进步论"认为的那样，未来的人类社会会是一种高度都市化、信息化、知识化的社会，而教育的基本目的，就是要让学生对未来的生活有准备，教育的每一阶段的基本任务，就是为这种"对未来的探索"做准备[①]。东京工业大学正在践行这种通识课程架构。

三、日本东京工业大学通识教育制度设计

通识教育制度安排设计是通识教育实施中十分重要的一环，是在通识教育理念的指导下，以现有的通识教育课程为基础，形成的约束学生修读行为的一组规则，要回答的问题是通过怎样的制度安排来约束学生的课程选择权，在制度上保障通识教育理念的顺利实现。历史上，有关通识教育的制度安排，不同

---

① 黄俊杰：《大学通识教育的理念与实践》，华中师范大学出版社2001年版，第121页。

学校由于通识教育理念不同，在学生应形成什么样的知识结构上看法不同，形成了各具特色的通识教育制度安排，但总体来说不外乎这两种类型，一种是"限制性修读"制度，另一种是"自由选修"制度。"限制性修读"制度在学生的修习上有一定的制度规定，或限制了学生需要修读的课程领域，或规定了学生必须修读的具体课程，或明确了各类课程所要达到的总体学分等。在"限制性修读"制度安排上，通识教育管理机构充当了重要角色。这种制度在"分布必修课程"和"核心课程"制度设计中表现得最为明显。顾名思义，"分布必修课程"的制度设计以"分布必修"为特征，尊重学生的个性和选择，这是目前高校广泛采用的一种通识教育制度设计模式①。"自由选修"制度，即指大学对学生所要修读的通识教育课程不做具体规定，由学生根据自己的兴趣、爱好自由选修，这种制度也被称为"自助餐式制度设计模式"②。

不难看出，东京工业大学的通识教育制度设计属于前一种——"限制性修读"制度模式。东京工业大学共设三个学部（学部是日本高等教育系统中对相当于大学二级学院的称谓，是进行本科阶段教学与研究的场所），即理学部、工学部和生命理工学部，包括28个本科专业。该校将这28个专业归为7类，理学部为第1类，工学部是第2～6类，生命理工学部是第7类，每个类别下属3～5个专业。学生按照"类别入学制度"（"类别入学制度"是在新生入学之时尚不能对最适合自己的专业作出判断与选择的情况下，校方将28个本科专业归为7类），先在归属的专业类别体系中学习，完成所规定学分要求后，根据个人兴趣与意向，第二学年正式进入所属专业阶段。（参照图2-7和表2-1）入学第一学年在归属的专业类别体系中学习，不分具体专业，学习内容绝大多数以通识教育课程为主，侧重基础与导入。完成规定的学分要求后（如表2-1所示），第二学年正式进入所属专业阶段，专业教育课程分量加大，通识教育课程仍然占有一席之地且有减少的趋势，其内容仍以基础科目为主，难度加大并开始侧重学生应用能力的提升。第三学年主要进行深入的专业学习，通识教育课程的分量已经很小，课程内容难度较大，同样侧重应用与发展。这一阶段结束时，还要完成各科目类别规定的学分数，以便能够顺利进入大四的学士论文研究阶段。第四学年以学士论文研究为主，通识教育课程极少并以各类研讨班的形式出现，侧重以学生能力的发展主要目的，最终必须同时满足学士论文合格并完成规定学分两个条件的要求方能正常毕业。

---

① 张华、石伟平、马庆发：《课程流派研究》，山东教育出版社2000年版，第120页。
② 罗索夫斯基：《评通识教育与核心课程（上）》，黄坤锦译，载《通识教育季刊》（台）1994年第1期，第53页。

表2-1 东京工业大学本科毕业所必须获得的最低学分规定

划分科目	最低学分要求		
	所属专业资格	学士论文研究资格	毕业资格
文科科目	4学分 *从文科研讨班以外的文科科目中获得	14学分 *从文科研讨班以外的文科科目中必须修满不低于10学分	18学分 *从文科研讨班以外的文科科目中必须修满不低于12学分
综合科目 文明科目	—		
国际交流科目Ⅰ、Ⅱ	6学分 *须包含除英语以外的另一门外语	12学分 *国际交流Ⅰ和国际交流Ⅱ分别取得6学分,或前者8学分加后者4学分,总之要满足12学分;国际交流Ⅰ此时不包含英语5、英语6、英语7三科;国际交流Ⅱ必须包含德语、法语、俄语及汉语中的其中一门外语	14学分 *国际交流Ⅰ8学分加国际交流Ⅱ6学分,或前者10学分加后者4学分,总之要满足14学分;要求包含国际交流Ⅰ中英语5、英语6、英语7三科目的其一;国际交流Ⅱ必须包含德语、法语、俄语及汉语中其中一门外语;超出规定的14学分(例如,获得英语10学分、德语6学分),超出的部分不会计入毕业最低学分要求
理工科基础科目	14学分	16学分以上,具体参照由各专业规定的学分要求履行	16学分以上,并根据各专业所规定的学分要求设定上限,由于超出上限的部分不计入毕业最低学分要求,各专业参照相应的标准学习课程履行
健康、体育科目	1学分	3学分 *健康科学1学分加体育实习Ⅰ、Ⅱ(各1学分)	3学分 *除去健康科学1学分加体育实习Ⅰ、Ⅱ(各1学分)共计3学分外,选修科目中可以有2学分计入毕业最低学分要求

续表 2-1

划分科目	最低学分要求		
	所属专业资格	学士论文研究资格	毕业资格
理工科广域科目 基础专业科目 L 研讨班科目 F 研讨班科目 信息网络科目 环境教育科目 创造性育成科目	—	按各专业标准学习课程规定履行	按各专业标准学习课程规定履行
学士论文研究			参照各专业标准学习课程规定取得 6～14 学分
总计			124 学分以上 *因为存在设定毕业最低学分要求超过 124 学分的专业，所以请参照各专业标准学习课程规定履行

如图 2-7 所示，再结合刚刚谈到的通识教育课程架构，很容易观察到一种极具特色的"楔形教育"模式。也就是说，通识教育课程多数集中在第一学年，越往高年级分量越小；相反，专业教育在第一学年分量极小，随着专业学习的不断深入，与其相对应的课程也越来越多。

东京工业大学开设的各门课程的学分由三部分组成。例如，"现代音乐与科技"这门课程的学分设定是 1-1-0，那么就代表这门课程是 2 个学分，三个数字分别代表"课堂讲授""专题研讨"和"实验或实践"三种不同的课程组织形式。其中"课堂讲授"和"专题研讨"两种组织形式授业满 15 个小时计 1 学分，"实验或实践"则是授业满 30 个小时计 1 学分。学生学业评价方式大体上包括考勤、课堂表现、提交小报告、期末测验或论文提交这几个部分，但基于每个教师的教学理念取向千差万别，评价方式也就往往各不相同。

东京工业大学要求满足本科毕业条件的最低学分规定是 124 学分，那么如表 2-1 所示，其通识教育课程分量占毕业总学分规定的比值是 41%（由于信息网络科目、环境教育科目和创造性育成科目在通识教育课程中所占分量极小，且因专业不同，学分的具体要求也各异，故这里未将其计入），由此可以看出东京工业大学对通识教育的重视程度非同一般。

四、日本东京工业大学通识教育组织实施管理与评价

通识教育的管理主要解决通识教育的组织管理问题，回答由谁来计划、组织、协调通识教育的问题，以求最高效地进行通识教育课程教学及最大化地实现通识教育的目的。到目前为止，大学通识教育的管理总体可分为以下几种：一是"学校行政部门兼管"模式。在这种通识教育管理模式中，学校没有专门的管理通识教育的机构，其通识教育的组织管理主要由学校相关行政部门来负责推动，该部门同时还负责学校其他的日常事务，如教材管理、课程管理和学生成绩管理等。二是"专业学院管理模式"。该模式的通识教育由某个专业学院承担，且这个专业学院多为文科或综合学院。三是"独立学院兼管模式"。该模式下的通识教育管理由独立教学学院进行，这个学院为"非专业学院"，承担任何专业课程的教学，这个学院平时承担其他教学或培训任务，通识教育的实施与管理仅是其中的一个部分。四是"独立学院模式"。这种通识教育管理模式由单独的学院或机构承担。五是"各学院共同承担"模式。采用该类通识教育管理模式以采用分布必修课程模式的高校为主，这是因为分布必修课程模式中的各科课程与专业课程并不相互独立。

日本东京工业大学通识教育的管理是以"各学院共同承担+协调"为特征的通识教育管理。采用"各学院共同承担"模式以采用分布必修课程模式的高校为主，这是因为分布必修课程模式中的各科课程与专业课程并不相互独立。和日本多数大学的通识教育实践模式不同，东京工业大学自战后导入通识教育以来，从未设置"教养学部""教养研究中心"等类似的专门组织机构来单独负责通识教育的实施与管理。现阶段是采用由"全学科目教育协议会"统筹，主要责权分配给了若干专业教育机构的做法。例如，文科科目由研究生院社会理工学研究科承担，文明科目由世界文明中心提供，国际交流科目由外国语研究教育中心掌管，信息网络科目由研究生院信息理工学研究科负责，理工科基础科目则根据课程内容所涉及的学科领域不同分属于理学部、工学部和生命理工学部。

"全学科目教育协议会"是东京工业大学教育推进计划的产物。所谓的"全学科目"囊括了上述提到的所有通识教育科目，是探讨东京工业大学通识教育实践不可忽略的一部分。它的主要职责包括全学科目教育实施方面的联络

与调整；全学科目的新设、修改与废除，负责各门课程的教师（包括非常勤讲师）和上课时间表等相关情况的安排；修得学分的认定；等等。①

此外，在通识教育的师资方面，从上述通识教育实施的责权分配来看，很明显负责通识教育的教师是由"全学科目教育协议会"统筹安排，从各专业教育机构中遴选出来的。需要特别指出的是东京工业大学经常从校外聘请具有相当能力的优秀人才（大多已获得博士学位或具有高级职称）以"非常勤讲师"的身份进入课堂。这样一来可以最大程度地利用现有的人才资源，弥补本校部分学科领域教师数量不足或学术水平不高的缺憾；二来可以通过这种途径使学生聆听和感受源自不同学术群体的声音，产生新知识与个人求知欲的激烈碰撞。与此同时，校方也非常重视邀请知名科学家、艺术家或企业家等卓越人士开设各类通识教育讲座。

那么通识教育的师资力量又怎么样呢？以现阶段开设的文科科目为例，2012—2013学年文科科目共开设具体课程99门，除去其中8门课程教师未定，剩下91门课程共有59位教师担任。其中包括教授19人、副教授14人、非常勤讲师21名、助教4名、外教1名。由此数据推断东京工业大学负责通识教育实施的师资力量算得上优秀，是其人才培养目标能够顺利实现，通识教育理念得以全力贯彻的重要保障与推动力量。

通识教育的教学质量关系到高等教育目标的实现，关系到人才培养的整体质量。而通识教育教学质量的提高离不开通识教育的教学评价，需要教学评价为其提供依据、指明方向。② 通识教育的良性发展离不开健全的评价体系。自2001年以来，"全学科目教育协议会"每个学期都会提交一份有关所有课程实施反馈的调查结果报告。该评价报告以对学生实施问卷调查、对教师实行自己点评两种形式为主要调查项目，以量化测评为主要研究方法，希望通过这种方式深化通识教育的实践理念，改善通识教育的实践质量，更大程度地达成人才培养的目标。

日本大学不但要进行自我评价，还会对通识教育的接受主体——学生，进行通识教育课程成绩的评价，这样双向式的评价制度有利于保证通识教育的实施效果。日本的很多大学同中国的部分大学一样，采用学分制来评价学生的学习成绩，但学分制往往不够精确，所以开始效仿美国的成绩评价方式——GPA评价制度，来综合评价学生的学习成绩。GPA英文全称是"grade point

---

① http：//www.eduplan.titech.ac.jp/w/meeting_data/expert_committee/，2012-07-26.
② 冯惠敏、黄明东、左甜：《大学通识教育教学质量评价体系及指标设计》，载《教育研究》2012年第11期。

average",意思是科目成绩平均值。GPA 制度是评价学生学习成绩的一种评价方式,一般精确到小数点后的 1 到 2 位。① 目前,日本大学纷纷效仿美国的成绩评价方式,采用 GPA 制度。

第三节 日本科技院校通识教育模式特征

一、日本科技院校通识教育理念与目标——"全人培养"

通识教育发展至今,各校的通识教育理念都会呈现出不同的特征。以哈佛大学为例,哈佛大学通识教育的发展可以分为以下几个时期:一是殖民地时期以培养"绅士"为特征的通识教育理念。二是艾略特时期以"培养工业实用人才"为特征的通识教育理念。这种通识教育理念是实用取向的,目的在于培养工业人才。三是老威尔时期以"通专结合"为特征的通识教育理念,认为在"复杂的现代社会,最理想的自由教育旨在培养既通又专的人"②。这种通识教育理念是"全人"取向的,关注了人的全面发展的需求。四是柯南特时期以"培养负责任的社会公民"为特征的通识教育理念,这种通识教育理念是伦理取向的。五是罗索夫斯和博克时期以培养"有教养的人"③为特征的通识教育理念。

东京工业大学是以培养应用型人才为主的综合性大学,强调科学技术教育和专业教育。同时,其也十分重视通识教育。由此,我们可以总结出,东京工业大学的通识教育理念是以"通专结合"为特征的通识教育理念,认为在"复杂的现代社会,最理想的自由教育旨在培养既通又专的人"④。这种通识教育理念是"全人"取向的,关注了人的全面发展的需求。

通识教育与专业教育的有效融合无疑是东京工业大学通识教育实践的最显著特色。在日本高等教育领域,一直以来以"教养学部"等类似组织机构为

---

① 李思婉:《日本大学通识教育研究》,北方工业大学 2012 年硕士学位论文。
② 赵强:《哈佛大学通识教育理念的嬗变》,载《湖北大学学报(哲学社会科学版)》2010 年第 11 期。
③ 周月玲:《哈佛大学核心课程通识教育理念与实践研究》,中南大学 2007 年学位论文。
④ 赵强:《哈佛大学通识教育理念的嬗变》,载《湖北大学学报(哲学社会科学版)》2010 年第 11 期。

载体的通识教育实践往往因通专两面的分离饱受诟病。虽然这一状况在大学设置基准"大纲化"之后得到了重视并有所缓解，但看来其结果并不彻底。东京工业大学的通识教育实践是在"全学科目教育协议会"的统筹之下，通过责权分配的方式交给各相关专业教育机构承担。这样的组织管理方式有效地避免了"教养学部"全权接管通识教育而与其他专业教育机构形成鼎立之势；同时又大大提高了通识教育的实施效率，通过"楔形教育"模式的实施形成专业教育实践的有效融合。

二、日本科技院校通识教育课程设置——"进步论"

通识课程是实践通识教育理念的载体，要解决的问题是给学生提供什么样的认知领域与课程内容来达到通识教育的理念和目的。而有关通识教育课程设置的理想与理念，黄俊杰先生在《大学通识教育的理念与实践》一书中进行了详细的阐述，他将现代大学通识教育课程设置理论归纳为四种：精义论、进步论、均衡论、多元文化论[①]。

东京工业大学的通识课程设置理论倾向于"进步论"。这种理论主张通识教育课程应以具体贡献于学生未来的生活为目标，因此必须具有前瞻性，在这种想法下，许多大学通识教育课程架构的规划，都非常注重培养学生适应未来社会生活的能力[②]。东京工业大学自导入通识教育以来，尤其是进入21世纪前后这一段时间非常重视通识教育课程的设计与更新，在注重基础的前提下应对社会与时代的变化发展，不断加强对学生能力的培养。值得一提的是，该校为学生提供的通识教育课程拥有完备的课程信息，其中包括课程目标、课程内容概要、参考书目和学业成绩评定方式等，非常有利于学生的自主选择。

三、日本科技院校通识教育制度设计——"限制性修读"

通识教育制度安排设计是通识教育实施中十分重要的一环，是在通识教育理念的指导下，以现有的通识教育课程为基础，形成的约束学生修读行为的一组规则，要回答的问题是通过怎样的制度安排来约束学生的课程选择权，在制度上保障通识教育理念的顺利实现。历史上，有关通识教育的制度安排，不同

[①] 黄俊杰：《大学通识教育的理念与实践》，华中师范大学出版社2001年版，第119页。
[②] 李宛蓉：《日本大学通识教育课程设置与管理研究》，华南师范大学2007年学位论文。

学校由于通识教育理念不同，在学生应形成什么样的知识结构上看法不同，形成了各具特色的通识教育制度安排，但总体来说不外乎这两种类型，一种是"限制性修读"制度，另一种是"自由选修"制度。

不难看出，东京工业大学的通识教育制度设计属于前一种——"限制性修读"制度模式。其为了实践"专业教育与通识教育并重"的通识教育理念，达到培养全面发展的人的目的，在通识教育的制度安排上特别强调学生的知识结构的均衡性，形成了以"限制性修读"为特征的通识教育制度安排。

四、日本科技院校通识教育组织管理——"各学院共同承担+协调"

通识教育的管理主要解决通识教育的组织管理问题，回答由谁来计划、组织、协调通识教育的问题，以求最高效地进行通识教育课程教学及最大化地实现通识教育的目的。到目前为止，大学通识教育的管理总体可分为以下几种：一是"学校行政部门兼管"模式。在这种通识教育管理模式中，学校没有专门的管理通识教的机构，其通识教育的组织管理主要由学校相关行政部门来负责推动，该部门同时还负责学校其他的日常事务，如教材管理、课程管理和学生成绩管理等。二是"专业学院管理模式"。该模式的通识教育由某个专业学院承担，且这个专业学院多为文科或综合学院。三是"独立学院兼管模式"。该模式下的通识教育管理由独立教学学院进行，这个学院为"非专业学院"，承担任何专业课程的教学，这个学院平时承担其他教学或培训任务，通识教育的实施与管理仅是其中的一个部分。四是"独立学院模式"。这种通识教育管理模式由单独的学院或机构承担。五是"各学院共同承担"模式。采用该类通识教育管理模式以采用分布必修课程模式的高校为主，这是因为分布必修课程模式中的各科课程与专业课程并不相互独立。

日本东京工业大学通识教育的管理是以"各学院共同承担+协调"为特征的通识教育管理。采用"各学院共同承担"模式以采用分布必修课程模式的高校为主，这是因为分布必修课程模式中的各科课程与专业课程并不相互独立。和日本多数大学的通识教育实践模式不同，东京工业大学自战后导入通识教育以来，从未设置"教养学部""教养研究中心"等类似的专门组织机构来单独负责通识教育的实施与管理。现阶段是采用由"全学科目教育协议会"统筹，主要责权分配给了若干专业教育机构的做法。"全学科目教育协议会"是东京工业大学教育推进计划的产物。所谓的"全学科目"囊括了上述提到的所有通识教育科目，是探讨东京工业大学通识教育实践不可忽略的一部分。它的主要职责包括全学科目教育实施方面的联络与调整；全学科目的新设、修改与废除，负责各门课程的教师（包括非常勤讲师）和上课时间表等相关情况的安排；修得学分的认定；等等。[1]

---

[1] http://www.eduplan.titech.ac.jp/w/meeting_data/expert_committee/，2012-07-26.

第三章 新加坡科技院校通识教育模式研究
——以新加坡南洋理工大学为例

新加坡是一个岛国，也是东南亚各国中国土面积最小的国家，仅有600多平方公里，人口400多万，几乎没有任何自然资源。作为一个脱胎于殖民地的年轻国家，新加坡摆脱殖民统治、取得自治地位、实现独立的历史不过短短数十年；而其高等教育的历史，从殖民时期的第一所高等学校——海峡殖民地及马来联邦国立医科学校成立算起，也不过一百多年。但是，正是这小小的城市国家、短短的百年高等教育历史，却拥有包括新加坡国立大学、南洋理工大学在内的世界级名校，吸引了众多的世界级人才，怀揣着把新加坡建成"东方波士顿"的梦想，走出了一条精彩的发展之路。新加坡不仅重视教育，而且紧跟世界的潮流而进，在推进经济现代化的同时，其教育本身也走上了现代化发展的道路。在当今经济全球化、教育国际化的背景下，通识教育作为人才培养模式已成为世界一流大学的共同选择。与此同时，新加坡各高校与时俱进，以美国通识教育为模版，积极探索"新加坡式"通识教育。

那么究竟什么是通识教育？通识教育（general education），既是大学的一种理念，也是一种人才培养模式。其目标是培养完整的人（又称全人），即具备远大眼光、通融识见、博雅精神和优美情感的人，而不仅仅是某一狭窄专业领域的专精型人才[1]。在日新月异的知识经济时代，狭隘的专业技能和知识将会被快速淘汰，学生需要获得学科的基础知识而不是狭隘的专业知识。由此可见，通识教育对于科技院校的学生而言尤为迫切，"旨在培养工程科技专业技术人才的工科类院校因其专业教育的特殊性，导致长期缺乏人文教育的现实与大众化、国际化人才需求的矛盾也越来越突出"[2]。工科类院校不能再局限于"培养在工程领域从事设计与研究的高级人才"[3]这一简单目标，而应该通过大力开展通识教育，培养学生不仅学有专长，术有专攻，而且在智力、身心和品格各方面都能协调而全面地发展；不仅具有高尚的道德情操、独立思考以及

---

[1] 陈向明：《对通识教育有关概念的辨析》，载《高等教育研究》2006年第3期，第65页。
[2] 骆少明：《中国大学通识教育报告》，暨南大学出版社2009年版，第29页。
[3] 同上。

善于探究和解决问题的能力，而且能够主动、有效地参与社会公共事务，成为具有社会责任感的公民[①]。

新加坡的高等教育主要包括工艺教育学院、理工学院和大学三个层次，他们以不同的办学目标为学习能力有差异的学生提供学习机会。其中，工艺教育学院和理工学院统称为科技院校，构成新加坡科技教育体系。主要依据当前已有的大学通识教育模式，结合新加坡科技院校通识教育情况，以南洋理工大学为例，来探析新加坡高等教育中科技院校通识教育的现状。

第一节 新加坡科技院校通识教育的历史发展

一、"生存经济"下的新加坡科技院校通识教育（1965—1979 年）

1965 年，新加坡经历了与马来西亚的分离，这标志着新加坡历史新时期的到来——新加坡政治上的独立。新加坡独立后的教育格局非常落后，不但没有统一的学制，教学质量参差不齐，而且各个学校的教学语言也不统一。这段时期，新加坡面临的问题与挑战主要来自两个方面：一是新加坡的社会人士在种族和宗教信仰上发生分歧，建国之初的社会凝聚力和国民身份受到怀疑；二是在 20 世纪 60 年代末期的工业化过程中，新加坡缺少足够的、训练有素的技术人员来配合以电子产品出口等为主的经济建设需要[②]。

独立后，新加坡高等教育进入了调整、改革和全面发展阶段。其中，20 世纪 60 年代和 70 年代可以说是新加坡高等教育史上的过渡时期。在这个过渡时期内，新加坡清理了高校里殖民统治遗留下来的问题，政府面临独自探索教育发展的阶段，在当时特有的历史背景下，"生存经济"是国家发展的主要任务。因此，高等教育在配合经济发展的方针下，其指导思想、课程设置也主要围绕经济建设的原则，提倡发展科技教育、实用学科，大学科目也主要向理工科集中，这也是当时权衡之下的教育策略，同时也在六七十年代的国民经济建设中取得了显著的成就。因此，通识教育在当时显然没有被新加坡政府所重

[①] 陈向明：《对通识教育有关概念的辨析》，载《高等教育研究》2006 年第 3 期，第 65 页。
[②] LEE Sing Kong, GOH Chor Boon. Education and Training for Economic Development in Singapore Since 1965. The World Bank，2008：13 - 21.

视。然而在 70 年代末，世界经济由劳动密集型的低级工业转向以知识和资本密集型的科技工业，这无疑给新加坡的教育提出了一个紧迫的问题——缺乏大量的高智能人才[①]。

20 世纪六七十年代的教育暴露出新加坡高校中普遍存在的弱点，即学生知识面窄，知识脱离现代社会所需，现存制度不利于培养有独立思考能力和应变能力的人才及教师队伍水平不够高，难以带出有世界水平的学生在世界上与其他国家的人才进行竞争。这种紧张的局面开始让新加坡社会各界的人士认识到当时单一的科技教育、实用教育仅仅是满足了当前的经济发展需求，而在长远的、国际形势复杂多变的将来必定会暴露出其弊端。因此，这个时期在新加坡的政治社会形势的影响下，探索高校的通识教育之路揭开帷幕。

二、"效率经济"下的新加坡科技院校通识教育（1979—1990 年）

20 世纪 60 年代和 70 年代时，资本主义世界经济繁荣，越南战争带动了各种物资的特殊需要，而彼时周围大国工业还未发展或仍处于动乱之中，因此新加坡在地级市场独占鳌头。凭借这一特殊的国际环境，新加坡以劳动密集型的低级工业取得了重大的经济成就。但是，1973 年和 1974 年经济危机以后，世界资本主义经济陷入长期的不景气之中，经济保护主义抬头，国际需求大大减少，而周围拥有大量廉价劳动力的东盟各国的低级工业也发展起来了，在初级市场上与新加坡展开了有力的竞争。面对这种情况，新加坡政府在 1979 年 7 月提出"第二次工业革命"（second industrial revolution），力图以知识密集型的科技工业取代劳动密集型的低级工业，以新科技来实现国民经济各部门的现代化，并将新加坡建设成"脑力服务中心"[②]。但是，这个产业的成功需要大量的高智能人才。这个时代的社会形势无疑给新加坡的教育提出了一个紧迫的教育问题。因为当时新加坡的教育制度和教育思想完全是为了适应六七十年代而设置的，这在新任务面前暴露出了新加坡高校中普遍存在的弱点，难以与世界上其他国家的人才进行竞争。于是便引发出 80 年代的高等教育改革。

20 世纪 80 年代以来，政府把国家教育的重点转移到高等教育上面来，以适应经济转型的需求。从质和量两个方面大力推进高等教育，以求在尽可能短的时间内改变高等教育的状况。通过重视学生的通才教育，增强学生的应变能

---

① 李大光、刘力南：《今日新加坡教育》，广东教育出版社 1996 年版，第 89 页。
② 李大光、刘力南：《今日新加坡教育》，广东教育出版社 1996 年版，第 109 页。

力，来及时培养出"足够合乎国家需要"的高等人才。

1979年6月，李光耀总理邀请了4位英国学者来共同探讨新加坡大学如何更好地发展下去。英国学者弗雷德里克·丹顿爵士（Sir Frederick Dainton）在1979年11月提出一项报告（*The Dainton Report*），报告指出，"维持两所大学（新加坡大学和南洋大学）的争论，无论是一个校区还是两个校区都是极其脆弱的，而那些支持一个单独的、强大的大学是令人信服的"；同时，考虑到新加坡人口变化和人力资源需求，报告建议"本科生的学习应该一半是科学的，一半是艺术和社会科学的"①。因此，经过长时间的争论，新加坡大学和南洋大学最终于1980年8月合并成为新加坡国立大学（National University of Singapore，NUS）；1981年成立了南洋理工学院（NanYang Technological Institute，NTI），其于1991年成为一所综合型大学——南洋理工大学（Nanyang Technological University，NTU）。这是一个里程碑式的发展，新加坡政府从"一切以实用为出发点"的理工科大学过渡到"各种科目兼修"的综合性大学，逐步意识到艺术、社会科学等其他科目的学习对培养高素质人才的重要意义，并从实践上巩固这一通识教育理念，为建立新加坡一流大学教育体制开辟了道路。

而此时，新加坡各高校实施通才教育的具体内容大约包括三个方面：①强化基础教育，扩大学生的知识面，让学生获得解决较广泛问题的能力和向多方面发展的基础知识；②给学生提供系统的知识，即必要的历史知识和程序性的学问，使学生具备能够比较全面地看问题和处理问题的能力；③给学生提供非本专业的知识，使其具备能够适应多种局面和解决多方面问题的能力，即应变能力。② 新加坡政府认为，应变能力十分重要，不具备应变能力的学生是无法在这个科技飞速发展、经济形势经常变化的环境中立足的。例如，让理工科和法科学生增修工商管理、财务会计、合同法、经济和社会学课程，让文科学生加修电脑等课程③。

新加坡重视通才教育是基于长远考虑的。1978年新加坡副总理兼教育部部长吴庆瑞在研究了教育改革问题后认为，这些"通才"具有纵观全局和能从总体方面处理问题的特点。1980年，新加坡国立大学发表了《大学教育报告书》，提出加强通才教育的呼吁。1981年，李光耀总理在一次讲话中明确指

---

① GOH Chor Boon. The Development of University Education in Singapore. The World Bank，2008：151.
② 李大光、刘力南：《今日新加坡教育》，广东教育出版社1996年版，第110－111页。
③ 刘稚：《东南亚概论》，云南大学出版社2007年版，第49页。

出，通才是"有教养的新加坡人"的条件之一。同时，他还建议采用美国哈佛大学校长提出的"核心课程"来培养学生的这种品质。通识教育最终被高等院校接受并成为改革和设置课程的一个重要的指导原则。1990年，为了建设成21世纪的一流大学，新加坡国立大学和南洋理工大学采取了若干改革措施，鼓励所有学生选择丰富的课程以扩展他们的学术视野，强调通过有广泛基础的、跨学科的大学教育来培养学生的创新能力和批判性思维。

此外，新加坡政府还着手对课程进行现代化改革。为了让学生获得最新的知识以应付国家高科技工业改组的需求，及时了解世界流行的信息，与世界科技的进步与发展保持同步，同时增强毕业生对现代世界的适应能力，具备最具有实用价值的技能来谋生，这个时期新加坡政府将课程改革视为当务之急。课程的修改遵照5项原则：①科学原则。课程的增删要从科学发展的角度取舍，删除陈旧的学科内容，增添先进的内容或学科。②未来原则。开发那些有发展前途的学科，舍弃无发展前途的学科。③实用原则。即根据市场需求取舍，市场价值大的取之，小者弃之。④谋生原则。发展将来对学生谋生有好处的学科。⑤全局原则。[①] 还需设置和保留那些在社会上虽无多大市场但对国家社会有用的学科，如某些文科课程。但从20世纪80年代高校课程设置的情况看，新加坡所发展的重点学科依然主要是工程学、科学、管理学等实用学科。由此可见，彼时的新加坡高等教育虽然在形势的要求下逐步提高了非理工科科目的学习，重视学生综合技能和素质的发展，向世界一流大学看齐，但是仍然没有摆脱实用的教育目的。

总而言之，20世纪八九十年代可以被视为新加坡大学通识教育的萌芽阶段。这一时期，新加坡高等教育承袭的是英国体制，一直实行精英教育，管理也比较保守，政府控制大学，大学发展缺乏自主性。而在经济转型的特殊时期，新加坡政府为在短期内改变高等教育的状况，培养出符合国家经济发展的高等人才，其采取措施所取得的功效是显而易见的。但新加坡政府并未盲目地只培养适合经济发展的专业人才，它开始意识到未来社会培养"通才"的重要性。在这个科技迅速发展、经济形势日益变化的环境中立足，需要的不仅仅是在某一特殊领域精通的专业人才，更多需要的是具有应变能力、开阔视野、通融识见、优美情感和敢于创新的新型人才。因此，这个时期新加坡高等院校的通识教育开始重视培养学生综合、全面地了解人类知识的总体状况，在拥有基本知识和教育经验的基础上，理性地研究自己的专业方向。新加坡政府希望他们培养出的学生，不仅能够掌握多个领域的知识成为综合性创新性的"通

---

① 李大光、刘力南：《今日新加坡教育》，广东教育出版社1996年版，第111页。

才",而且能够"贯通",即不同学科的知识能够相互通融,遇到问题时能够从比较开阔的、跨学科的视角进行思考,收集资料,与人交流合作,达到不同文化和不同专业之间的沟通。① 学生通过这种融会贯通的学习方式,形成较宽厚、扎实的专业基础,以及合理的知识和能力结构,同时认识和了解当代社会的重要课题,发展全面的人格素质与广阔的知识视野。但是,彼时的通识教育模式发展尚处于探索阶段,仍然无法摆脱实用主义教育的目的,教育目标还是旨在为学生将来就业打下坚实基础,还没有达到塑造"完整的人"即全人的理想。与国家独立前期有所不同的是,新加坡审视世界形势的变化,察觉到当前世界所需求的是综合性、全面性和创新性的人才。于是及时改变教育发展战略,从宏观的教育理念到微观的课程安排上都融入了通识教育理念,逐步开始踏上通识教育的探索发展阶段。

三、"知识经济"下的新加坡科技院校通识教育（1990年至今）

20世纪七八十年代,新加坡以其经济快速增长所取得的辉煌业绩跻身于亚洲"四小龙"之列,与它重视教育、重视人才培养有着重要的联系。经济发展后新加坡政府更加关注教育,不断追加教育投资,尤其是高等教育投资,形成了经济与高等教育互动发展的良性循环。在实现了高等教育大众化、扩大了高等教育规模后,新加坡政府意识到提高高等教育质量的重要性。近年来,在知识经济浪潮下,新加坡政府更是持续关注高等教育在保持经济竞争力中的作用。认为创造性、革新性均根植于高等教育,并制定了长期发展目标,力争使新加坡成为东南亚地区第一教育中心。

1997年,新加坡总理吴作栋宣布新加坡高等教育发展的主要政策目标之一是将新加坡国立大学、南洋理工大学建成世界级大学,在新加坡再现以麻省理工学院、哈佛大学而闻名的波士顿地区的学术、工业环境,将新加坡建成"东方波士顿"。② 并于同年邀请来自美国、日本及欧洲大学的11名专家到新加坡,为如何达到这一目标提出建议。专家组提出了以下四方面建议:第一,建立更灵活的录取标准,考虑学生支付能力设立学费标准,从而吸引世界各地

---

① 何秀煌:《从通识教育的观点看——文明教育和人性教育的反思》,海啸出版事业有限公司1998年版,第74页。
② G. Sanderson. International Education Developments in Singapore. International Education Journal, 2002 (2): 93 – 96.

优秀人才来新加坡就读；第二，在科研与研究生教育上，加强与世界知名科研机构的合作与联系；第三，拓宽本科生的课程，使学生对非技术问题具有更广泛的兴趣、对自然科学和社会科学形成更深层次的理解；第四，创造更优良的科研和教学环境，从而使两所大学能够聘请到世界一流的教授和研究者①。彼时的新加坡以开放的心态，积极与世界进行学术交流，把握最新的教育动态，重视学生多方面素质综合发展。

1997年6月2日，时任新加坡总理吴作栋在第七届国际思维研讨会上，提出建设新加坡"重思考的学校，爱学习的国民"（thinking school, learning nation）的口号②。以此为标志，新加坡开始了新一轮的大学教育改革。该口号不仅指导着新加坡培养更多有思想、有创造力、能够自我提升的高素质人才，而且也意味着新加坡视"创新"为经济发展的原动力。

20世纪90年代，新加坡高校由英国的精英教育体制开始向美国的教育体制转变，吸收美国式的选课制和学分制，试行主辅修制度，美国式的"通识教育"也逐步走入新加坡的高校改革。首先，新加坡很多高校开始将"通识教育理念"纳入大学，新加坡国立大学于1999年为部分本科生开设了通识教育课程；2011年3月31日，新加坡国立大学和耶鲁大学宣布共同创建新加坡第一所文理学院——"耶鲁-国大学院"（Yale-NUS College）。该学院面向亚洲，为新加坡及亚洲极具潜力的学生提供新型的人文素质教育，集中、深入地开展通识教育，为当今复杂多变的世界培养领袖及合格的公民。南洋理工大学也于2005年开始实施新的本科课程计划，增加了通识教育要求（general education requirements, GER），目的在于使学生不局限于自己狭隘的技术或专业领域，而具有适用于广泛职业的批判性思维、推理和交流能力③。从新加坡政府在宏观上改变传统实用主义目的的教育，到新加坡多所高校纷纷自主探索通识教育，可谓是新加坡教育的一大进步。

不仅如此，为了使学生能够学到当前专业领域以外的课程并努力开发课程的创造思维能力，新加坡政府在大学课程上也进行了全面的调整和修改，增加了通识课程模块。新加坡国立大学所推行的"通识教育课程模块"（general education modules, GEMs），首先反映在培养目标方面：一是"通识教育课程模块"所涉及的内容是作为普通的受教育个体应该掌握的知识和能力，而不

---

① G. Sanderson. International Education Developments in Singapore. International Education Journal, 2002（2）：93-96.

② 吴作栋：《国际思维研讨会——许多国家正改革教育为国民前途作准备》，载《联合早报》（新加坡）1997年6月3日。

③ http：//www.sbs.ntu.edu.sg/Undergrad/GER/Pages/GER.aspx，2014-02-20.

是某一个特定的学科或专业所需的知识和能力；二是"通识教育课程模块"的目标是探索一种提高人的教养、追求更高的心智质量的教育，而反对灌输对某人今后的日常生活可能有用或者有助于事业成功的实际技能和能力。"通识教育课程模块"被设计为"科学与技术"和"人文和社会科学"两个学科组，其中每个学科组各有两个模块，分别是"信息与知识内容模块"（information and knowledge content modules，IKC）和"知识与探究方式模块"（knowledge and modes of inquiry modules，KMI）[1]。IKC 主要包括学生应该掌握的普通知识；KMI 侧重对知识的探究，强调获取知识的方法，以及如何来实际求证知识。"通识教育课程模块"基本上包含了新加坡国立大学核心课程所规定的研究领域，即文化与当代社会、历史、人类行为、生命科学、文学与艺术、道德判断、自然法则、科学技术与社会、科学实践与思考、社会与经济分析、写作与批判性思维。南洋理工大学其通识教育课程（GER）所涵盖的领域主要包括人文、科学和商业等人类核心知识领域，通过提供有多种选择的课程，让学生根据自己的兴趣进行选择，以帮助学生形成核心竞争力。

继新加坡国立大学和新加坡管理大学开办"博学课程"后，南洋理工大学也于 2012 年新学年开办"博雅英才通识课程"（university scholars programme，USP），以吸引最杰出的优秀生入学，栽培他们成为全方位的国家栋梁。南洋理工大学博雅英才通识课程的学生除了能修读更多元化的课程，还有机会近距离接触诺贝尔奖科学家、参加跨学科研究工作、到外国大学上课、得到大学顶尖教授的指导等。学生毕业时除了将获颁大学文凭，还将获得一张博雅英才通识课程证书，这项课程每年预计录取 50 人。南洋理工大学的 USP 将开放给所有院系学生（医学生除外）。参加 USP 的学生，主修科目占 75%，另外 25% 是大学特别为 USP 学生设计的课程，包括写作、道德、地球等五个必修科，此外还有社会科学、艺术、人文与文化、科学与工程等选修科，这些课程以约 20 人的小班教学方式进行。

南洋理工大学、新加坡国立大学和新加坡管理大学三所大学所开办的课程英文名同为"university scholars programme"，它们有共同的宗旨，就是吸引最优秀的学生入学。参与的学生都来自多个院系，也有机会参加校内研究项目、到外国大学参加通识教育交换课程等。如新加坡国立大学和美国耶鲁大学联合在 2013 年设立的耶鲁-国大学院（Yale-NUS College）[2]，这是新加坡首个博雅学院，主要进行综合人文、社会科学、自然科学和数学等跨学科的通识教育，

---

[1] http：//www.nus.edu.sg/gem/，2012-11-5.

[2] http：//www.ync.nus.edu.sg/index.php/about/vision.html，2014-03-03.

以及经济、历史、心理学、生物、物理等文学和科学科目的教育。两校联合文告指出，博雅学院的教学将注重批判性思考和学生交流，"提供给学生另一种优质教育的选择，特别是那些希望有宽广基础、严谨学术要求，又有深入思考课题能力，还有综合寄宿体验的教育的学生"①。

2012年3月1日，以"无边界学习"为主题的新加坡"2010年教育大会"指出，基于全球化和应用技术对现代社会的影响，迫切需要对教育内涵进行彻底反思。教育系统不能再是简单传授特定工作的技能，而是要培养学生自信地应对不确定的未来。因此，除了掌握基础知识学习之外，生活技能和其他相关能力也非常重要。为了参与全球竞争，每个人需要批判性和创造性思维，需要在团队中与来自不同国家和文化背景的人合作②。在知识经济时代背景下，国际竞争越来越激烈，高等教育不仅要有规模，还要有质量和竞争力。知识经济时代要求毕业生拥有较高层次的思考、人际沟通能力与掌握信息技术的能力，要求学生获得学科的基础知识而不是狭隘的专业知识。因为在日新月异的知识经济时代，狭隘的专业技能和知识将会被快速淘汰。

现代学生在未来的工作生涯中，需要不断地学习新技能和配合环境改变工作内容；而要维持生产力和就业能力，他们每几年就需要重新改造自己。为此，新加坡大学坚定不移地向跨学科模式转变，培养学生的"通才"，并要求高校所培养的毕业生具有分析思考的能力、在学科内外的创新能力、处理学科领域之外问题的能力，以及对全球体系的理解。同时，教学内容也更注重培养学生运用知识的能力和分析、创新能力，不仅强化了系统的基础知识学习，也注重专业外知识的学习，使学生能将知识融汇贯通，以培养学生的应变能力。

总而言之，进入21世纪，知识经济时代初见端倪，新加坡社会面临着由工业社会向知识经济社会过渡的现实。如果说工业社会时代培养的人才是单向度的、只会操作机器的"专才"，那么，知识经济时代所培养的人才必须是一个能符合现代化要求、灵活多变、具有开拓创新能力、国际化全球视野，以及团队合作精神和与人沟通协作能力的"通才"。新加坡政府及时肩负这一使命，大力开展通识教育。无论是综合性大学还是科技类院校，都在教学目的中贯彻育人为本、全面发展的思想，不断通过学科专业交流、人文课程设置来促进学生多方面素质的提高。高等教育在课程内容上要求学生全面了解人类知识的全部状况，包括主要知识领域的基本观点、思维方式和历史发展趋势。在其

---

① http://www.gsaedu.org/newsview.php?id=76，2014-03-02。
② 唐科莉：《"无边界学习"成为新加坡2010教育大会主题》，载《基础教育参考》2010年第5期。

通识教育模式下培养出来的新加坡学生不仅学有专长、术有专攻，而且在智力、身心和品格各方面能协调而全面地发展；不仅具有高尚的道德情操、独立思考，以及善于探究和解决问题的能力，而且能够主动、有效地参与社会公共事务，成为具有社会责任感的公民。与"效率经济"下的通识教育相比较而言，"知识经济"时期下的通识教育最大的进步莫过于首先关注的是一个人的培养，其次才将学生作为一个职业的人来培养。新加坡高等教育历史上一直崇尚专业化教育，侧重于以专业化、技术化、工具化的训练来培育专家或人才，而不是首先把学生当成一个"人"来培养。在全人教育的世界趋势下，新加坡将高等教育的使命定位在造就"人"和"公民"的本位上，即围绕着如何教人成人的教育理念。因此，培养"人"处于核心地位，而非知识技能的获取或职业训练的开展。但是这种通识教育并没有脱离学生做人方面的教育，关注的依然是人的生活、道德、情感、理智的和谐发展，努力把一个自然人、生理的人教育成为一个文化的人、社会的人、理性的人、有道德的人。教育不仅是一种探索知识、培养技能、准备职业的途径，也是一个塑造人格、涵养道德、发展理性、追寻生命意义的过程。如果大学教育只传授知识、培养技能，却失去了对生命的关怀、对意义的寻求及人生视野的开拓，那只能训练出一些"没有受过教育的专家"，他们充其量只是一堆"技术熟练的机器人"而已。新加坡正是贯彻这一先进理念，积极发展通识教育，在各种类型的高校中都大力开展通识课程的学习和理念的融合。如果说"效率经济"时期是新加坡高等教育通识教育的萌芽阶段，那么从"知识经济"时期开始，新加坡逐步进入了通识教育的深化阶段。

第二节　新加坡科技院校通识教育模式分析

一、新加坡科技院校通识教育的理念与目标

纵观世界通识教育的历史，由于受时代、地域的影响，各校通识教育理念都会呈现出不同的特征，甚至同一学校，由于受所处时代的影响，在通识教育的理念特征上也存在很大的差异。美国的哈佛大学就是一个典型的例子。历史上，哈佛大学通识教育的发展分为五个时期，不同时期的通识教育理念因时代背景的不同而呈现出不同的特征。

一是殖民地时期以培养"绅士"为特征的通识教育理念。由于受殖民当

局的影响，哈佛学院移植英国高等教育的办学理念，其通识教育的理念是宗教性质的，在于培养虔诚的牧师，同时也是世俗性的，在于培养律师和官员[1]。二是艾略特时期以"培养工业实用人才"为特征的通识教育理念。这种通识教育理念是实用取向的。目的在于培养工业人才。这是因为19世纪60年代的急剧变化和注重实用课程的新兴大学的出现，彻底改变了哈佛大学以"古典人文教育"为特征的通识教育。艾略特认为在以培养"绅士"为特征的通识教育理念指导下"培养出来的是现实生活的旁观者和批评家而不是实干家，不能迎合时代之需"[2]，明确提出要培养"实干家"和能做出成就的人的通识教育理念。三是劳威尔时期以"通专结合"为特征的通识教育理念，认为在"在复杂的现代社会，最理想的自由教育旨在培养既通又专的人"[3]。这种通识教育理念是"全人"取向的，关注了人的全面发展的需求。四是科南特时期以培养"负责任的社会公民"为特征的通识教育理念，这种通识教育理念是伦理取向的。这是因为20世纪上半叶，经历过"二战"创伤，西方传统文明遭受了极大的破坏，道德危机凸显，精神文明发展严重滞后。在这种情况下，1945年哈佛大学在科南特的领导下，发表了《自由社会中的通识教育》，明确提出培养"负责任的社会公民"的通识教育理念。五是罗索夫斯基和博克时期以培养"有教养的人"[4]为特征的通识教育理念。罗索夫斯基提出哈佛大学的本科培养目标是"有教养的人"，他说"我们并不期望本科生成为艺术、科学或专业方面的饱学之士，如果一个学士学位就等于他们在知识上已到达了顶点，那么我们就失败了。欢迎毕业生们参加到有教养的人们的行列中来"[5]。六是新世纪以培养"世界公民"为特征的通识教育理念，"全球化"是这个理念产生的主要时代背景。

随着全人教育理念的深入人心，以及在全国范围内的贯彻实施，目前新加坡科技院校也在如火如荼地开展通识教育。新加坡国立大学（National University of Singapore，缩写为NUS，简称"国大"）是新加坡历史最悠久的公立大学，也是亚洲首屈一指的高等学府。它的前身可以追溯到1905年设立的英皇爱德华七世医学院和1927年设立的莱佛士学院。这两所学院于1949年合并为

---

[1] 赵强：《哈佛大学通识教育发展历程研究》，山东师范大学2008年学位论文。
[2] 赵强、郑宝锦：《哈佛大学通识教育理念的嬗变》，载《湖北大学学报（哲学社会科学版）》2010年第11期。
[3] 同上。
[4] 周月玲：《哈佛大学核心课程通识教育理念与实践研究》，中南大学2007年学位论文。
[5] 罗索夫斯基：《通识教育与核心课程（上）》，黄坤锦译，载《通识教育季刊》（台）1994年第3期，第47页。

马来亚大学，并于 1980 年与南洋大学合并成为新加坡国立大学。

新加坡国立大学学科门类齐全，设有人文和社会科学、理学、工学、商学、法学、建筑学、电脑学、杨潞龄医学院和杨秀桃音乐学院。另外有李光耀公共政策学院、东亚研究所等研究机构。其中，工学院包括生物工程、化学与生物分子工程、土木工程、电脑工程、电机工程、工程与技术管理、工程科学、环境工程、工业与系统工程、材料科学与工程、机械工程这 11 个专业。① 这些专业在教学理念上始终贯穿着劳威尔"通专结合"的通识教育理念，旨在培养既通又专的"全人"。虽然工学院主要以培养实用技能和提高专业素质作为其教学的基石，但是在通识教育的理念下，新加坡国立大学工学院将目标定位在培养既具有比较宽厚的专业知识和能力基础，又对人类主要知识领域有所了解的高素质人才，而并非局限于培养在某一专业领域具有精深知识和能力基础的高级专门人才上。② 两年多来，新加坡国立大学工学院一直将政府提出的培养学生"深厚的人文素养"及"软技能"作为其通识教育的主要目标，力图把学生培养成"优雅社会的使者"，从而塑造"有自信、积极学习和贡献的好公民"。

1999 年国大开始为部分本科生开设通识教育课程，目前正在筹建本科文理学院（liberal arts college），集中、深入开展通识教育。文理学院（liberal arts colleges）源于欧洲，在美国得到普遍传播，成为高等教育经典的范例。它通常是指在高等教育体制中主要提供本科教育的高等院校，进行通识教育，传授通识知识，这些知识一般是传统的人文和科学知识，注重全面的素质能力的提高，与讲授专业性、职业化或者技术性课程的教学内容相对立。学生也有自己的专业，但更多地要接受更为广泛的学科知识。经过大学四年的学习，可以获得文学学士或者理学学士的学位。③

耶鲁大学和国大这样的世界名校为什么还要单独建设一所文理学院呢？新加坡教育部长黄永宏说，在亚洲打造人文教育这个想法非常吸引人。不同的思维方式、不同的解决问题的方式、来自东西方的不同的管理与生活模式全部都融合在一起，有可能产生解决当今社会所面临的诸多问题的新方法。国大校长陈祝全教授说，国大教育最显著的特征，是既要全球化也要面向亚洲。此次建立的文理学院，就是要集两所名校之精华，为学生提供既全球化又具亚洲特征的丰富的人文教育经验，使未来的青年才俊思想深刻、见识广博，从而能够应

---

① http://cn.nus.edu.sg/education/faculties-schools，2014-03-16。
② http://zh.wikipedia.org/wiki/6，2014-03-16。
③ http://news.sciencenet.cn/sbhtmlnews/2011/5/243948.html，2014-03-16。

对未来复杂的问题，可以为社会的进步、新加坡的成长和亚洲的发展作出贡献。①

新加坡国立大学所推行的"通识教育课程模块"（general education modules，GEMs），首先反映在培养目标方面：一是"通识教育模块"所涉及的内容是作为普通的受教育个体应该掌握的知识和能力，而不是某一个特定的学科或专业所需的知识和能力；二是"通识教育模块"的目标是探索一种提高人的教养、追求更高的心智质量的教育，而反对灌输对某人今后的日常生活可能有用或者有助于事业成功的实际技能和能力②。

另外，新加坡国立大学工学院还秉承着罗索夫斯基和博克时期以培养"有教养的人"③为特征的通识教育理念。通过呼吁"受过教育的人"（educated person）作为教育的根本目的，要求不管学生学习何种专业，博采众长的知识、能力、素质和态度是对每一位大学毕业生的要求，它们共同组成高等教育的标尺。但是，这些知识和能力并非是某个特定学科的专业化的表现，而这种学习和积累也并非指向其个人职业生涯的发展④。下面这段话生动反映了国大对大学教育和通识教育的理解："我们期望受过良好训练（well-trained）的科学家、医生、史学家、工程师、律师能在他们的专业领域有出色的表现，并能继续学习，但我们期望受过良好教育（well-educated）的科学家、医生、史学家、工程师、律师能在自己的专业领域之外探索问题，参与大众关心的、有争议性的讨论，能够批判地阅读和理解《经济学家》（*The Economist*）、《科学美国人》（*Scientific American* 又译《科学》）、《泰晤士报文学副刊》（*The Times Literary Supplement*），能够与其他受过教育的、与自己不同文化背景的人进行有价值的信息交流，能够批判地评价见诸报端的文章中的观点。"⑤

2009年1月8日，新加坡国立大学新校长陈祝全指出："我们要让学生知道，他们的'潜能'，并不完全由'能力'决定，也同时取决于他们的'态度'和'决心'。我们要灌输学生'我能'和'勇于作多方尝试'的态度；教他们'学习怎样去学'，以便终身学习；还有具备'自我探索'，涉猎不同知识领域的热忱。"⑥这既反映了国大新一代领导人对学生的期待，也体现了国大新的培养目标。

---

① http://news.sciencenet.cn/sbhtmlnews/2011/5/243948.html，2014-03-16.
② 卢艳兰：《新加坡高等院校人文素质教育研究》，人民出版社2012年版，第9页.
③ 周月玲：《哈佛大学核心课程通识教育理念与实践研究》，中南大学2007年学位论文.
④ http://www.nus.edu.sg/gem/，2014-02-28.
⑤ 曹莉：《东亚一流大学通识教育的新趋势》，载《中国大学教学》2010年第11期.
⑥ 潘星华：《国大将设NUS全球-亚洲学院》，载《联合早报》（新加坡）2009年1月9日.

现代学生在未来的工作生涯中，需要不断地学习新技能和配合环境改变工作内容；而要维持生产力和就业能力，他们每几年就需要重新改造自己。为此，新加坡大学坚定不移地向跨学科模式转变，培养学生的"通才"，并要求高校所培养的毕业生具有分析思考的能力、在学科内外的创新能力、处理学科领域之外问题的能力，以及对全球体系的理解。同时，教学内容也更注重培养学生运用知识的能力和分析、创新能力，不仅强化了系统的基础知识学习，也注重专业外知识的学习，使学生能将知识融汇贯通，培养学生的应变能力。从以上论述不难发现，新加坡国立大学工学院作为以传授专业学科能力为基础的学院，始终贯彻劳威尔的"通专结合"的"全人"教育思想，使学生们在掌握牢固的专业知识的基础上，能够全方位地涉猎其他领域，形成综合分析问题、解决问题的能力；同时，工学院一反传统上科技院校的实用功利主义教育目的，提倡罗索夫斯基给哈佛大学本科生的培养目标——"有教养的人"，使他们的学生不仅具有高端的技能，更具有责任心、义务感和辨别善恶的美德。

除了新加坡国立大学工学院以外，新加坡理工学院作为新加坡第一所政府理工学院也在响应全人教育的号召，在专业教育的基础上大力开办通识教育，以实现专业教育和人文教育的融合。新加坡理工学院（Singapore Polytechnic, SP，简称"新加坡工院"）创办于 1954 年，着重于培养与训练工程技术型人才，以支持新加坡社会的科技、经济与社会文化的发展为己任。主要开设有 9 大学系，分别是商学系、化学与生命科学系、电机与电子工程学系、媒体与资讯通信科技学系、机械与航空工程学系、新加坡海事学系、设计学系、建筑与环境学系及新设立的传播、人文与社会科学系。新加坡工院除了传授技术知识，教育年青一代掌握本领、学问以外，也努力为学生提供全面的教育。这种全面的教育不仅包括科技教育，还包括人文教育。正如学院院长陈汉章所言："在全球化速变的年代，一个人不只要有竞争力，不只要优秀，还要在硬实力外具备软实力。要了解和思考世界发展的状况，还要有独特的意见，以及清晰表达意见的能力。"新加坡工院传播、人文与社会科学系是近几年新成立的，目的在于为学院注入一股人文气息、为学生提供更全面的教育[1]。

新加坡工院也提倡劳威尔的以"通专结合"为特征的通识教育理念，认为"在复杂的现代社会里，最理想的自由教育旨在培养既通又专的人"[2]。因为从人的发展角度看，如果教育仅仅为了培养学生从事某种狭窄的专业工作，

---

[1] http://www.zinch.cn/singapore-polytechnic, 2014 - 03 - 03.
[2] 赵强、郑宝锦：《哈佛大学通识教育理念的嬗变》，载《湖北大学学报（哲学社会科学版）》2010 年第 11 期。

很容易忽视学生作为一个完整的人的全面发展的需要，使培养出来的专门人才成为单向度的人。从学术发展的角度看，过分注重某一专业发展，会导致不同专业的学生知识过分分割，使各系科学生所学内容的差异过于明显，学生难以走出各自专业的小圈子，认识不到知识之间的联系，缺乏从比较广阔的视角思考和处理问题的知识基础和能力。从就业的角度看，目前毕业生面临的是比传统社会更加复杂多变的工作环境，需要开阔的视野，关注并利用其他相关领域的新进展，有效地解决工作中遇到的实际问题，同时需要应对职业经常变换的挑战。因此，新加坡国立大学工学院打破知识之间壁垒分明的界限，以开放的姿态培养学生，给予学生更加全面的知识基础和基本能力的训练，使其获得一个更加合理的知识和能力结构，从而适应未来社会发展的需要。

新加坡理工学院关注人的全面发展的需求，开办了通识教育课程，主要"是受博雅教育的启发，因为课程旨在传授一般知识，并培养学生的职能发展，而不是技术或职业知识。通过对人文、美学及社会科学的不同领域的接触，来促使他们掌握在要达到卓越成就时，在各领域而不限于某专业所需的批判性和分析性思维"[1]。新加坡工院虽然是一所高职院校，但是没有忽略人文教育，注重学生的全面发展，注重塑造学生的社会责任感和职业道德感。一方面，以培养学生专业知识与能力为目标，提高学生专业岗位的实践性；另一方面，以软实力拓展为平台，注重团队精神、创新精神、职业道德素质的培养，加强通识教育，拓展学生的发展空间。如果说传统的职业技术教育是要使"无业者有业"，那么现代职业技术教育是要使"有业者乐业"。就业不仅仅是个人谋生的手段，更是实现人生价值和理性的重要途径。不仅着眼于培养"技术人"，还应塑造学生的心灵，提升他们的人文素质和修养，使之具备参与现代生活及履行工作职责所需的品质。其通识教育的内容主要围绕环保意识教育、关怀与关爱意识教育、创新思维教育、良好的沟通与人际交往能力教育等方面展开[2]。由此不难发现，新加坡工院在专业教育的基础上，注重人文情怀的熏陶，使学生不仅能习得专业技能和知识，而且还具备应对当今社会所必需的品质和能力。

自工业革命以来，古典人文的传统日渐衰落，科学技术成为学校教育的流行话语，注重实用知识与实用技能的培养也逐渐代替人格养成而成为学校教育的主要追求目标。尽管新加坡理工学院无意否认科学技术能够给人类带来的巨大作用，但是科学技术自身给人类社会带来的问题也同样显著，并且无法仅仅

---

[1] 张力：《新加坡工院也将开办通识教育课程》，载《联合早报》（新加坡）2014年3月2日。
[2] http://www.zinch.cn/singapore-polytechnic, 2014-03-03.

凭借科学技术自身的力量来解决。缺少人文关怀、缺少对世界的正确观念、缺少对周围事物的关心与思考的大学教育，充其量是一种"制器"的大学教育，而不是"育人"的大学教育。新加坡理工学院并不否认知识爆炸的年代里科学知识的重要作用，但主张在学校教育中更多地渗透人文精神。总而言之，新加坡理工学院在提倡劳威尔的"通专结合"的通识教育理念的基础上，进一步主张面向时代和世界的需求，在教育中进行人文情怀的熏陶，促进其自我意识的觉醒。

在新加坡众科技院校中，南洋理工大学独占鳌头，它以培育卓越领袖人才、开拓创新知识领域为使命，立志成为世界一流、享誉国际的全球大学，满怀着理想、激情、创造力和创业精神。南洋理工大学（Nanyang Technological University，NTU，简称"南大"）创立于1991年，其前身是1981年成立的南洋理工学院，是新加坡三所公立大学之一。2008年，南大名列英国《泰晤士报高等教育专刊》全球顶尖科技大学排名前30位，是亚洲十大理工大学之一。

作为新加坡主要的科技大学，南大设有许多顶尖的研究中心，包括南洋环境与水源研究院和南大能源研究所。与此同时，南大设有四所世界级的自主机构，包括国防策略研究国际权威机构——拉惹勒南国际研究院、新加坡唯一的专业师资培训学府——国立教育学院、集中研究地球科学自然灾害课题的新加坡地球观测与研究所，以及重点研究生物膜的环境生物工程中心。除了着重科研建设，南大还计划借助现有的优势，在可持续发展、新创意媒体、保健医疗体制科技、新丝绸之路和创业创新生态模式五个方面，再攀高峰，致力于在2015年将南大打造成一所卓越的环球大学。南洋理工大学文、理、工、商4个大学院中包含有12个学院。其中，由6个学院组成的工学院在科技的创新上享誉国际。理学院在新加坡的生命科学及科学方面处于领先的地位。南洋商学院能提供世界上最好的商业管理课程之一。文学院具有新加坡第一个艺术学院、人文与社会科学学院及黄金辉传播与信息学院。由此可见，南洋理工大学无论是在培养高技术人才方面，还是在研究高科技技术方面都是成就卓越。然而正是这么一个享誉国际的理工科学院却非常注重学生人文素质的提高、跨学科能力的培养，并通过开设一系列的通识教育课程来全面贯彻人文教育理念。

南洋理工大学秉承了罗索夫斯基和博克倡导的"有教养的人"的通识教育理念，发展学生的心智，培养他们的责任心和义务感。虽然科技和工程是南大的核心体系，但南大并没有忽视对学生的人文素质教育，秉承着"创新高科技，奠定全球性卓越大学；全方位教育，培养跨学科博雅人才"的办学理念，先后设置了人文学院和艺术、设计及传媒学院，无不体现了南大对人文精神的追求①。为了达成上述目的，南洋理工大学改革其本科的教育，给学生选修更多非主修科目，旨在塑造既有深入专业认识，又有广泛领域知识的"T型"毕业生。2012年7月接任校长职务的南大常务副校长安博迪教授在记者会上宣布本科课程改革详情。他认为，未来的就业市场需要对某个领域有深入认识，但在其他相关领域、商业或企业发展也有相当知识的T型专业人员。他相信课程改革后塑造出来的毕业生，将能领导和解决超越自己专业领域的课题，也能规划我们社会和市场的未来。南大也希望，新课程的毕业生具有特别的"X因素"，包括有正直的品格、领袖才能、关心社会、积极学习，还有求知的心。新本科教育让学生能修读更多主修以外的科目，主修科目最多占七成，其他非主修科目至少占三成。例如，工程系学生原本修读75%主修科目，另外25%非主修科目，在新课程要求下，前者将只占七成，后者占三成。而人文系学生的新课程的要求将是主修科目占55%（原本占60%），非主修科目占45%（原本占40%）。②南大表示，这是为了让学生有更多小组学习和反思的时间，学生也将能更灵活地根据兴趣和强项选择课程。除了课程上的改革，南大主张改变教学方式，推行小班教学，给学生有更多小组、互动学习机会，成为主动的学习者。这是南洋理工大学在对通识教育课程进行了充分的研究咨询、借鉴世界上几所精英大学的经验后作出的新举措，它以美国麻省理工学院为榜样，其目的在于努力培养学生的个人品质、创新和领导能力，使其一生出类拔萃。

  南大人文学院院长王宏志教授认为，知识经济时代，大学应当肩负起提升人民的人文素养，加强他们的创新和创造力，人际间的沟通能力的使命，以及文化历史的传承能力的使命，从而提升社会文化水平的任务就显得越发重要。他说："人文学院的学生毕业后未必都成为文学家、社会学家或心理学家，但就学时所接受的知识和文化熏陶，肯定能提升他们的人文素养。这潜移默化的力量也将通过更多副修、通识课程，感染全体南大师生，让理工科强的南大生有更扎实的通才基础。"③话语之中透露出学校对南大通识教育的期望与规划。

  随着高等教育规模的迅速扩大，精深高尖的专业化教育被推迟到研究生阶段进行。学科发展不断走向交叉和综合的趋势，使专才教育模式下培养的专门人才的知识范围变得过于狭窄。而随着全球一体化的发展和世界交流的频繁，此时的人才市场需要更多的复合型人才，即使是专精的学术型人才也需要更加

---

① http://www.ntu.edu.sg/chinese/Pages/default.aspx，2014-02-28.
② 新加坡南洋理工大学实行新的本科课程，http://college.strong-study.com/106473652.html。
③ 潘星华：《新加坡教育人文荟萃》，新加坡诺文文化事业私人有限公司2008年版，第84页。

宽厚的知识基础来开拓视野和认识。因此，作为一种人才培养模式，通识教育一开始就更多地考虑到教育对学生和社会的实用性。一方面，它能为学术型人才提供一个更加宽厚的专业基础，从而在面对各种环境和解决各种问题的时候能够综合考虑、进行知识迁移；另一方面，它还充分考虑到学生今后在社会上谋生及适合职业不断变化的需要。随着科技的高速发展，社会处于不断变动中，人们随时面临重新选择职业的局面。一个合格的职业人必须具备以下两项素质：一是要有较为丰富的职业知识和较强的职业技能，二是要有良好的品格和一定的管理能力。前者是一个人的就业之术，后者是一个人的立世之本。科技院校的教育也要提升学生的文化素质，保持人文性这一高等教育的经典属性。南洋理工大学在办学使命中提出要"为他们的未来生活与就业做好准备，使他们在毕业后能为新加坡的科技、经济及社会发展作出贡献，适应全球一体化的发展"。这种以"能力"为本位的教育对学生能力的要求是全方位的，明确提出学生必须具备 12 项能力和素质：创新能力、团队精神、设计与开发能力、良好的沟通技巧、宽广与多层面能力、更好的人际处理技巧、终身学习精神、对国民素质的认同、创业精神、均衡发展、勇于执行态度、深造可能。[1]

徐冠林校长指出，南大不能定位为一个职业培训所，除了进行专业教育外，还要让学生吸取更广泛的知识，成为一个全方位的人，以适应万变时代的需求，无论什么时候都能走出自己的路。[2] 因此，他在南大对学生所修读的所有科目进行改革，有六成是专业知识，而四成能按照他们的志向，跨系、跨院自由选修各种课程。大学教育如果完全以学科或职业为导向，使学生只掌握单一学科的知识，那么就容易导致受教育者难以把世界视作一个瞬息万变的、庞杂而有机联系的系统。专业教育是因学科分殊化而把各个学习、研究领域分割开来，让学生进入某一个领域的学习而放弃其他领域知识的学习。然而，学科分殊化的同时，人的经验世界和生活世界却是统整的、一体的，它并非按照学科的划分整齐划一地呈现在人的眼前，人所经历的世界、面对的各种问题往往不止涉及某一个学科的知识，要了解社会生活和世界，人必须具备一种整合能力，即能够从多个角度去理解生活。面对当今人类所面临的一切社会问题，也必须从一个整体的角度去考虑，才能加以理解乃至解决。

南洋理工大学提倡一种跨学科的整合学习，即围绕着一个问题，从整体与联系的角度，综合运用各种学科知识去理解和解决。比如，其开设的不是"心

---

[1] 姚寿广、经贯宝：《新加坡高等科技教育——以南洋理工大学为例》，高等教育出版社 2009 年版，第 70 页。
[2] 潘星华：《新加坡校长访谈录》，创意圈出版社 2006 年版，第 41 页。

理学论""法学原理"等课程,而是"谁的规定?犯罪和惩罚中存在的问题""我们为什么要工作?""城市、身体、记忆和艺术"等跨学科整合性科目。通过学科之间的互动、影响和渗透,超越学科间的各种限制,开拓新知识的学习与研究问题的视野,真正将世界还原为一个整体。

除此之外,南大人文素质教育还主张贯彻新加坡教育部在"理性的教育成果"中所提出的大学生人文素质教育目标。为了迎接新世纪全球性的竞争,新加坡教育部制定了《理想的教育成果》教育纲领,勾勒出21世纪的教育理念与前景,给教育制度立下评估的框架。其中,纲领中对高等教育的规划目标是:①既具备高尚道德及深厚文化素养,又能尊重存在的差异,对国对家对社群都尽责;②笃守多元种族及精英原则,充分意识到国家面对的局限又能窥见机会;③优雅社会的使者;④勤奋向上、敬业乐业、团队精神;⑤思考能力强、判断力好,以信心迎接未来,以勇气及坚定的信念面对逆境;⑥追求、分析、运用知识;⑦具备革新精神,不断求进步,终身不歇学习;⑧有胆识、有魄力;⑨放眼世界,扎根本国。①

这九大目标主要体现了两大教育制度的功能:培养个体和教育国民。首先,在培养个体上,教育最终也必须能够使每个人都能发挥各自的才华与潜能,并且教导他们如何保持体健心灵。一个受过教育的人,对自己、家人及朋友,都会尽到自己的责任,负起自己的义务。其次,在教育国民上,任何人都不能离群而居。社会能让个人通过各自的贡献,找到适当的立足点及保障。与此同时,他也肩负对社群的义务与责任,由此获得生命的意义,找到自己的定位。一个受过教育的人,也是对社群及国家尽责的人②。

南大通识教育的目标即在培养专业技能教育的基础上,进行多元选择的全面教育,培养学生的人文素养,使他们具有高瞻远瞩的视野,批判和创新的精神,同时具有社会责任感③。新加坡国际学术咨询团成员、前北京大学校长许智宏教授说:"一所大学最重要的是应具备足够的人文基础,而大学的灵魂,正是它的人文精神。大学生如果只有科技,而没有人文精神,他就不会了解自己对社会的责任,年轻人如果没有社会责任感,就无法改变国家的命运。一所开办文理科学和社会科学的综合性大学,塑造学生的社会责任感和创新精神,要比一所专科大学强得多。"④ 徐冠林校长就在南大设立了人文学院,因为他

---

① 卢艳兰:《新加坡高等院校人文素质教育研究》,人民出版社2012年版,第99页。
② http://www.smu.edu.sg/, 2013-03-03.
③ 卢艳兰:《新加坡高等院校人文素质教育研究》,人民出版社2012年版,第60页。
④ 潘星华、张颂景:《北大校长许智宏教授 南大将扩大为综合性大学 将能培养高素质人才》,载《联合早报》(新加坡)2003年1月15日。

认为现在的社会偏重实际,人们需要学习人文精神,来鼓励他们回归社会、享受人生,并取得精神上的满足。

2004年7月,在南大迎新典礼上,徐冠林校长指出未来的几年南大将为学生提供一个包括三项重要内涵的大学教育,分别是:"一个有多元选择的全面教育、一个抖擞焕发的学生生活,以及一个具有世界观、前瞻性的视野。而通过这项努力,南大将发展成为一所有理想、有热忱、独树一帜的优秀大学。"[①]

总而言之,南洋理工大学通识教育理念是以上几种理念的有机融合,在坚持劳威尔的"通专结合",培养又"通"又"专"人才的基础上,提倡人文学科与专门学科的融合,关注学生的全面、和谐、协调的发展,同时面对"全球化"的时代大趋势,注重"多元文化下的兼容并蓄",塑造学生作为"世界公民"的义务感和责任心,成为不仅有精深的专业能力、广博的学科知识,还有美好的品德心灵的新世纪人才。

二、新加坡科技院校通识教育知识领域与课程内容

通识课程是实践通识教育理念的载体,要解决的问题是通过给学生提供什么样的认知领域与课程内容来达到通识教育的理念和目的。而有关通识课程设置的思想与理论,黄俊杰先生在《大学通识教育的理念与实践》一书中进行了详细的阐述,他将现代大学通识教育课程设置理论归纳为四种:精义论、进步论、均衡论、多元文化论[②]。

"精义论"通识课程设置理论是以永恒主义哲学为指导,认为在人类不断变迁的社会政治经济文化生活之中,有一套永恒不变的核心价值,这种价值皆保存在经典作品之中,因此,这种通识课程理论强调通识课程应以经典的阅读、分析和讨论为中心。美国的赫钦斯是这种理论的重要代表人物,其在任芝加哥大学校长时就提倡以西方的经典研读为中心的大学通识教育课程,在文化选择上是"唯西"倾向的。以精义论为基础所设计的通识教育课程,难以免于特定文化价值的偏见,而坠入"欧洲文化中心论"或者"中国文化中心论"之巢。

"进步论"认为未来的人类社会会是一种高度都市化、信息化、知识化的

---

① 潘星华:《南洋理工大学迎新典礼 徐冠林严词表达治校观》,载《联合早报》(新加坡)2004年7月27日。

② 黄俊杰:《大学通识教育的理念与实践》,华中师范大学出版社2001年版,第119页。

社会，而教育的基本目的，就是要让学生对未来的生活有准备，教育的每一阶段的基本任务，就是为这种"对未来的探索"做准备①。因此持这种理论的学者主张通识教育课程应以具体贡献于学生未来的生活为目标，从而必须具有前瞻性，在这种想法下，许多大学通识教育课程架构的规划，都非常注意培养学生适应未来社会生活的能力②。这种理论注意到了通识教育在培养学生适应未来社会生活方面的重要作用，但也很容易陷入工具主义倾向。

"均衡论"者认为，通识教育的课程应该在各种知识的分支领域力求均衡，这样才能免于片面性。从均衡论出发的通识教育课程设计，基本上将通识教育视为沟通人文社会科学与自然之间的"两种文化"的桥梁，企图通过通识教育的实施，提供给学生较为全面而完整的知识图像。这种通识课程设计理论由于其适应性较强，特别是在知识爆炸、大学科日趋分化的学术背景下，均衡论成为世界各大学最为普遍的做法。但这种课程设置理论也存在一定的局限性，即延续了大学各学科这种泾渭分明的学科体制。

"多元文化论"主张用"多元主体并立"的精神来设计通识课程的架构及教学内容，以吸纳多元文化之内涵，开拓学生相容并蓄的胸襟。其中最具有关键性的就是"主体"这个名词上，它所包含的内容非常之广，既可以以思想体系作为主体，也可以以种群作为主体，还可以社会阶段作为主体③。美国的狄百瑞提倡以"多元文化论"来推动通识教育，强调东方经典著作在人文课程中应有的地位，并且主张以多元文化论观点设计通识教育课程，但他所提倡的多元文化论的通识教育理论，仅仅是针对美国通识课程中过分重视西方文化的状况，进而把多元文化作为提升亚洲文化在美国高等教育界的地位的一种手段，他的"多元文化论"的课程设计仍然是以经典，特别是亚洲经典研读为主。

新加坡国立大学工学院主张以"多元文化论"来设置通识教育课程，架构教学内容。该学院的通识教育课程由通识知识（general knowledge）和探索方式（modes of inquiry）两大部分组成：学习通识知识是为了了解人类知识领域各部分的联系，发现学科内部和学科之间看似不相关的知识和概念之间的关联；而掌握探索方式是为了搞清不同专业领域知识获得和确证的过程，从而使学生能够批判地分析新的、未曾预测的问题，并由此掌握创造性地解决这些问题的工具。由此可见，工学院通过跨学科的交流，促进知识和方式二者相得益

---

① 黄俊杰：《大学通识教育的理念与实践》，华中师范大学出版社2001年版，第121页。
② 李婉蓉：《日本大学通识课程设置于管理研究》，华南师范大学2007年学位论文。
③ 同①。

彰，完整体现了通识教育和素质教育的精髓①。

具体而言，新加坡国立大学工学院通识教育模块被设计成为 AB 两个学科组，即学科组 A（subject group A）"科学与技术"与学科组 B（subject group B）"人文与社会科学"。而每个学科组各有两个模块，分别是"信息与知识内容模块（information and knowledge content modules，IKC）"与"知识与探究方式模块（knowledge and modes of inquiry modules，KMI）"。"信息与知识内容模块"主要包括学生应该掌握的普通知识，这是重要的学习内容，是通识教育的一个组成部分；"知识与探究方式模块"侧重对知识的探究，强调获取知识的方法，以及如何来实际求证知识，这一模块是通识教育必不可少的组成部分。②通识教育模块基本上包含了新加坡国立大学核心课程所规定的研究领域，即文化与当代社会、历史、人类行为、生命科学、文学与艺术、道德判断、自然法则、科学技术与社会、科学实践与思考、社会与经济分析、写作与批判性思维。

"信息与知识内容模块"包括信息、观念及指导思想，注重于对那些现代社会中有效运作所需要的信息和知识的熟悉程度，并且能够正确评价自己对物理、生物、社会和美学等领域的理解。其模块课程还试图阐述学科内外知识的本质联系，促进在不同情况的知识运用中的批判性和创新性思维能力的发展。而"知识与探究方式模块"同样涉及知识的实质主体，但重点转移到探究的模式上。譬如，机械、数学、物理、生物、心理学或历史方面的知识与探究方式模块分别涉及工程师、物理学家、生物学家、心理学家或历史学家各自的独特的思考方式。因而，除了学习这些学科的知识内容，学生可以学习像工程师、数学家、物理学家、生物学家、心理学家或历史学家那样思考问题。"知识与探究方式模块"提供了一个对学术探究初步理解的第一手学术研究经验。③ 在介绍学术探究的课程中，同样要求学生具有独立学习的能力和批判的思维。"知识与探究方式模块"特别强调了学习结果，包括：①具备对支持或反驳某领域内主导思想的核心论据及推论的批判性理解能力；②具备区分学术研究中知识产生方式和批判性评估知识方式之间的相同与差异的能力；③具备在给定的疑问或问题的探究中明晰相关强项和局限的能力；④具备从事适合给定情景的探究能力；⑤通过对这些方式的理解和实践，具备好奇心、发散性思维、质

---

① http：//www.zinch.cn/singapore-polytechnic，2014 - 03 - 03.
② http：//ivle.nus.edu.sg/nus/gem/#GroupA_IKC，2014 - 02 - 27.
③ 卢艳兰：《新加坡高等院校人文素质教育研究》，人民出版社 2012 年版，第 22 页.

疑精神。①

"通识教育模块"具有双重重点，反映在智力拓展（IKC 模块）及批评性和创造性思维（KMI 模块）两个方面。知识的广度可以拓展学生的见识和互相联系的知识范畴，并使得学生能够把学科范围内与跨学科之间的那些表面上根本不相同的、分离的概念相互联系起来。对知识是如何在各种专业领域被获取和证实的理解有助于学生批判地分析新的未预见到的问题，并为创造性地解决这些问题提供工具。②"通识教育模块"的这些特点同样体现在其课程的设计中。按照课程目标要求，课程的设计需要注重多元文化教育，考虑不同专业特点，满足不同专业与不同兴趣的学生的需要。

新加坡理工学院主张以"均衡论"作为其通识教育课程设置的依据，并作为沟通科技教育和人文教育的桥梁。现代科技教育既要使受教育者适应就业和职业的变化，又要提升学生的文化素质，实现职业性和人文性的统一。

（一）通识教育课程

为了加深学生的批判性和分析性思维，以便他们将来身处任何领域都能有卓越表现，从 2011 年 4 月新学年开始，学院要求每名新生必须接受 150 小时的通识教育课程。这是一个强制性课程，包括 3 个单元，学生必须修读这 3 个单元方能毕业。学生在新加坡工院求学的 3 年里，会接触"媒体素养""环境素养""道德和推理""叙事""科学与科技""历史与政治""经济"等课程。每个通识教育课程班级的学生来自于不同的学科专业，这样有助于带动他们进行跨学科的交流与学习。③

（二）通识教育选修课程

自 2004 年起，新加坡工院学生必须在求学的 3 年中，修研 2～3 门通识教育选修课程。其目的是为了增加学生跨学科学习体验，以及提供与其他科系学生交流的平台和机会。选修课程主要分为三大类：人文与社会科学类、商业与管理类、科学与科技类。课程种类繁多，开设了近 100 个课程供学生选择，比如"中华历史与成语""电影鉴赏""历史与天文学""基本销售学""房地产估价""数学游戏""基因入门学"等。前院长刘广福说："学生都将学到

---

① http://www.zinch.cn/singapore-polytechnic，2014-03-05.
② 卢艳兰：《新加坡高等院校人文素质教育研究》，人民出版社 2012 年版，第 41 页。
③ 卢艳兰：《新加坡高等院校人文素质教育研究》，人民出版社 2012 年版，第 137 页。

主修以外的知识，工程系的学生修商业课程，商学系的学生修科技课程。来自不同学系的学生将有机会互相交流，希望他们在交谈中，对其他主修课有个初步认识。"①

2011学年第一学期开始人文与社会科学类共17门，分别是："背包旅游——了解世界之路""演讲与发音""历史与天文学""数码成像""发现音乐""戏剧鉴赏""有效口语技能""电影鉴赏""法国文化和语言入门""德国文化和语言入门""了解你的气质倾向""中华历史与成语""白头偕老的爱情：从浪漫、相爱到性生活的历程""音乐鉴赏""非口头化交流——肢体语言""孙子兵法——现代战争艺术""数码摄影入门"。②另外，商业与管理类选修科目共16门，分别是："理解跨文化差异""品牌设计""金融市场的图表分析""顾客服务——竞争优势""企业资源规划""创业""基本销售学""礼仪及专业形象""体验设计""财务管理工程师""认识你的权利""领导能力和团队精神——如何在一个组织成功""个人理财规划""质量管理""房地产销售""通过数学理解经济"。由上述可见，新加坡工院的通识教育选修课程种类繁多，领域广泛，紧跟时代和社会的需求，从学生兴趣入手，多方面提升学生的综合素质与修养。

南洋理工大学主张以"均衡论"作为课程设置的依据，力求在各种知识的分支领域里均衡发展。同时也融入"多元文化论"的理念，主张多元文化下的相容并蓄，注意开拓学生的胸襟，使其聆听多处的声音、广涉各方面的信息。南大学生的课程结构主要分为两大类：占75%的专业教育课程（major requirement）和占25%的通识教育课程（general education requirement）。其中通识教育课程的主要目的在于拓宽学生的知识面，使他们不局限于自己狭隘的技术或专业领域，而具有适用于广泛职业的批判性思维、推理和交流能力。通识教育课程所涵盖的领域包括人文、科学和经济等人类核心知识领域③。通过提供有多种选择的课程，让学生根据自己的兴趣进行选择。

南洋理工大学于2005—2006年度对所有在校新生实施了新的本科课程计划，由专业要求（≤70%）和通识教育要求（≥30%）两部分组成。（图3-1）

---

① 张颂景：《今年7月开始新工院要让学生成为能说会想知识广的通才》，载《联合早报》（新加坡）2004年3月4日。
② http://www.zinch.cn/singapore-polytechnic，2014-03-09.
③ http://www.ntu.edu.sg/，2014-03-06.

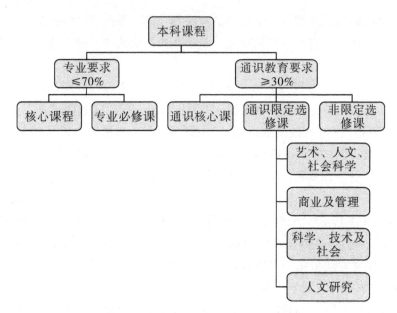

图 3-1 南洋理工大学本科课程结构

资料来源：南洋理工大学官方网页——本科课程结构，http://www.ntu.edu.sg/Students/Undergraduate/AcademicServices/Pages/CurriculumStructure.aspx，2012-11-30。

新的本科课程计划不仅协调了通识教育和专业教育，提供了一个学习研究的广度和深度之间的平衡范畴，而且更能使学生根据自己的兴趣和志向做出灵活的选择，以获得更大的专业深度。南大的通识教育课程安排严谨，充分考虑到全人的培养理念和学生的兴趣自由，主要分为以下三类：

一是通识教育核心课程（core course，简称 GER-Core），主要是向学生显示在某些特定领域内，有什么样的知识、价值和什么样的方法，来引导学生寻求获取知识的途径。① 南大的核心课程作为通识教育课程中的必修课程，总计 12 学分，涉及"沟通技能"（communication）、"新加坡研究"（singapore studies）和"环境可持续发展"（environmental sustainability）这三大类②。目的在于培养学生的人际交往能力、环境保护和环保意识、全球视野，以及对新加坡国家问题、政府决策的理解力和对新加坡历史文化的认同感。各学院可根据学校规定的这三大板块，结合各自的实际和专业需求，自

---

① 李曼丽：《通识教育——一种大学教育观》，清华大学出版社 1999 年版。
② 南洋理工大学英文官方网页，http://www.ntu.edu.sg/Pages/index.aspx，2014-02-26。

主选择核心课程。如南洋商学院把经济学原理（包括新加坡研究的课题）、沟通的基础、沟通管理策略，还有环境可持续性的课程作为通识核心课程；而南大工学院则把有效沟通、技术交流、专业通信和环境可持续性、工程师与社会作为通识核心课程。可以说，南大通识核心课是与各自学科专业紧密联系的，这既满足了学校的通识要求，也不妨碍学生的实际专业成长。

二是通识限定选修课程（GER prescribed electives，GER-PE），分为四大类：艺术、人文与社会科学（arts, humanities & social sciences，AHSS），科学、技术与社会（science, technology & society，STS），博雅研究（liberal studies，LS），以及商业与管理（business & management，BM）（四年制本科要求）[①]，学生可以根据自己的兴趣和志向在每一领域至少选择一门课程，总计9～15学分。这些领域代表了人类广泛知识的核心范畴，而每一领域又有诸多相关的课程供学生选择，例如艺术、人文与社会科学类提供了多达113门课程，科学、技术与社会类提供了59门课程，经济与管理类提供了24门课程等[②]。这些课程充分利用和整合了学校的教学资源，由学校不同学院的老师承担，为学生跨专业学习创造了良好条件。同时，GER-PE每一领域都包含了诸多课程模块供学生选择，例如艺术、设计与传媒模块，材料工程模块，传播学模块，人文和社会科学模块等[③]。此外，课程类型也是丰富多彩，并且贴近学生生活实际，如开设的日常生活中的情绪、食品文化与社会、心灵压力等课程。另外，南大通识课程非常注重对中华文化的了解，并占有很大比重，例如，传统中医、中国现代歌词、中国传统与社会、中国民族歌剧、中国文学[④]等。（表3-1）

三是非限定选修课程（GER unrestricted electives，GER-UE），也即"自由选修课（free electives curriculum）"，是指学校提供的一系列课程，任由学生自由选择的一种课程实施计划[⑤]。在自由选修教学计划中，学校只做一个总体学分量的规定，而不对学生选课进行任何限定，学生可以完全根据自己的兴趣确定一个属于自己的通识教育计划。南大非限定选修课程可以是满足学生兴趣和志向的任何课程，总计12～30学分不等。GER-UE覆盖了各大学院的每类课

[①] http://www.ntu.edu.sg/Students/Undergraduate/AcademicServices/Pages/CurriculumStructure.aspx, 2014-02-26.

[②] 南洋理工大学英文官方网页，http://www.ntu.edu.sg/Pages/index.aspx，2014-02-26。

[③] General Education Prescribed Electives. https://wish.wis.ntu.edu.sg/webexe/owa/aus_subj_cont2.mai, 2014-03-02.

[④] 张寿松：《通识教育课程论稿》，北京大学出版社2005年版，第181页。

[⑤] 张寿松：《通识教育课程论稿》，北京大学出版社2005年版，第183页。

程领域，不仅包括通识限定选修课的四大类课程，也可能包括现代语言、企业家精神、音乐与戏剧等课程。这比通识限定选修课更为自由和开放，它不提供专门的课程范畴，学生们可以通过多种途径来获得非限定选修课程的学分。如学校提供的非限定选修之外的副修课程、第二专长计划及参与一些国际合作项目，例如，国际学生交流计划、全球教育计划、海外实习计划、全球暑期学习计划等①。学生可以在副修课程里获得另一研究领域的深度，以扩展普遍的知识；也可以从各自专业中选择更多的学科课程，以获得更大的专业深度；或通过参与校园活动与项目，以拓宽自身的专业限制，扩大视野，充分发挥其潜能。

表3-1 2011—2012学年通识限定选修课中商业与管理类课程模块一览

商业与管理类（Business & Management, BM）		
商业模块 （Business）	计算机工程模块 （Computer Engineering）	传播学模块 （Communication Studies）
BU8101 会计：用户的角度 BU8201 商业金融 BU8301 商业法基本原理 BU8401 管理决策工具 BU8501 21世纪的市场化 BU8601 管理基础	CE8003 人力资源管理与企业家精神 CPE810 管理与解决冲突 CPE811 从谈判中你想获得什么 CPE812 开发团队精神	CS8060 广告介绍 CS8061 技术管理与创新
电器及电子工程模块 （Electrical & Electronic Engineering）	材料工程模块 （Mechanical Engineering）	文艺复兴时期的工程模块 （Renaissance Engineering）
EE8062 金融与会计管理 EE8063 电子商务管理 EE8064 电子工程师的知识产权	MS8001 管理与幽默 MA8103 人力资源管理 MP2014 工程管理分析学	RE8002 会计 RE8003 管理学基础

资料来源：根据通识教育限定选修课程整理而成，https://wish.wis.ntu.edu.sg/webexe/owa/aus_subj_cont2.mai, 2012-12-5。

2012年9月，南大首次正式开办"博雅英才通识课程"（university scholars

---

① 南洋理工大学英文官方网页，http://www.ntu.edu.sg/Pages/index.aspx, 2014-02-26。

programme，简称为 USP）吸引优秀生入学，通过多元文化、跨文化和跨学科学习，来鼓励他们独立思考，栽培他们成为 21 世纪及职场上所需要的全方位的未来领导人[①]。USP 学生将获得顶尖教师的单独辅导、跨学科和密集型研究机会、海外实习，并且将有幸接触诺贝尔奖得主及一些世界顶尖科学家和艺术家。USP 课程有其自身独特的严谨性和丰富性，其中 25% 的课程是必修课，剩下的 75% 将由学生们自由选修。学生将接触到有关企业和创业、文化、社会、艺术、现代科学等基本问题[②]。课程以小规模研讨班的形式进行，旨在最大限度地提高学生的互动程度及参与度。（表 3-2）

表 3-2 博雅英才通识课程大纲（USP programme curriculum）

科学与工程（Science and Engineering）	
核心课程（core courses）	选修类别（elective categories）选择 5 门课程 （从以下每个类别中各选择一门课程，第 5 门可随意选）
● 写作与推理（Writing and Reasoning） ● 伟大思想（The Great Ideas） ● 道德（Ethics） ● 地球（Planet Earth） ● 定量推理（Quantitative Reasoning）	社会科学（Social Sciences） ● 出生，衰老，死亡：人口研究 ● 城市与城市化 ● 全球媒体 ● 社会和政治思想的经典 ● 全球经济 ● 女性与社会
	艺术、人文和文化（Arts, Humanities and Culture） ● 宗教的世界 ● 理论知识 ● 经典名著 （艺术、文学、哲学、政治、社会学、经济学、商业、科学写作，将包括所有地区和文化的经典著作） ● 艺术的象征意义 ● 艺术、技术和影像

---

① 《南大开办"博雅英才通识课程"》，http://enewsletter.ntu.edu.sg/PinYueNanDa/Feb12/Pages/cn3.aspx，2014-03-02。
② 《博雅英才通识课程大纲》，http://scholars.ntu.edu.sg/Pages/Curriculum.aspx，2014-03-03。

续表3-2

科学与工程（Science and Engineering）	
	跨学科研究（Interdisciplinary Studies） ●水 ●人文医学 ●健康信息 ●进化心理学 ●互动媒体 ●创新、创业和领导力
●天文学 ●地球科学 ●身体：健康科学 ●历史与科学哲学 ●工程：伟大思想	

* 以上所列课程并不在任何时候都将提供，须获得学院/专业的协调，从而允许一定的灵活性。

* 学生在海外交流期间可自选一些选修课程，但核心课程须在南洋理工大学修习。

资料来源：博雅英才通识课程大纲，http://scholars.ntu.edu.sg/Pages/Curriculum.aspx，2012-12-26。

南洋理工大学的本科课程计划中通识课程和专业课程的比例大约是3∶7，这样不仅能协调通识教育和专业教育，提供了一个学习研究的广度和深度之间的平衡范畴，而且更能使学生根据自己的兴趣和志向做出灵活的选择，以获得更大的专业深度。与此同时，在课程内容上既纵观古今历史的经典名著开设了诸如"戏剧：从文本到表现""工作在21世纪"等课程，又横延中外文化的知识精髓开设了诸如"中国地方戏曲赏析""了解新加坡"等课程。这是南洋理工大学在对通识教育课程进行充分的研究咨询、借鉴世界上几所精英大学的经验后作出的新举措，人文学科与理工学科有机融合，而且还坚持"多元文化并蓄"，广泛涉猎不同时代、不同地区的有用信息。如此一来，便可开拓学生的眼界胸怀、发展学生的个性品质、培养学生的创新能力，从而促进其自我意识的觉醒，真正地实现"人"的养成，而非"器"的雕琢。

三、新加坡科技院校通识教育的修读制度与安排

通识教育制度安排是通识教育实施中十分重要的一环，是在通识教育理念

的指导下,以现有的通识课程设置为基础,形成的约束学生修读行为的一组规则,要回答的问题是应通过怎样的制度安排来约束学生课程选择权,在制度上保障通识教育理念的顺利实现。历史上,有关通识的制度安排,基本上有两种类型,一种是"限制性修读"制度,另一种是"自由选修"制度。

"限制性修读"制度在学生的修习上有一定的制度规定,或限制了学生需要修读的课程领域或规定了学生必修修读的具体课程,或明确了各类课程所要达到的总体学分等。这种制度在"分布必修课程"和"核心课程"制度设计中表现得最为明显①。顾名思义,"分布必修课程"的制度设计是以"分布必修"为特征,尊重学生的个性和选择,这是目前高校广泛采用的一种通识教育制度设计模式②。采用该制度的学校通常在课程设置上要求呈现多个领域的知识,如向大学生提供诸如自然科学、社会科学和人文科学等领域的课程。"分布必修"即在制度上规定学生在各领域至少应修习的课程门数或最低学分数,该修习制度的哲学基础是结构主义的,通过对各个领域所要学习的知识做出具体规定,来达到完善学生知识结构的目的③。

"核心课程"是20世纪70年代末大量出现于美国大学或学院的一种综合传统独立学科中的基本内容,以向所有学生提供共同知识背景为目的的课程设置④。"核心课程"在制度安排上,在本质上也是属于"分布必修",具体地规定了学生在每个领域中应该学习修习的课程门数或最低学分。区别就在于制度设计的通识课程基本不同,"分布必修课程"的课程领域是按学科分类的,而"核心课程"的课程领域是按能力分类的,围绕培养学生的某种核心能力分别开设若干核心课程⑤。

"自由选修"制度,即指大学对学生所要修读的通识教育课程不作具体规定,由学生根据自己的兴趣、爱好自由选修,这种制度也被称为自助餐式制度设计模式⑥。与"限制性选修制"强调通识教育管理者的权利,"自由选修制度"将课程的选择权完全下放给学生个人。由于这种课程完全由学生根据自己的学习和兴趣要求进行自主选择,学校为了迎合学生的需要,需开设大量不同类型的课程,其知识所涉范围极广。这种制度设计给予学生绝对的自由选择

---

① 卢艳兰:《新加坡高等院校人文素质教育研究》,人民出版社2012年版,第147页。
② 张华、石伟平、马庆发:《课程流派研究》,山东教育出版社2000年版,第120页。
③ 卢艳兰:《新加坡高等院校人文素质教育研究》,人民出版社2012年版,第139页。
④ 李曼丽:《通识教育——一种大学教育观》,清华大学出版社1999年版,第92页。
⑤ http://www.zinch.cn/singapore-polytechnic,2014-03-11。
⑥ 罗索夫斯基:《评通识教育与核心课程(上)》,载《通识教育季刊》(台)1994年第1期,第53页。

权,但由于这种实践模式是建立在"每个学生最了解自己的知识结构和学习目的"的假设前提下,需要学生有较强的自控能力和责任意识,目前美国的布朗大学和阿姆斯特学院均采取这种通识教育制度方式。

新加坡国立大学工学院通识教育选修制度采取的依然是"限制性修读"制度,其中"核心课程"和"分布必修"两种方法双管齐下。其实施是多渠道的,既有教学,又有实践活动,还有网上虚拟校园计划。目前,国大正与耶鲁大学洽谈合作建立"耶鲁－国大博雅学院"。实现通识教育的最主要渠道还是在课堂,即通过实施有效的课堂教学来达到通识教育的目的。因此,需要制定详细的通识教育课程目标与标准、筛选恰当的课程内容来形成合理的课程体系。同时,学校还需要采取相应的课程与教学管理措施,从制度上保证通识教育课程的开设与评价。

首先,在学分要求上,新加坡国立大学规定,凡是 2001—2002 到 2006—2007 这 6 个学年中被录取的学生(法律、医学、牙科及国大学者项目专业的学生除外),都需要攻读两个通识教育模块[或者 8 个标准学分(MCs)],才能达到新加坡国立大学层面所要求的通识教育组成部分的规定学分要求。例如,来自工程与自然科学学院及计算机学院的学生至少需要攻读学科组 B 中的一个通识教育模块,来自人文与社会科学学院及工商管理学院的学生至少需要攻读学科组 A 中的一个通识教育模块,来自设计与环境学院的学生则至少需攻读学科组 A 中的一个通识教育课程及学科组 B 中的一个通识教育课程。每个通识教育相当于 4 个标准学分,特殊学期的通识教育模块等于 2 个标准学分。有关特殊学期的信息,学校都有明确的通知。通识教育模块学分与标准学分(MCs)之间的折算见表 3-3:

表 3-3 新加坡国立大学通识课程学分规定

	标准学分(MCs)
A. 新加坡国立大学层面要求或规定(from AY2001/2002 to AY2006/2007)	20%
1)GEM 通识教育模块	8 MCs (3 yr*) /8 MCs (4 yr+)
2)新加坡研究	4 MCs
3)拓展(Breadth)(指学生可自由选修本专业院系以外的院系所开设的课程)	8 MCs (3 yr) /16 MCs (4 yr)

续表 3-3

	标准学分（MCs）
合计	20 MCs（3 yr）/28 MCs（4 yr）
B. 院系层面要求或规定	80%

注：3 yr* 表示 3 年学位项目，4yr+ 表示 4 年学位项目，(from AY2001/2002 to AY2006/2007) 表示在 2001—2002 学年到 2006—2007 学年期间被新加坡国立大学录取的学生[①]。

其次，在选课安排上，通识教育模块的所有课程不是全部在某个学期开设的，有的在第一学期，有的则在第二学期。学校要求学生达到的通识教育模块的 8 个标准学分（MCs）可以在整个本科生阶段修完。学生可以根据自己的专业特点与学习计划，灵活地作出选修安排。每一门 GEM 模块课程的听课人数有限制，学生需要早做准备。由于学生选课具有一定的盲目性，有时会出现因为班额等问题而选不到课的现象。为此学校规定，课程的提供在周一至周五每天下午 5 点进行，有效时间为 48 小时。所以，作为学生来讲，需要及时查询相关的信息。而有些一年级学生在选课的时候没有考虑到自己以后的专业选择，同样会出现所学课程的交叉现象。原则上，其他课程与 GEM 学分课程是不能够转换的。如果学生因为选修问题而不能够满足毕业要求，转换也只能在毕业档案归档之后；如果转换被批准，需要交纳 30 学分的转换费用[②]。

学校开设通识教育课程的目的是非常明确的，要旨之一即让学生能够学习自己专业以外的研究领域，这一点是学生在选择学科组课程时需要认真考虑的因素之一。为了达到拓宽学科学习的目的，学生所选修的通识教育模块应该避免与自己所学的专业与选修的领域相近或交叉。选课前，学生应该仔细阅读学校有关通识教育模块的具体规定，如果选错的话，修了也不算学分，还会造成不必要的损失。其中包括所修考察的考试日期，学生也应该加以留心，不要相互冲突。这些事项学校都有明确规定，学生需要学会自我管理。而这种方式的能力培养是值得我们学习借鉴的[③]。

另外，国立大学工学院通识教育课程的授课形式基本上是采用两种模式，即讲授课（lecture）与讨论课（tutorial）。譬如，以 GEK1521 "生命科学中的物理" 为例，这一课程每周的讲授课多达 6 个门次，由指导导师个别指导/主持的讨论课每两周有 20 个门次（分单双周进行）。tutorial 实质上就是导师制，

---

① 卢艳兰：《新加坡高等院校人文素质教育研究》，人民出版社 2012 年版，第 17 页。
② 卢艳兰：《新加坡高等院校人文素质教育研究》，人民出版社 2012 年版，第 27 页。
③ http://www.nus.edu.sg/，2014-03-09.

它的产生源于 14 世纪的学院制。最早在英国的牛津大学、剑桥大学流行，随后传入美国哈佛大学，并作为一种教学模式被广泛采用。

总之，从以上教学规定中可以看出，通识教育模块的设计充分考虑了它的连续性与完整性，时间跨度为 6 学年。按照一般的规律，课程体系的构建在经历了目标确定、结构设计、内容筛选、教材编写以后，还需要经过一段时间的教学实施，才能对其进行评价。从 2001—2002 到 2006—2007 这 6 个学年中，学校可以在每学年的实施过程中发现存在的问题，寻找解决的方法以不断完善。

为了使得学生能够更好地学习通识教育模块课程，探究或拓宽非本专业的知识，在学习通识教育课程的同时，学校还为学生提供一些非常有用的相关的阅读书目提要。其中许多作者是诺贝尔奖获得者，他们从内心的感受与研究视角来阐述自己对所从事的学科的理解，他们所写的书自然不是传统概念上的教科书，学生能够理解、也愿意读。实践证明，这样做有利于通识模块学习。这些书目是按照不同的分类给出的，涉及数学、物理学、生物科学、医学、普通自然科学、混沌与自我组织及复杂性、心脑科学、工程与技术、科学与宗教、历史、哲学、社会科学、知识与思维及教育、模糊与可信知识的辨析等研究领域。

新加坡理工学院通识教育课程选修制度亦是"限制选修制度"，以此来达到"知识互补"。自 2004 年始，新加坡理工学院要求每位在校生必须修 2～4 门通识教育选修课程，并且要求理工科学生必须修 1 门人文与社会科学类课程。从 2011 年 4 月起，学院要求每名新生必须接受 150 小时的通识教育课程。这是一个强制性的课程，包括 3 个单元，学生必须修读这 3 个单元方能毕业。每个学生都会接触"媒体素养""环境素养""道德与推理""叙事""科学与科技""历史与政治""经济"等课程。每个通识教育课程班级的学生来自于不同的学科专业，这样有助于带动他们进行学科的交流与学习[1]。

选修课三大类中，对于 3 年全日制学生而言，必须选修 2～3 门通识选修课方能毕业。如果是读 DNS（航海学文凭 Diploma in Nautical Studies）课程的学生，可以从人文与社会科学类及商业与管理类分别选修 1 门即可；其他学生需从每个类别中各选择 1 门课程，共读 3 门课程。学生从入学后的第 1 学年第 2 学期开始上选修课，每学期上 1 门，1 门课一般 30 小时，上 15 周，一周 2 小时。学生在选课时，要遵循就远原则，不能选择自己学科范围内的课程，应跨学科选读。选修课的评估采取平时测验的方式，没有期末考试[2]。

在教学形式上，新加坡工院的课程教学采取的是基于 CDIO 模式的项目教

---

[1] http：//www.zinch.cn/singapore-polytechnic，2014-03-13.
[2] http：//www.zinch.cn/singapore-polytechnic，2014-03-14.

学法。CDIO 即构思（conceive）、设计（design）、实施（implement）及运作（operate），是"从做中学"和"基于项目的教育和学习"的集中概括和抽象表达。所谓项目教学法，是一种基于项目的教学方法，它是师生通过共同实施一个"项目"工作而进行的一种"教"与"学"活动。这种基于项目的教学，是以学科的知识和能力为中心，通过合作和利用多种资源来构建学习环境，从而进行探究性学习的一种模式。新加坡工院基于 CDIO 模式的专业课程体系是以项目为主线，把应达到的知识目标、能力目标和素质目标融入项目教学中去。在学生 3 年的学习过程中，通过合理规划的课程项目、综合项目等，把基础课程、公共课程、专业基础课程、专业课程等内容（这其中包括通识教育课程），以及应达到的目标融入项目教学之中，并通过实施项目培养学生的综合应用能力。CDIO 模式的项目教学实施过程包括：构思、设计、实施、运行四大阶段[①]。

南洋理工大学为了满足不同专业和不同兴趣的学生需求，采取的通识教育选修制度是"限制性修读"的方式，其中"核心课程"和"分布必修"两种方法双管齐下。学生选课遵循"均衡选修模式"，即将课程规划为三或六个领域，采取"不同学科领域交叉选修"的模式，不能选与自己所学专业相同或相近的课程。

首先，在学分要求上，南洋理工大学的通识教育选修制度也是采取"限制性修读"制度。通识教育课程占 3～4 年本科课程总学分的 25%～40%，也就是说，学生在毕业前必须修满通识教育核心课程的 12 学分，通识教育限定选修课的 9～15 学分，还包括非限定选修课（在各个专业学分分布不等）的 12～30 学分，才能达到南大所要求的通识教育组成部分的规定学分要求。"通识教育模块"的所有课程并不是全部在某个学期或学年开设的，有的在第一学年，有的则在第二、第三学年，但通识教育核心课程一般在低年级开设。学生要达到学校规定的通识教育三个板块的学分，可根据自己的专业特点与学习计划，灵活地作出选修安排[②]。通识选修课程学分的要求因学院和专业而异：理工科学院必须修满艺术、人文与社会科学类 9 个学分，经济与管理类 3 个学分，科学、技术与社会类 3 个学分；人文学院学生则要修满科学技术与社会类 9 个学分，艺术、人文与社会科学类 3 个学分，经济与管理类 3 个学分。这些课程的开设，为学生全面发展打下了良好基础[③]。

---

① 卢艳兰：《新加坡高等院校人文素质教育研究》，人民出版社 2012 年版，第 133 页。
② 卢艳兰：《新加坡高等院校人文素质教育研究》，人民出版社 2012 年版，第 79 页。
③ http：//www.ntu.edu.sg/Pages/index.aspx，2014-03-12。

其次，在选课的规定上，"通识教育模块"中所有的课程都由各自院系设计、编写、开设，学校教务管理部门负责统一规定课程编号或代码、课时与授课地点、考试日期及该课程的限定人数（表3－4）。学生选课遵循"就远原则"，即不能选与自己所学专业相同或相近的课程，如南洋商学院学生就不能选修商业与管理这个领域的通识课程。同时，有的课程还需要一定的"前提条件"（pre-requisites），即有些课程只为某些特定专业的学生提供，而选修这类课程，则要符合某些"前提条件"。例如，选修"环境物理学"这门课程的学生要求达到学校规定的"O-Level"物理水平。

表3－4 通识教育人文研究模块2012年第一学期课程安排情况

课程名称	索引	类型	组	日期	时间	地点	学分
BU8141 商业欺诈丑闻	00272	SEM	1	TUE	1530—1830	S4-SR8	3
	00591	SEM	2	FRI	1530—1830	S4-SR12	
BU8341 实践伦理学：思考对与错	00521	SEM	1	WED	1430—1730	S4-SR12	3
	00593	SEM	2	MON	1430—1730	S4-SR19	
BU8542 社会营销：使世界成为一个更美好的地方	00374	SEM	1	TUE	1630—1930	S4-SR15	3
BU8641 文化智力：如何成为世界的探索者	00375	SEM	1	THU	1430—1730	S4-SR14	3
BU8642 21世纪的领导	00589	SEM	2	WED	1430—1730	S4-SR16	3
HP8002 21世纪的工作	17379	LEC/STUDIO	1	TUE	1630—1930	HSSAUDIT	3
	17380	LEC/STUDIO	2	WED	1330—1630	LT28	
HP8004 应对文化的变迁	17382	LEC/STUDIO	1	WED	1730—2030	LT3	3

资料来源：根据南洋理工大学课程表整理而来，https://wish.wis.ntu.edu.sg/webexe/owa/aus_schedule.main, 2012-12-8。

GER 的学科之间是通过课程的代码进行区别的。每一课程的编写都有一个模块，内容完全可以围绕这些模块进行筛选。当然，没有哪个模块能够包罗万象，可以覆盖大学教育的每一方面，因此，每个模块的课程注重最本质的东西，即通过一些领域的接触，聚焦获得普通知识的过程。比如商业与管理类（business & management，BM）分为六大模块的课程，分别是：商业模块（business）、计算机工程模块（computer engineering）、传播学模块（communication studies）、电器及电子工程模块（electrical electronic engineering）、材料工程模块（mechanical engineering）、文艺复兴时期的工程模块（renaissance engineering）。其中，每个模块下面分设其相关的具体课程，并分别附有课程代码，比如商业模块中设有"会计：用户的角度、商业金融""商业法基本原理""管理决策工具""21 世纪的市场化""管理基础"等课程[①]。

通过限制学生所需要修读的领域这类"限制性修读"方式，要求无论何种专业的学生必须修读分为沟通技能、新加坡研究和环境可持续发展这三大类的"核心课程"；而通识限定选修课程可以根据学生的兴趣和志向，从艺术、人文与社会科学类，科学、技术与社会类，以及经济与管理类三类中，分别在每一领域至少选修 1 门课程。在学分要求上，通识教育课程占 3～4 年本科课程总学分的 25%～40%，也就是说，学生在毕业前必须修满通识核心课程的 12 学分，通识限定选修课的 9～15 学分，还包括非限定选修课（在各个专业学分分布不等）的 12～30 学分，才能达到南大所要求的通识教育组成部分的规定学分要求[②]。

南大通过多种途径来实施通识教育，其中通识教育课程是主要的载体，即通过实施有效的课堂教学从而达到"通识"的目的。此外，南大的授课方式多种多样，如讲授（lecture）与指导（tutorial）、实验（lab）与野外作业（fieldwork），还有研讨（seminar）等。而通识课程的授课形式主要是在演播室（studio）进行的讲授课、指导课与研讨课。此外，南大还开设了多种多样的副修课程（minors）、第二专长计划（second specialization），举办了各种校园文化活动、环球合作项目等。这些课程和文化活动极大地开阔了学生的文化视野，丰富了他们的精神生活，培养了跨学科的创新意识与批判性思维，从而达到了实现全方位博雅人才的目的。

此外，南洋理工大学副修课程（minor course）能够为学生提供跨学科的学习和机会，掌握更广泛的知识和技能。允许学生在各自专业以外选择 2 门以

---

① https：//wish.wis.ntu.edu.sg/webexe/owa/aus_subj_cont2.mai，2012-12-05.
② 南洋理工大学英文官方网页，http：//www.ntu.edu.sg/Pages/index.aspx，2014-03-12.

上的副修课程，而在同一领域的学生不能选修相同或相似的课程。副修课程将满足通识教育非限定的选修要求，即副修课程的学分可以抵消通识课程非限定选修课的学分。目前，学校已开设30多门副修课程，覆盖物理与数学科学学院、艺术设计与媒体学院、南洋商学院、人文社会科学学院、黄金辉传播与信息学院、生物科学学院、计算机工程学院等十多个学院。同时副修课程类型也丰富多彩，如开设的应用物理学、艺术史、中医学、创意写作、戏剧与表演、环境管理、语言学与多元化研究等，不仅满足了广大学生的兴趣需求，使学生不局限于自身的专业限制，掌握了更为广泛的知识和技能，同时还有助于跨学科的创新意识与批判性思维的培养[①]。（表3-5）

表3-5 南大本科生副修课程

副 修 课 程			
美术史	生物处理技术	商业	化学与生物化学
中文	中草药学	传播学	计算机
创意写作	戏剧与表演	经济学	教育研究
能源	英文	英语文学	创业
环境管理	城市与环境	金融	历史
信息与新媒体	信息传播科技	生命科学	语言学与多语言研究
数学	音乐	药剂工程	物理与应用物理
公共行政	心理学	风险管理与保险	社会学
运动科学	系统管理	翻译	

资料来源：南洋理工大学中文官方网页——副修课程，http：//www.ntu.edu.sg/chinese/admissions/undergradprogrammes/Pages/minorprogrammes.aspx，2013-07-03。

第二专长计划（second specialisation programme，SSP）为学生在第一专业以外的领域提供了获得第二业务专长的机会，使学生拥有额外的技能和知识，增加就业优势。在第一学年学习中表现卓越和有潜力的学生可申请，可以满足南大通识教育非限定选修课学分的要求。例如，南洋商学院提供了6项第二专长计划：银行与金融、商业法、经济、人力资源咨询、信息技术与市场营销，学生可以从中做出选择。

本科生在校研究计划（undergraduate research experience on campus，URE-

---

① http：//www.ntu.edu.sg/Pages/index.aspx，2014-03-13。

CA）是南大于 2004 年推出的，通过让本科生参与各种研究项目，以刺激学生的研究兴趣。在 URECA 中，优秀的本科生将受邀参与，并可从南大超过 800 个研究项目中选择，包括工程、生物科学、传播、工商管理、会计及人文学的研究项目，充分体验校园浓郁的学术研究氛围①。URECA 下从事研究的本科生将有可能成为南大校长研究奖学金得主（NTU president research scholars, PRS），这使学生能够自由地追求自己喜欢的领域。本科生在校研究计划是南大 GER 课程的一部分，可满足通识教育非限定选修的学分要求②。

南大非常注重校园文化建设，通过组织丰富多彩的校园文化活动及环球合作项目，扩展学生的全球视野，培养学生的领导能力、创新意识及团队精神，同时获得广阔、丰富的学习经验。例如，南大所推行的"本科学习体验计划"，为学生提供多元化的通识教育，包括校园住宿及海外学习机会，让学生根据其兴趣选择丰富的主修和选修课程，增广见闻、积累知识。热衷科研的优秀学生，可以通过"本科生在校研究计划"，参与各项研究活动。参加"全球教育计划"的南大本科生，除了在新加坡接受本科教育，在一个学期的时间里，还有机会在中国、美国、法国、瑞士、印度、越南 6 个国家 14 个城市学习。学生们将在优秀的高等学府修读相关科目，同时在企业机构和工业园区参加实习并进行研究③。此外，继新加坡国立大学和新加坡管理大学开办"博学课程"后，南洋理工大学也在 2012 新学年开办"博雅英才通识课程"（university scholars programme，简称 USP），这项课程每年预计录取 50 人，吸引最杰出的优秀生入学，栽培他们成为全方位的国家栋梁。USP 的学生除了能修读更多元化的课程，还有机会近距离接触诺贝尔奖科学家、参加跨学科研究工作、到外国大学上课、得到大学顶尖教授的指导等④。

四、新加坡科技院校通识教育的组织管理

通识教育的管理主要解决通识教育的组织管理问题，回答由谁来计划、组织、协调通识教育的问题，以求最有效地进行通识教育课程教学及最大化地实现通识教育的目的。到目前为止，大学通识教育的管理总体可分为以下几种：

一是"学校行政部门兼管"模式。在这种通识教育管理模式中，学校没

---

① 《南大本科生在校研究计划》，http://www.ntu.edu.sg/chinese/research/pages/URECA.aspx, 2012-12-20。
② 卢艳兰：《新加坡高等院校人文素质教育研究》，人民出版社 2012 年版，第 79 页。
③ http://www.ntu.edu.sg/chinese/aboutntu/ntuataglance/Pages/introduction.aspx, 2014-03-01.
④ http://enewsletter.ntu.edu.sg/PinYueNanDa/Feb12/Pages/cn3.aspx, 2014-03-01.

有专门的管理通识教育的机构，其通识教育的组织管理主要由学校相关行政部门来负责推动。该部门同时还负责学校其他的日常事务，如教材管理、课程管理和学生成绩管理等。该类通识教育管理模式以我国各类大学通识教育的教务处负责管理这一类型最为典型。在中国，各大高校在实施通识教育时通常并没有成立专门的通识教育管理机构，学校的通识教育课程管理、选课管理等大都由教务处负责。如北京大学是以"实验班+通选课"的模式来推行其通识教育，其通识教育由北京大学教育部进行组织和管理，包括通识课程的申报、相关通知及学生选课要求，该部并不是一个单独的通识教育管理机构，同时还负责学校其他的教学事务，包括教材管理、精品课程管理等。

二是"专业学院管理模式"。该模式的通识教育由某个专业学院承担，且这个专业学院大多为文科或综合学院。如台湾的中原大学，为了实践"全人教育"的理想，成立了专门的机构实施通识教育，其通识教育最初是由共同科负责，直到1995年，经过校务会议审议通过，正式将共同科升格为人文社会教育中心，以更好地承担起推广以全人教育为本的通识教育的重任，1999年该中心改制为通识教育中心，隶属人文与教育学院，该中心除了如国文、外语、历史、宪法等共同必修科及一般通识课程的规划外，还举办校内外通识活动和各项学术研讨会，为学生提供全面的学习环境和校园生活[1]。

三是"独立学院兼管模式"。该模式下的通识教育管理由独立教学学院进行，这个学院为"非专业学院"，承担任何专业课程的教学，担任其他教学或培训任务，通识教育的实施与管理仅是其中的一个部分。如台湾"清华大学"的通识教育主要由共同教育委员会负责，该委员会成立于1995年，是我国台湾地区第一个为大学部学生提供跨专业共通课程的学院层级组织。其委员由各学院院长及若干名与通识教育有关的教授组成，主要职责是审核通识教育中心的规章计划，以及协调、沟通中心与各学院间的课程事宜。共同教育委员会除了通识教育中心外，还设有师资培育中心、体育室、军训室与艺术中心负责规划与实施相关课程及活动，提供给学生丰富多元、均衡的学习环境，其中的师资培训中心除了提供给台湾"清华大学"在校学生修习教育学分，使其取得于中等学校任教资格外，还常举办教育研讨会、教师进修活动及各类型教学实验活动[2]。

四是"独立学院模式"。这种通识教育管理模式由单独的学院或机构承

---

[1] 谭敏：《台湾地区大学全人教育的理念及实践——以台湾中原大学为例》，厦门大学2006年学位论文。

[2] 台湾"清华大学"通识教育中心，http://cfge.nthu.edu.tw/bin/home.php，2014-03-02。

担,且这类学院或机构仅负责通识教育的教学与管理。该类通识教育管理模式在美国各高校中采用得比较多。美国实施通识教育的高等院校一般都设有通识教育委员会,由主管通识教育的副校长、文理学院院长及各学科负责人组成,专门负责讨论和研究通识教育课程的批准设立与改革,并负责全校通识教育课程的选课、考核、师资等教育资源的分配等。如哈佛大学专门设有核心课程委员会,负责推动哈佛大学通识教育核心课程。

五是"各学院共同承担"模式。采用该类通识教育管理模式的以使用分布必修课程模式的高校为主,这是因为分布必修课程模式中的各科课程与专业课程并不相互独立。如美国斯坦福大学的通识教育课程模式为分布必修课程模式,其通识教育管理模式则为各学院共同承担模式,其通识教育的课程和师资来源于各学院,教学也由各个专业学院负责,大学设立了大学部教学委员会,仅负责审核和评估各系提出的通识教育课程。

新加坡国立大学工学院通识课程的组织管理采用的是"各学院共同承担"模式。国大通识教育课程都由各院系设计、编写、开设,学校教务管理部门统一规定课程编号或代码、课时与授课地点、考试日期及该课程的限定人数。学生选课遵循"就远原则",即不能够选与自己所学专业相同或相近的课程。同时,有的课程还需要一定的前期基础。比如,物理系的学生就不能选"爱因斯坦的宇宙和量子预言"这门课程,而能够选该课的学生要求达到学校规定的"O-Level"物理水平;"文学研究引论"课程要求学生免修或通过国大英语资格考试[①]。由此可见,新加坡国立大学通识教育的课程安排、设计与管理通通交由各学院全权承担。这样给各学院以充分的自由权和灵活度,能够将自己的优势技能发扬到全校的每个角落。如此一来,便加强了各学院之间的联系,促进了不同专业学生之间的交流与互动。

各个学院在通识课程的设置上,不能一概而论简单地说是采用综合课程或是分科课程。新加坡国立大学工学院中通识教育的目的是为了打破原有僵化的科系体制,抵抗工具理性对于大学乃至整个教育的侵蚀,力图培养全面发展、身心兼备的人。这种追求使得通识课程在课程设置上要注重课程的整合性,不能以专业学科课程的严密、封闭来限制通识课程,与此同时还要针对不同领域的人文通识课程做出不同程度的综合。而国大各学院在设计编写课程时,选择整合型课程较有弹性,学科之间的界限较为模糊。相比较集合型课程,整合型课程教师和学生受到课程控制的程度低,对课程的主动选择程度较高。

"通识教育模块"是国大每个学生必须修读的通识教育课程。其学科组之

---

① 卢艳兰:《新加坡高等院校人文素质教育研究》,人民出版社2012年版,第37页。

间是通过课程的代号进行区别的：学科组 A 的第二个数字是 5，学科组 B 的第二个数字是 0。如果"通识教育模块"课程代号的第二个数字为 9，则表明该课程是 AB 两组中都开设的。各门课程基本上是按照两个模块来编制的。两组中的课程有交叉，相同课程的设置主要是由于这两个模块的因素，课程内容的筛选一方面要体现课程目标，另一方面要围绕模块的主题进行。每一课程的编写都有一个主题，或单一，或组合。内容完全可以围绕主题进行筛选，相关学科内容便可以渗透其中①。就国大工科学生而言，供 2005—2006 学年第二学期选修的"通识教育模块"中"人文与社会科学"选择的课程，分别是：IKC 包括有文学研究引述、地域环境与社会、政治科学引述、当今世界的文化、东南亚：一个正在发生变化的地区、当代新加坡的社会问题；KMI 包括有理性与信仰、学术争论评估和房地产评估基础②。

此外，课程内容序列组织大都是按照学科逻辑体系，由易到难，由具体到抽象，由部分到整体，由整体到部分等顺序。对于国大工学院的学生而言，通识课程大都是在人文社科领域，倾向于把"主题和概念、一般原理、主要观点、价值观、隐喻、影像、方法"等作为课程安排的纵向要素。工学院学生通过学习历史、文化、文学作品等人文学科的基础领域，使学生能够获得基本概念，掌握基本理论知识，去进一步思考和分析，揭示客观事物内在规律，从而能够运用基本原理去分析问题与解决问题。国大工学院通识课程的目的在于使学生获得普遍性的知识与审美能力，继而能够满足自我实现的需求。人文学科的根本目的并不仅仅是要获取关于对象的知识，而是探求人的生存及其意义，人的价值及其实现问题，从而为人的行为确立某种价值导向，因此理解、阐释、体验、感悟等是其人文学科独特的研究方法，这也正是国大工学院通识课程的要旨所在。

新加坡理工学院通识教育选修制度也是采取"各学院共同承担"的模式。虽然新加坡工院是一所高职院校，大部分专业都是实用性较强的理工科专业，但是，该校发挥利用学校的资源和社会各界的力量给学生开展各式各样的专业领域以外的课程。比如，电机与电工工程系开设了"音乐鉴赏"课程、"孙子兵法——现代战争艺术"课程；建筑与环境学系开设了"数码摄像入门"课程、"房地产营销"课程；商学系开设了"礼仪及专业形象"课程、"理解跨文化差异"课程；等等。这些课程都是各个学院的老师根据自己的特长兴趣与研究而申请开设的。还有一些课程并不是由学院开设组织，比如社交发展署

---

① http://www.nus.edu.sg/，2014-03-13.
② http://ivle.nus.edu.sg/nus/gem/description.asp?mod_c=GEK，2014-03-02.

开设的"白头偕老的爱情：从浪漫、相爱到性生活的历程"①。

由此可见，新加坡理工学院的课程设计不仅以适应和引领社会发展的价值取向为基石，培养负责任的社会公民，承担起实施伦理道德教育的责任，促进社会精神文明的健康发展，而且还不断地适应和满足学生主体发展的价值取向，完善学生的知识结构，唤醒学生的主体意识，促进学生的自主性、社会性、伦理性等人性的觉醒，提升大学生的文化品位、审美情趣、人文素养和科学素质，使其成为一个健全发展的、具有自主创造性的人。总而言之，新加坡理工学院通识课程的设置以"人的完整性"发展为根本目标和立足点，通过科学教育与人文教育的结合与平衡，培养合格的负责任的社会公民及促进学生心智与人格的和谐发展②。

南洋理工大学遵循"学校行政部门兼管"与"各学院共同承担"的通识教育管理模式。学校没有专门设立管理通识教育的机构，其通识教育的组织管理主要由"学校行政部门"（the office of academic services，OAS）来负责推动，该部门同时还负责学校其他的日常事务，如教材管理、课程管理和学生成绩管理等；然而通识教育的课程和师资来源于各学院，教学也由各个专业学院负责③。例如，南大通识核心课程根据学校所规定的内容，结合各自的专业需求，自主设计与选择核心课程。通识限定选修课则在"OAS"统筹下，主要责权分配给了文、理、工、商四大学院，例如，商业与管理模块由商学院负责；艺术、人文与社会科学模块由文学院承担，分属艺术设计与传媒学院、人文与社会科学学院及传播与信息学院；科学、技术与社会模块则根据课程内容所涉及的学科领域不同分别由工学院和理学院提供④。

通识教育是一个没有专业背景特点的课程，尚处于探索和发展阶段，倘若全部交由各学院各自开办，则难免会流于形式，因此它的实施不能由任何一个专业学院或专业组织来独立承担和完成。要保证通识课程的有效实施，必须建立一个横跨各个学院的校内组织机构，配备专任管理人员来组织实施通识课程。南大正是按照这种方法，将通识教育的管理事务交由学术事务办公室来统一管理，对各个学院通识课程的实施起到了督促、约束和指导的作用。与此同时，南大又兼顾各个学院的课程安排自由，所以在具体的课程内容组织上又交由各个学院根据自己的情况自行安排。因为只有本学院才会更加清楚组织什么

---

① 卢艳兰：《新加坡高等院校人文素质教育研究》，人民出版社2012年版，第129页。
② 卢艳兰：《新加坡高等院校人文素质教育研究》，人民出版社2012年版，第67页。
③ 南洋理工大学学术事务办公室，http://www3.ntu.edu.sg/OAS/Undergraduate + Studies/Registration + of + Courses/ger-pe.htm，2014 - 03 - 03。
④ 卢艳兰：《新加坡高等院校人文素质教育研究》，人民出版社2012年版，第67页。

知识内容、按照什么顺序组织、用什么教学方法等才能够真正地被学生所掌握，同时促进学生的成长。

在具体的课程安排上，南大的核心课程作为通识教育课程中的必修课程，总计10～12学分。各学院根据学校提出的总要求，结合学院实际和学生专业，自主选择核心课程。如商学院把"经济的原则""沟通基础""沟通管理策略"作为本学院的核心课程，化学与生物医学工程学院把"有效的沟通""技术交流""职业沟通""人力资源管理""工程与社会"作为本学院的核心课程。通识教育选修课程也是各学院提供各门课程，学生根据自己的兴趣和志向自由选择这类课程。这些课程充分利用和整合了学校教学资源，由学校不同学院的老师承担，为学生跨专业学习创造了良好条件①。

通识课程，尤其是对于科技学院学生而言的人文核心通识课程不应以单一科系为内容，而应注重科际之间的综合性与整合性，能够使教师与学生对课程具有较高的选择性，提高教学过程中的主动性，同时在教学中应打破原有的以教师为中心的教学模式，将教学重心从教师转移到学生，重视知识对学生成长的意义和素质的提高。南大的通识教育选修课程在这一点上做得很好，大多采取某一研究问题来设置通识课程，而不是以某一个或某一些具体专业学科来设置课程。这种整合性的课程，要求老师具有多方面的综合应用知识的素质，同时也要求学生能够进行多角度的全面分析问题的能力。对于南大的学生而言，通识课程大都是在人文社科领域，倾向于把"主题和概念、一般原理、主要观点、价值观、隐喻、影像、方法"等作为课程安排的纵向要素，按照从易到难、从简单到抽象的顺序依次展开。课程内容首先是通过学习历史、文化、文学作品等人文学科的基础领域，使学生能够获得基本概念，掌握基本理论知识，再进一步思考和分析，揭示客观事物内在规律，从而能够运用基本原理去分析问题与解决问题。

截至2012年，南洋理工大学的教职工有6 612人，其中教学人员有1 682人②。

南大的教师无论在专业理论知识方面，还是在科技开发和专业技能方面，都有较高的水准。自南大成立以来，就一直把"人员、构想、科技专能、联系网络"作为卓越办学的四个最重要的要素。南大通过各种方法培养教学人员献身与敬业、精益求精的"南大精神"，将人力资源视为推动学院进步的最

---

① http：//www.ntu.edu.sg/Pages/index.aspx，2014 - 03 - 14.
② 南洋理工大学学术事务办公室，http：//www3.ntu.edu.sg/OAS/Undergraduate + Studies/Registration + of + Courses/ger-pe.htm，2014 - 03 - 03.

重要的动力。对于通识教育专门教师的选任，南大并没有制定专门制度规定，只要教师发挥个人专长并设计符合通识教育目标的通识课程即成为学校通识教育师资队伍中的一员。具体的程序是学院成立由人事部主任、相应的系主任及另一个系的系主任组成三人考核小组进行全面考核，涉及教学能力，解决技术难题的能力，协调整理、管理学生的能力等，三人考核小组形成一致同意意见后，报学院院长审批聘用[①]。因此，其通识教育师资来源十分广泛，既可以是各院（系）、部门的普通老师、知名教授，也可以是来校访问、驻校的世界一流专家、学者，还可以是广泛存在的研究生助教队伍。（图3-2）

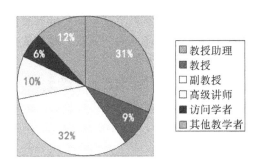

图3-2　2012年南洋理工大学教学人员比例分布

资料来源：南洋理工大学英文官方网页，http：//www.ntu.edu.sg/AboutNTU/CorporateInfo/FactsFigures/Pages/staffpopulation.aspx，2013-07-03。

南洋理工大学在通识课程的组织上以学科知识和课程教学作为主要基础和依托，并以此作为学生的共同基础和基本训练。不但注重语言表达与交流、逻辑推理、批判性思考等基本能力的培养，而且强调对核心课程和经典著作的深度学习和系统把握，以使学生掌握人类最高的智慧和理性。在全球一体化的背景下，南大主张在课程中渗透对西方文化和价值的领悟和思考，尤其强调对世界多元文明和价值的理解与尊重。南大的课程内容具有基础性、广博性和整合性，使学生知识结构达至均衡和贯通。通过这种通识教育与专业教育的有机融合，将学生培养成为既具有突出的专业能力和素质，又通晓人文科学知识，具有高尚的社会道德和强烈的创新意识，勇于承担社会责任的高素质本科应用型人才。

[①] 南洋理工大学学术事务办公室，http：//www3.ntu.edu.sg/OAS/Undergraduate+Studies/Registration+of+Courses/ger-pe.htm，2014-03-03。

五、新加坡科技院校通识教育的考核评量

通识教育的考核评量是以通识教育的理念与目标作为依据，通过各种评价措施来评估通识教育的各个环节的实施情况和学生掌握的情况。一般情况下，各校的通识教育评估手段都是与专业教育相类似，采用考试和课堂表现相结合的方式。考试是实现教育目标的重要手段，是教学的重要环节，也是检验教师教学效果、学生学习效果的重要尺度。一般而言，常见的课程考核评量方式有期末作业、期末考试、期中考试、平时测验、平时表现、平时作业、实践活动、创新成果等，而最典型的要数期末考试。与其他课程的考核评量方式大致相同，通识课程的考核评量方式也可以按照不同的维度大致分为：平时测验和期末考试、课堂表现与考试成绩。

新加坡国立大学工学院中通识教育课程的考核方式与其他课程的考核方式相同，采用"平时表现+个人平时作业+小组作业+期末作业"的"作业为主"的课程考核方式。这种考核方式把关注点放在了学生"作业"上，也就是说对学生每门课学习效果的评价及学生是否能顺利获得该课程的学分，都是以学生上交多次作业的综合成绩来确定。这种以"作业为主"的考核方式，要求任课教师在讲授课程基础知识的同时要结合学生学习兴趣、知识点接受程度等因素，多次为学生布置与课程内容相关的作业题目，并对每次学生提交的作业成果进行评定[1]。

作业的形式多种多样，主要以"论文""小型课题""社会调研""实验"最为常见，强调学生主观性与创造性，这样不仅要求学生在课堂中必须掌握和了解理论知识，而且让学生利用课余时间积极开展与课业学习内容相关的探讨与研究，并能够自主解决与课堂理论相关的实际问题，掌握解决问题的方法和能力，真正做到理论联系实际[2]。通识教育模块包括知识面的宽广和批判性思维的培养两方面。其中，渊博的知识有助于学生将不同学科领域的知识建立联系，从而批判性地分析并解决这些不可预见的问题。

通识教育课程中每门学科虽然都有各自的考核标准和侧重点，但是就整个"通识教育模块"而言，国大对通识教育模块中具体的学习要素也分别制定了相关的评价标准，分别如下：①作为信息的知识。这些信息对所有受过良好教育的人都是有价值的，但这些信息包含一些智力方面的内容。②作为理解的知

---

[1] http://www.nus.edu.sg/，2014-03-14.
[2] 卢艳兰：《新加坡高等院校人文素质教育研究》，人民出版社2012年版，第29页。

识。它主要涉及知识的内在关联性。③作为批评性理解的知识。它主要涉及对已有信念的辩护做正确的评价，也就是说明支持（或反驳）我们以之为知识的证据或理由。④知识运用中的批评性和创新性思维。⑤对探究模式的理解。这涉及对两个方面的总体性正确评价：一是确认并系统地阐述亟待解决/回答的有趣问题/疑问的方式，二是获取相关信息、解读/分析/阐述信息的样式、得出结论、批判的评估结论的可靠度、证明结论的正确性、应对潜在困难的策略。⑥形成一种对探究模式内在相关性的正确评价。⑦探究方式运用中的批评性和创新性思维。这涉及通过探究的第一手经验而获得对探究方式的精通①。

这些目标的设定是就学生整体而言的，也就是说，学校并不期望每一个接受通识教育的学生都同样地达到以上每一个目标。由于学生所选择的模块不尽相同，可能达到的结果与目标也会有差异。而这恰恰表明：要实现通识教育的主要目标，在通识教育模块的设置中，需要考虑学习方法的多样性和目标的多元性。

总而言之，新加坡国立大学工学院通识课程考核具有很多优秀的地方。首先，课程考核的目标明确。考试目的明确与否，不仅关乎这门课程考试功能的发挥，而且影响着学生学习成绩的评定。课程考核目的主要体现在开设该课程的目的上，这是课程考核得以实施的前提。没有具体明确的考核目的，课程考核不仅会失去方向，而且会缺乏依据。新加坡国立大学工学院的通识课程考核目的具体明确，主要考核学生是否掌握基本技能，是否具备超越精神、批判性思维和创新思维，这与其通识教育理念——注重培养学生全面发展是一致的。其次，新加坡国立大学工学院课程考核内容非常广泛，除了考查学生对书本内容和课堂笔记的掌握情况之外，还要考查学生运用所学知识分析和解决与课程相对应的难点和疑点问题的能力。学生的实践经验、分析问题和解决问题的能力、批判精神和创新能力等书本以外的东西都属于考核范围。因此，国大工学院注重平时成绩，即学生平时在学习过程中的动手和表现。另外，在题目形式的设置上，大多围绕某个话题和问题来促使学生运用多方面的知识积累进行综合分析，以"论文""辩论话""讨论会"的形式作答。

新加坡理工学院通识教育选修课的评估采取平时测验的方式，没有期末考试。考试内容由任课老师根据上课进度和学生需求自由选择，考察方式也是由任课教师自行安排，包括课外活动、小组比赛、论文创作等多种形式。② 学生完成作业的情况、课堂参与讨论的表现、小组辩论、调研报告的写作等都属于

---

① http://www.nus.edu.sg/，2014-03-02.
② 卢艳兰：《新加坡高等院校人文素质教育研究》，人民出版社2012年版，第149页。

平时成绩的考核范围。特别是课堂提问与课堂小测验等环节，可以有效避免通过点名方式来提高学生出勤率造成的尴尬，同时也能避免通过期末考试来总体评价学生一学期学习情况的片面性和偶然性，从而促使学生端正学习态度、提高学习兴趣、改进学习方法。

新加坡理工学院作为一个典型的科技院校，却很重视对学生表达能力，特别是写作能力的提高。很多通识课程在平时考核中都十分注重学生的听、说、读、写基础技能。每门通识课程都有对学生的写作能力的要求，且形式多样，如既有期中进行的3~4页的小论文写作，又有正式的设计说明、调查报告，还有篇幅较长的科研论文写作。特别是论文和报告的写作，有的教师还会对其格式、摘要、综述、主体、数据、方法、文字、参考文献、结论等都有具体的要求，学生必须严格遵循科研论文的规范和要求。多门通识课程大量的持续不断的写作训练，使学生养成了良好的科研写作习惯。不仅如此，新加坡理工学院通识课程的考核还注重学生的实践动手操作能力，经常带领学生进行课外活动，使学生在实际生活中亲身体验。通过学生在活动中的表现和成果进行综合评价，同时也能激发学生的兴趣，促进学生的理解和感悟。另外，小组比赛也是各门通识课程常见的考核方式，包括小组辩论赛、小组实践赛等。

由此可见，新加坡理工学院注重多样化的考核方式，却取消了正规的期末考试。这种寓考核于实际教学中的做法，在学生无意识中根据其阶段性的表现进行评价，有效降低了学生对考试的焦虑及对课程的排斥。与此相对应，在考核内容上，新加坡理工学院通识课程的考核侧重于学生分析问题、解决问题和创造性思维、批判性思维的能力，而并不去考察书本上罗列的具体知识点。积极采用名师授课、经典阅读、研讨讨论、实践体验等教学方式，使学生的自主学习和终身发展的能力得到充分的提高。采取何种形式进行考核，其方式的科学与否直接关系到课程考核的效果，进而影响到教学效果。新加坡理工学院多样化、活跃化的考核方式不仅可以提高学生的学习兴趣，而且可以为学生提供质疑、探索和表达的机会，培养学生的创造性思维和创新能力，真正做到使学生的个性自由发展的目标。

南洋理工大学关于通识教育的考核评量主要包括两大块，分别是对教师的教学评估和对学生学习质量的评估。通识教育的良性发展离不开健全的评价体系。为了改善和提高通识教育课程的教学质量，南大对教师的教学实行严格的评价制度，组织学生对教师的教学状况进行评价。对教师的考核评估工作，其评估内容包括教师工作态度及贡献（献身精神、工作态度、团队精神、可靠性及主动进取精神、领导潜能）、教学工作表现（包括教学工作、学生管理工作、科技开发工作等）和非教学工作表现（企业及非教学活动、应变能力、资源计划及应用、工作质量）三大方面。各评估指标大多从宏观方面进行描述，以定性为主。对于教师及其他教职员工的评价，按照谁聘任、谁评价的原则，操作实行由系主任全权负责，考核评估最重要的参考依据是教师上述工作的表现和目标的完成情况①。另外，学生也可通过反馈表对教师授课的特点和可改进的地方提出具体建议。反馈表包括"组织""知识""讲解""清晰""切题""激情"六个维度，从 1 到 5 五个分数等级（见表 3-6）。学生无需填写姓名，反馈表的发放、回收和统计均由管理人员负责。学校主要根据学生在反馈表对教师的评价来考察和判断教师是否适当担任教学工作。一般 3 年为一个周期，如果一个教师 3 年中反馈表的平均评价分不到 3 分，那么他的合同就不会延续下去了。也正因为如此，教师对反馈表都很重视，不仅仔细备考和讲课，而且对学生学习中的各个环节都认真对待。

表 3-6 学生对教师评价的反馈

评分内容	评分标准（分）
组织（教师对教学的组织）	1 2 3 4 5
知识（教师对所授课程内容的掌握程度）	1 2 3 4 5
讲解（教师的介绍/讲解是否可激发学生的学习兴趣）	1 2 3 4 5
清晰（教师能否清晰地表达其思路、想法）	1 2 3 4 5
切题（教师采用相关示例来解释课程内容）	1 2 3 4 5
激情（本身对授课是否有激情）	1 2 3 4 5
总体评价	1 2 3 4 5

注：5 分为最好，1 分为最差，打"√"即可。

另外，与南洋理工大学全方位育人、培养跨学科博雅人才的使命相统一，其学生质量评估与我国以课程学习评价为主不同，还包括科研成果评价和实践活动评价等。

首先，课程评价是南大对学生质量评估的主要指标。南洋理工大学对学生有严格的评估程序，根据学科的结构和性质与学生的个人表现，可能会在课程中不断进行评估、审核或两者的结合。南大采用"平时表现+个人平时作业+小组作业+期末作业"的"作业为主"的课程考核方式，也就是说对学

---

① 朱文杰：《南洋理工学院——行政管理和师资队伍建设研究》，载《高教论坛》2010 年第 11 期，第 30-31 页。

生每门课学习效果的评价及学生是否能顺利获得该课程的学分,都是以学生上交多次作业的综合成绩来确定。这种以"作业为主"的考核方式,要求任课教师在讲授课程基础知识的同时要结合学生学习兴趣、知识点接受程度等因素,多次为学生布置与课程内容相关的作业题目,并对每次学生提交的作业成果进行评定。课程考核的"作业"形式多种多样,主要以"论文""小型课题""社会调研""实验"最为常见,强调学生的创造性和主观能动性①。这样不仅要求学生在课堂中必须掌握和了解理论知识,而且促使学生利用课余时间积极开展课业学习内容的相关探讨和研究,并能够自主解决与课堂理论知识相关的实际问题,掌握解决问题的方法和能力,真正实现理论联系实际。

南大的通识教育课程(GER)对学生的评量方式也主要从两方面进行:期末考试与平时表现。其中平时表现占较大比重,主要包括:课堂出勤情况,课堂练习与表现,基于个人、小组和团队的作业完成情况。此外,一些通识课程根据自身的课程特点与目标,还有其他的评价标准和层面,如传媒与市场的创意设计课程,就要求学生自主设计和创造一个品牌标志(占总成绩的25%),任课教师会从创新性、理念性、美感等多方面进行综合评定。南大之所以注重学生平时表现,是为了能在教学过程中准确获取学生掌握的情况和兴趣的所在,从而能够根据学生需求重新安排教学计划,修改教学内容,以达到反馈的效果。

其次,学生科研成果的成就是南大评价学生的重要指标。南大充分利用其丰富资源,为学生提供不同学科的科研项目,包括专门领域的科研项目、跨学科科研项目,以及和企业合作开展的应用性研究②。南大采用多种灵活的方式来评价学生的科研成果,学生也可以自由选择以何种方式来结束自己的科研项目(表3-7)。学生以研究报告的形式向导师和同学展示自己的科研成果,这是一个为学生提供展现自我、表达自我的极好机会。学生可以通过演讲的方式汇报自己的研究进展和研究成果,在汇报过程中能得到专家及同学的点评,在分享科研成果的同时也能获得更多的指导意见。此外,学生还可以用科研项目来参加优秀论文的评比,南大设立了很多荣誉科研奖项,每个学院都有自己的奖项要求及奖项评价标准。另外,南大还为学生提供了非专业荣誉奖项,即本专业研究领域的学生可以参加跨学科的科研奖项,包括人文科学、教育、环境领域等③。学生可以将自己的科研成果提交给教师,根据教师和院(系)的评

---

① 南洋理工大学英文官方网页,http://www.ntu.edu.sg/Pages/index.aspx,2014-03-12。
② Undergraduation student. http://global.ntu.edu.sg/Pages/default.aspx,2013-07-10.
③ About NTU. http://www.ntu.edu.sg/aboutntu/Pages/AcademicHighlights.aspx,2013-07-10.

价获得相应的学分，可满足通识非限定选修的学分要求，并最终计入学生的总分中。

表3-7 本科生在校研究计划（URECA）评估过程和标准

权重	日期	篇幅	内容	提交
10%	12月中旬	1页	可能包括研究规划、问题定义和初步的文献综述	教授
—	12月末	—	在最少40小时以内完成的研究工作	管理员检查和建议
20%	1月末	1张海报	●1张展览海报的副本 ●海报印刷版（A4大小）可选： ●学生可申请参加URECA展览和海报大赛 ●提供样板	●通过StudentLink电子方式提交给教授海报，硬拷贝提交给URECA计划办公室
30%	6月末	6页	● URECA研究论文（提供模板） ● 教授要求的报告等	●通过StudentLink电子方式提交给教授海报 ● 教授要求的其他方式
40%	6月末	—	基于学生在整个URECA期间的研究活动和表现以及指导教授的评估	—
出席： 不得少于160研究小时（最多不得超过400研究小时）				

资料来源：根据南洋理工大学本科生在校研究计划资料整理而来，http://www.ntu.edu.sg/ureca/Pages/default.aspx，2012-12-22。

注：所有本科生在校研究计划的学生将基于URECA评估程序进行学生等级评估（学分或津贴）。

一般而言，考核既可以使学生对教师的教学效果和教学质量进行反馈，又可以为教师发现教学问题提供参考。通过课程考核的反馈，教师可以对所发现的教学问题予以及时的调整与改进。南洋理工大学借鉴美国高校通识课程的考核方式，十分注重通识课程考核的反馈功能。教师不仅要求学生定期上交书面作业，而且不定时组织课堂小测验，通过分析学生的书面作业和小测验对自己的教学进行反思，以此为基础不断改进教学内容和教学方法。不仅是课堂测验和平时表现，即便是最后的期末考试，南大也很注重其反馈与改进功能。期末考试结束后，教师不仅要评定成绩等级，而且要指出学生考核成功与失败的原因，还要根据学生的不足酌情给予个别辅导；在师生的共同讨论中，教师如发现学生对某一问题是理解的，仅是卷面上表达不好而影响了成绩，则可以修改考核结果。同时根据学生一学期的考试成绩，作为教学反馈，为下学期教学改进提供参考性意见，从而不断完善通识教育课程的教学与实施。

考核除了具备反馈功能以外，考核内容主要是要解决"考什么"的问题，是课程考核的主体部分。南洋理工大学通识课程的考核内容范围比较广泛，考试答案需要综观全文、进行综合归纳后才能得出。因此，学生要想取得理想的成绩，平时必须注意加强知识储备，使自己的知识结构尽可能宽广，否则，仅靠临阵磨枪是无法取得好成绩的。南大通识课程考核的题型设置比较科学，除了有常见的填空题、选择题、问答题以外，多数是以探讨某个主题的论文形式或者论述题的形式出现。这是由于南大侧重于考核学生分析问题、解决问题的能力，所以考核题型一般以主观性试题为主，答案非常灵活，如在人文社会科学课程的考核中，许多问题要求学生从多方面进行思考和探究，学生只要能发挥想象力和创造性思维、回答言之成理或自圆其说，就可以获得理想的成绩。

南大通识教育课程的考核范围除了课本教材、课堂笔记以外，还常常涉及相关的课外知识、学生的社会实践和创新成果等内容。很多科目都需要学生自己动手、亲身实验和现场体验，而不仅仅是在课堂上听老师口若悬河。如此一来，学生通过将所学与经验、实践和现实相结合，加强和巩固其理论知识，进而成为具有创新意识的高素质人才。

总而言之，南洋理工大学通识课程成绩的评定主要由教师根据学生出勤情况和参与课堂讨论等平时表现、参加社会实践的反馈、学期论文及各次小测验等多项内容确定。在成绩评定上，侧重于考查学生能力、水平提高的情况，尤其注重对学生提出问题、分析问题和解决问题的能力的培养。另外，平时成绩占总成绩的比例较大，一般超过期末成绩占总成绩的比例。对学生而言，南大通识教育课程的评量方式关注的不仅仅是要考核学生获取知识的多少，更重要的是在各种专业领域被获取的知识能够帮助学生批判地分析新的、未预见到的问题，并能够创造性地解决这些问题[1]；对学校或者说课程而言，南大注重教学反馈，通过动态的考核来及时根据教学进度和需求，不断调整教学方案和计划，从而完善通识课程自身的合理性和完整性。

---

[1] 卢艳兰：《新加坡高等院校人文素质教育研究》，人民出版社2012年版，第81页。

第三节 新加坡科技院校通识教育模式特征

近些年，东南亚国家科技大学本科教育都十分注重通识教育。这主要是由于区域现代化发展带来科技人才与技术人力的大量需求，催生本地区科技大学及技术院校的蓬勃发展，但也衍生出诸如在技术人才培养过程中，过于强调工具理性的训练，忽略人文素养与伦理道德的培育等问题。为此，近几年东南亚许多国家对本国科技院校本科课程计划都做了比较大的调整，增加了大学本科通识教育课程方案，其目标是培养完整的人，即具备目光远大、通融识见、博雅精神和优美情感的人，而不仅仅是某一狭窄专业领域的专精型人。例如，马来西亚理工大学（University of Technology Malaysia）就为所有本科阶段学生提供通识与共同课程，要求学生毕业时能够养成具有正直、尊重、团队合作与社会责任感等的核心价值观；新加坡南洋理工大学（Nanyang Technological University）、泰国国王科技大学（King Mongkut's University of Technology Thonburi）、越南河内科技大学（Hanoi University of Science）、菲律宾科技大学（Technological University of the Philippines）等，在借鉴国外大学通识教育理念与经验的基础上，创建了具有本国特色与需要的通识教育新模式。以南洋理工大学为例，结合当前国际通识教育几种理论流派的观点，探析南洋理工大学通识教育模式的基本特征。

一、以"全人教育"为价值取向的通识教育课程理念

有关通识教育课程的理念，1952 年美国通识教育学者哈罗德·泰勒（Harold Taylor）在其《通识教育的哲学基础》（The Philosophical Foundations of General Education）一文中，提出理性主义（Rationalism）、折中主义或新人文主义（Eclecticism and Neo-Humanism）和自然主义或工具主义（Naturalism and Instrumentalism）三种价值取向[1]。泰勒认为，新托马斯主义是纯粹的理性主义，教会学校的通识教育课程计划及罗马天主教学院的传统经典人文学科课程更多关注的是对学生在人性、人与上帝关系，以及绝对真理方面的探讨与教授。莫提默·阿德勒（Mortimer Adler）首先将这种思想引入世俗性的高等院

---

[1] Taylor, Harold. The Philosophical Foundations of General Education. General Education. Fifty-First Yearbook, Part I, National Society for the Study of Education. University of Chicago Press, 1952: 20-45.

校，影响了赫钦斯的芝加哥大学的经典名著课程计划和哥伦比亚学院的两年人文课程计划。而工具主义强调的是在对知识的使用上，教育的目的在于促进学生个体身心成长发展及个人素质的提高，并不只着眼于学生理性思维能力的培养，只有经过个体在实践中得到验证的才是合理的知识，而且知识的获得并不是教育的终极追求，而仅仅是个人通向美好幸福生活的一种方法与途径。

折中主义或新人文主义价值取向，泰勒认为哈佛大学发表的报告《自由社会的通识教育》（General Education in a Free Society, Report of the Harvard Committee, 1945），很好地阐述了新人文主义通识课程理念的主张。他指出，到19世纪中期以后，越来越多的社会批判家和评论家意识到由希腊人-犹太人-基督教徒构成的欧洲传统社会文化环境已经发生变化。盛行于新教教会院校与世俗院校的理性主义教育思想观念开始朝向多元文化与多元知识价值观念转变。在过去的100年间，新教的传统刻板教义教条渐渐地被多元文化社会中学生的兴趣与需求所打破。而对于1872年哈佛学院的自由选修制度则标志着这场变化的开端，尽管耶鲁学院此时还在极力地坚守着古典语言文科课程的教学。新人文主义者希望学生们通过对古典文学与哲学学科的学习，从中领悟西方传统文明的重要精髓，以有利于西方民主社会的构建，同时希望学生通过对现代语言与近代科学与技术学科的学习，日后可以成为与此相关领域的专家，并能承担一定的社会责任。

纵观东南亚国家科技大学通识教育实践，其理念及培养目标基本上都是在强调"全人教育"或"全人培养"。这是东南亚国家科技院校对过去过于强调狭窄的专业技能培训的一种纠偏。就南洋理工大学而言，其通识教育理念及其培养目标是"博雅人才，全人教育"[①]。20世纪80年代美国学者隆·米勒（Ron Miller）提出"全人教育"观点，认为教育不是单纯的社会统治的工具，人不再是经济利益驱动下的机械个体。从全人的本质来看，精神性更胜于物质性。全人教育并不否认科学的功用及价值，但主张在学校教育中应更多地渗透人文精神，是一种新人文主义思想。南洋理工大学通识课程理念"博雅人才，全人教育"，属于泰勒的新人文主义理念范畴，或者说是折中主义的观点。2012年7月，接任校长职务的南洋理工大学常务副校长安博迪教授在记者会上宣布本科课程改革。他认为，未来社会不仅需要学生对某个领域能有深入认识，而且对其他相关领域，包括商业/企业发展也要有相当知识，即一种"T型"专业人员。他相信课程改革后塑造出来的毕业生，将能领导和解决超越

---

① 《南洋理工大学通识教育目的》，http://www.ntu.edu.sg/Pages/missionnvision.aspx，2014-07-05。

自己专业领域的课题,并能规划社会和市场的未来。他们不仅能够主动学习求知,而且还要拥有正直的品格、领袖的才能,并能关心社会①。

二、基于"核心分布与多元文化论"的课程领域与内容选择

关于通识教育领域的选择与课程设计模式,美国加州大学河滨分校史蒂文·布瑞特教授(Steven Brint)归纳出美国通识教育的四种课程设计模式:核心分布领域模式(core distribution areas)、传统博雅课程模式(traditional liberal Arts)、多元文化与伦理课程模式(cultures and ethics)和公民/功利主义课程模式(civic/utilitarian)②。他认为核心分布领域课程模式是最流行的一种通识课程设计模式,起源于1860年的哈佛学院,20世纪中期逐渐形成涵盖人文、社会和自然等学科一种相对稳定的模式;传统博雅课程模式起源于一些殖民时期的院校,主要教授传统经典课程,后来在英格兰和苏格兰大学的影响下,逐渐成为主要强调文学、历史、哲学和外语等学科的一种通识课程设计模式,一些宗教性质的院校成为实施这种传统博雅课程设计模式的主要场所;关于多元文化与伦理课程设计模式则是近来在反对高校的精英培养战略中兴起和发展起来的一种通识教育课程设计模式,主要是在美国的斯坦福大学和阿默斯特学院兴起,要求在课程设置中不仅要关注西方文明,同时也要重视对非西方文明的介绍与引进;公民/功利主义课程设计模式,兴起于20世纪80年代美国中西部和南部的各州立大学,强调的是对学生公民素养与实际关键能力的培养与提高。后两种模式融合了新的学科内容,更多地关注学生的基本学业素养,以及对性别与种族平等的诉求和对非西方文明的包容。关于通识教育课程设计模式的实践,史蒂文认为不同模式有时是轮换的,甚至是共存的。

在东南亚中南半岛,多数国家采用共同课程设计模式,如越南河内科技大学就采用"共同与核心课程"设计模式;而在马来西亚、菲律宾和新加坡等国科技大学则采用"分布必修"(distribution requirement)课程设计模式,要求全体学生在人文、社会和科学等领域必修一定学分量的课程。近几年,东南亚国家还鼓励学生选修非本地区和民族的社会政治、经济及文化方向的课程,

---

① 《南洋理工大学通识教育目的》,http://www.ntu.edu.sg/Pages/missionnvision.aspx,2014-07-05。

② Steven Brint, Kristopher Proctor, Scott Patrick Murphy, Lori Turk-Breakci, Robert A. Hanneman. General Education Models: Continuity and Change in the U. S. Undergraduate Curriculum, 1975—2000. The Journal of Higher Education, Vol. 80, No. 6, 2009: 11-12, 606.

培养学生具有国际视野与多元文化的认知与包容，即倡导"多元文化论"的通识教育模式。早在2005—2006年度，南洋理工大学对所有在校新生实施的本科课程计划中，通识课程由三部分构成：一是"通识核心课程"（Core Course, GER-Core），二是"通识限定选修课程"（GER Prescribed Electives, GER-PE），三是"通识自由选修课程"（GER Unrestricted Electives, GER-UE）[①]。具体来说：①全体本科学生必修的"通识核心课程"（Core Course）有"沟通与交际能力（Communication）""新加坡研究（Singapore Studies）"和"环境可持续发展（Environmental Sustainability）"三门课程，目的在于培养学生具备人际交往能力、环境保护意识与能力和全球视野，以及对新加坡国家问题、政府决策的理解力和对新加坡历史文化的认同感等核心素养，与史蒂文的"公民/功利主义"模式目标一致，有着工具主义的色彩。②"通识限定选修课程"（GER Prescribed Electives）分为"艺术、人文与社会科学（arts, humanities & social sciences, AHSS）""科学、技术与社会（science, technology & society, STS）""博雅研究（liberal studies, LS）"和"商业与管理（business & management, BM）"四大领域。其中，AHSS、STS和BM代表了人类广泛知识的核心范畴，要求学生均衡地研修古典文学、哲学、艺术和现代科技等领域的知识，以便让学生在进入专业领域学习之前养成对整体知识通达的能力，受折中主义通识课程理念的影响，属于史蒂文的"核心分布领域"通识课程设计模式。台湾大学高等研究院黄俊杰教授称之为"均衡论"[②]。需要说明的是，这个部分的"博雅研究（liberal studies, LS）"，其实就是要求南洋理工大学的学生要研修东西方文明的经典著作，渗透了"传统博雅课程"模式的理念。③"通识自由选修课程"（GER Unrestricted Electives），则覆盖了校内各学院的所有课程领域，不仅包括通识限定选修课的四大领域课程，也可以是现代语言、企业家精神、音乐与戏剧等课程，还可以是一些诸如国际合作项目，如国际学生交流计划、全球教育计划、海外实习计划、全球暑期学习计划等。这个部分充分照顾到每个学生多元的文化兴趣及未来生活与工作规划的需要，体现了"多元文化与伦理"通识课程设计模式。可以说，南洋理工大学通识教育课程设计模式整合了史蒂文所提出的四种模式，其主要特征是一种"分布必修与多元文化论"的通识课程设计模式，最终目标是为了实践"博雅人才，全人教育"的通识教育价值取向。

[①] 《南洋理工大学本科课程计划》，http://www.ntu.edu.sg/Students/Undergraduate/AcademicServices/Pages/CurriculumStructure.aspx, 2014 - 07 - 10。

[②] 黄俊杰：《大学通识教育的理念与实践》，华中师范大学出版社2001年版，第119页。

三、以"限定性选修与知识互补"为特征的修读制度安排

世界各国大学本科通识教育课程修读制度安排,主要表现为两种类型:一种是"限定性修读"制度,另一种是"自由选修"制度。在东南亚,新兴的工业体科技大学也不例外。但是,多数东南亚国家的科技大学通识课程是限定性修读制度,这与前面述及的通识教育课程领域安排以"共同科目"和"分布必修"课程设计模式为主是一致的。

"限定性修读"制度具体表现在"核心课程"和"分布必修课程"两种情况中。"核心课程"是以向所有学生提供共同知识背景为目的的课程设计,本质上属于"分布必修"类型,所以史蒂文将两者合并称之为"核心分布领域"(core distribution area)。"核心课程"规定学生所有的科目全为必修,其理念为:学生系未成熟的人,不知自己该修读什么,而教师是成熟的权威者,由教师和学校为学生作决定是最好的安排,理性主义通识教育理念指导下的课程模式通常采用这种制度设计。如前所述,南洋理工大学"核心课程"共有三门:"沟通与交际能力""新加坡研究"和"环境可持续发展",根据修读制度安排,全体一年级新生必须先修读完这3门课程,共计12个学分,才可以进入下一个阶段学习。

"自由选修"制度,指大学对学生所要修读的通识教育课程不作具体规定,由学生根据自己的兴趣、爱好自由选修,但是有一个最低学分的要求,布朗大学的通识课程实践和加州大学伯克利学校"自助餐式"设计模式[①]均同属此类。这种制度安排是建立在每个学生最了解自己的知识结构和学习目的的假设前提下,需要学生有较强的自控能力和责任意识。南洋理工大学通识课程的"非限制性选修"(GER Unrestricted Electives)部分正是属于此种类型。南洋理工大学学生在修完"核心课程"后,可以根据自己的兴趣自行确定一个属于自己的通识教育计划,需要修读不低于12～30学分。这种制度设计体现了泰勒的"工具主义"理念,霍华德(Craig C. Howard)在其《通识教育理论:一种批判的方法》(*Theories of General Education: a Critical Approach*)著作中提到的加夫(Gaff)的观点[②],称之为"进步主义(progressivism)"理念,台湾

---

① 罗索夫斯基:《评通识教育与核心课程(上)》,黄坤锦译,载《通识教育季刊》1994年第4期,第53页。
② Craig C. Howard. Theories of General Education a Critical Approach. St. Martin's Press, 1992: 27–50.

学者黄坤锦的"进步实用主义"和黄俊杰的"进步论"的观点，与其一脉相承。

"分布必修课程"制度设计通常在课程设置上要求呈现多个领域的知识，规定学生在各领域至少应修习的课程门数或最低学分数。这种制度设计体现了一种介于以教师和社会为本位的理性主义和以学生和个人为本位的工具主义之间的折中主义通识教育理念，在实践中表现为史蒂文的"核心分布领域"课程模式。这种制度调和了"核心课程"制度和"自助餐式自由选修"制度这两种极端。目前，"分布必修课程"制度在国际上最为流行，哈佛大学就属于这一类。根据南洋理工大学的规定，学生必须在第 2~3 年在"艺术、人文与社会科学""科学、技术与社会""博雅研究"和"商业与管理"四大领域，根据自己的兴趣和志向在每一领域至少选择 1 门课程，总计 9~15 学分。每个领域开设可供学生选择的众多通识课程，根据南洋理工大学通识教育课程指引提供的资料显示，"艺术、人文与社会科学"类提供了多达 113 门课程，"科学、技术与社会"类提供了 59 门课程，"经济与管理"类提供了 24 门课程等。我们认为南洋理工大学的"通识限定选修课程"（GER Prescribed Electives）是典型的通识课程"分布必修"制度。

其实，"核心课程"和"分布必修课程"两种制度本质一样，但是，其区别在于"分布必修课程"是按学科划分的，而"核心课程"是按能力分类的。从南洋理工大学核心课程"沟通与交际能力""新加坡研究"和"环境可持续发展"就可以得到印证，其目标是围绕着培养学生的核心素养和共同的价值理念。需要说明的是，南洋理工大学采用"限定性选修"和"自由选修"相辅，是为了让各理工科及商业类专业的学生能够通过这种制度安排达到"知识互补"。所谓"知识互补"主要在于补充学生专业以外的知识，拓展学生的见识和互相联系的知识范畴，使得学生能够把学科范围内与跨学科之间的那些不相同的、分离的概念互相联系起来，以此来造就知识结构相对完整的人。尽管"限定性选修"部分，课程被规划为四个领域，并要求学生均衡修读。但是，根据学校规定，学生不能选与自己所学专业相同或相近的课程，即采取"交叉修读"的模式，如商学院学生就不能选修"商业与管理"这个领域的通识课程。根据统计，南洋理工大学通识课程应不低于 33 个学分，占全部 4 年课程学分的 30%~40%。

四、以"行政协调各学院共同承担式"为特征的通识课程管理模式

东南亚各国科技大学通识课程组织与管理主要有如下几种：①"学校行政部门兼管"模式，由负责学校日常事务管理的相关行政部门兼管；②"专业学院管理模式"，由某个文科或综合专业学院负责；③"独立学院兼管模式"，由承担任何专业课程的"非专业学院"负责；④"独立学院模式"，由仅负责通识教育的单独学院或机构承担；⑤"各学院共同承担"模式，其通识课程和师资来源于各学院，教学也由各个专业学院负责。但是，多数东南亚国家科技大学通识课程管理是行政协调与各专业学院共同承担的模式。

南洋理工大学遵循"学校行政部门兼管"与"各学院共同承担"的通识课程管理模式。一般而言，这种辅助各院（系）通识教育的行政机构，是一个横跨各个学院的校内组织机构，配备专任管理人员来组织实施通识课程。如此一来，通识教育在综合性的组织机构管理下便能够井井有条，规范合理，同时在各个学院的指导下又具有专业水平，不会流于形式。在南洋理工大学，其通识教育的组织管理主要由"学校行政部门"（the office of academic services，OAS）来负责推动，该部门同时还负责学校其他的日常事务，如教材管理、课程管理和学生成绩管理等；然而通识教育的课程和师资来源于各学院，教学也由各个专业学院负责。例如，"通识限定选修课"则在"OAS"统筹下，主要责权分配给了文、理、工、商四大学院。例如，"商业与管理"模块由商学院负责，"艺术、人文与社会科学"模块由文学院、艺术设计与传媒学院、人文与社会科学学院及传播与信息学院来承担，"科学、技术与社会"模块则根据课程内容所涉及的学科领域不同分别由工学院和理学院提供。①

这种管理架构的优势在于两点：①从组织推动层面来看，通识教育是一个没有特别专业背景的课程，尚处于探索和发展阶段，其实施难以由任何一个专业学院或专业组织来独立承担和完成，而必须建立一个横跨各个学院的校内组织机构，配备专任管理人员来组织实施通识课程。因为各个学院最熟悉本学科专业的知识和信息，所以必须将具体的通识课程内容的设置与实施分别交由各学院自主安排和规划。基于此，南洋理工大学将知识层面的通识课程的权利下放到具体的各个学院，而将行政层面的通识课程的事务交由学术事务办公室统一安排。②从学科整合层面来讲，南洋理工大学为了打破原有僵化的科系体

---

① 卢艳兰：《新加坡高等院校人文素质教育研究》，人民出版社2012年版，第67页。

制，抵抗专业人员工具理性之侵蚀，力图培养"博雅人才"，使之获得"全人教育"。为此，学校要求各个学院在通识课程的设置上，不要以单一科系为内容，而应注意科际的综合性与整合性，从而提高教学过程中学生的主动和师生的互动。通识课程依据某一研究问题和方向进行全面的探讨，而不是以某一个或某一些具体专业学科来设置课程。这种整合性的课程，要求老师具有多方面的综合应用知识的素质，同时也要求学生能够从多角度分析问题。相比较集合型课程，整合型课程在内容上较有弹性，学科之间界限较为模糊，教师和学生受到课程控制的程度低，对课程的主动选择程度较高。

近几年，东南亚新兴的经济体开始注重在科技院校实施通识教育，是源于各国越来越意识到对青年学子在进行专业技术训练的同时，不应忽视对知识体系的整合能力、国际/区域/本土公民的素养、东西方文化与人文的教养和社会的责任感等方面的培育，并需要在这两者之间找到一种平衡。南洋理工大学对此做了许多尝试。在本科教育课程改革方面，南洋理工大学创建了独特的通识课程模式，其目标是以"博雅人才，全人教育"为价值取向，体现新人文主义通识教育理念；基于国家需要全体学生必须具备的核心素养，如人际交流与理解能力、环境的可持续发展意识与能力和新加坡国情的通晓等，设置了通识"核心课程"；基于让每一位学生在进入专业学习领域之前，对人类各领域的知识有一个整体的了解与融通，在人文学科领域、社会学科领域和自然科学领域，以及东西方古典博雅学科领域四个方面设置了"分布必修课程"；基于充分地尊重学生的兴趣与需要，还设置了众多的"自由选修课程"。可见，南洋理工大学不是在实践某个单一模式，而是整合了史蒂文·布瑞特的多个模式，在这个模式里融合了核心分布领域模式、传统博雅课程模式、多元文化与伦理课程模式和公民/功利主义课程模式，是一种以"核心分布领域"与"多元文化论"为主要特征的模式。凡此种种，意在培养最近颇受市场欢迎的所谓"T"型科技人才。在通识课程组织管理方面，南洋理工大学选择"行政协调专业学院共同承担式"，切合东南亚区域文化与本地的大学传统。

第四章　印度科技院校通识教育模式研究
——以印度理工学院为例

印度共和国（Republic of India）简称印度，作为最悠久的文明古国之一，具有绚丽丰富的文化遗产和旅游资源。同时，印度是世界上发展最快的国家之一，20世纪90年代末，印度经济的崛起引起了世界各国学者对印度教育的广泛关注。印度已经成为软件业出口的霸主，金融、研究、技术服务等也将成为全球重要出口国，其中软件和信息技术带动的服务在过去5年间年均增长率超过了28%。这一伟大的成功彻底改变了欧洲和美国对印度的评价和印象。更重要的是，它改变了印度对自身潜力的看法，正在培植着印度的科学自信。印度经济的腾飞离不开印度政府对教育的高度重视。尤其自印度独立以来的60多年里，印度的高等教育体系经历了从无到有、从小到大，从简单到复杂、从复杂到完善的过程，取得了巨大的成就。印度政府及其领导人都十分重视发展高等教育，强调高等教育对印度政府和经济发展的极端重要性。在通识教育全球化的潮流下，印度政府逐渐在高等教育中不断纳入通识教育元素，使印度的高等教育走上了民主化和现代化的道路。

那么究竟什么是通识教育？通识教育（general education）既是大学的一种理念，也是一种人才培养模式。其目标是培养完整的人（又称全人），即具备远大眼光、通融识见、博雅精神和优美情感的人，而不仅仅是某一狭窄专业领域的专精型人才[1]。在日新月异的知识经济时代，狭隘的专业技能和知识将会被快速淘汰，学生需要获得学科的基础知识而不是狭隘的专业知识。由此可见，通识教育对于科技院校的学生而言尤为迫切，"旨在培养工程科技专业技术人才的工科类院校因其专业教育的特殊性，导致长期缺乏人文教育的现实与大众化、国际化人才需求的矛盾也越来越突出"[2]。工科类院校不能再局限于"培养在工程领域从事设计与研究的高级人才"[3]这一简单目标，而应该通过大力开展通识教育，塑造学生不仅学有专长、术有专攻，而且在智力、身心和

---

[1] 陈向明：《对通识教育有关概念的辨析》，载《高等教育研究》2006年第3期，第65页。
[2] 骆少明：《中国大学通识教育报告》，暨南大学出版社2009年版，第29页。
[3] 同上。

品格各方面能协调而全面地发展；不仅具有高尚的道德情操、独立思考及善于探究和解决问题的能力，而且能够主动、有效地参与社会公共事务，成为具有社会责任感的公民①。

印度实行 12 年一贯制中小学教育。高等教育共 8 年，包括 3 年学士课程、2 年硕士课程和 3 年博士课程。此外还有各类职业技术教育、成人教育等非正规教育。印度全国现有 350 所综合性大学，著名的有德里大学、印度理工学院、加尔各答大学、马德拉斯大学、巴拉蒂尔大学等。本章主要依据当前已有的大学通识教育模式，结合印度科技院校通识教育情况，以印度理工学院（Indian Institute of Technology，简称 IIT）为例，来探析印度高等教育中科技院校通识教育的现状。

第一节 印度科技院校通识教育的历史发展

一、通识教育的萌芽阶段（1947—1965 年）

1947 年独立后，印度政府在高等教育方面采取的第一个具有伟大意义的行动，是任命了大学教育委员会，著名的学者、前巴纳拉斯印度大学的副校长 S. 达拉克里什南博士担任该委员会的主席。印度大学教育委员会在向政府的建议中提到，高等教育是实现国家发展目标，社会、经济和文化变革所需要的一种强大的工具。它对提高生产力，实现社会和国家的统一，加速现代化的进程和培养社会的、道德的和思想的准则具有十分重要的作用②。

1948 年，由印度政府任命的大学教育委员会指出了在本科阶段为学生提供适当通识教育的必要性。1949 年，印度大学教育委员会重申了通识教育的理念。会议提到：通识教育的引入势在必行，这是在当前过分重视专业教育的情况下提出来的。1955 年举办的大学副校长会议中，设立了通识教育咨询委员会，为印度各大学通识教育课程的引入提供方法和途径。印度的数间大学已经接受了由中学教育委员会提出的三年制学位课程。他们认为，通识教育的课程会与修改后的三年制学位课程教学大纲很好地融合在一起。印度政府于 1956 年、1957 年和 1958 年分别派出通识教育研究队伍到美国进行通识教育研

---

① 陈向明：《对通识教育有关概念的辨析》，载《高等教育研究》2006 年第 3 期，第 65 页。
② 曾向东：《印度现代高等教育》，四川大学出版社 1987 年版，第 24 页。

究，并各自做出了研究结果汇报。报告内容是多方面的，其中包括：通识教育的理念与目标、通识教育的理念与内容、通识教育的授课形式、通识教育的教师师资和通识教育的考核评估这五方面。

报告中指出，通识教育本是一种教育理念，而非课程的内容。这是一种教与学的特殊方法，这种方法不是传授知识的方法，而其本身就是一种知识，并且是全面的知识，而非专门知识。这并不是大学教育里自给自足的一部分，而是为学生成为现代公民而准备的教育。因此，通识教育应该激发学生的好奇心并使之养成研究的兴趣；应该使学生学会提出问题并寻找背后的知识，最终形成自己的理论体系；应该使学生锐化控制情绪的问题并以此发展成为创造力。另外，通识教育还应该让学生明白学习是一个持续的过程，这个过程并不会因为某种程度的达到而终止。最终培养学生敢于提问和敢于质疑的精神及为寻找答案学会查找足够的证据的态度。从而使学生具备对事实、数据和有用资源的尊重及意识到用常规方法无法解释的社会问题[1]。

根据对国外的考察，报告中总结出通识教育的三个领域[2]：人文学科（the humanities）、社会科学（the social science）、自然科学（the natural sciences）。人文学科包括传记、历史、哲学等学科，社会科学包括伦理学、宗教、心理学、社会学、经济、政治与政府等学科，自然科学包括物理、地理、化学、生物、气象学、地质学、天文学、生理学等学科。学习自然科学，可以让学生了解和使用科学方法，并且培养学生在生理和生物世界的兴趣及了解人文思想和活动对科学的影响。学习人文知识，可以传授人文精神及让学生发现自身与现代生活的联系。学习社会科学，可以提高学生对社会这个复合体的了解及导致这种现象的外在动力，学生也必须认清社会必然存在偏见与黑暗的真实情况[3]。

相对于其他学术领域来说，通识教育的老师在通识教育的过程中起着举足轻重的作用。由于通识教育项目不仅包括课程的授课和研讨会等，还包括对通识教育要领的掌握。因此，老师在通识教育教学的第一年里必须花费大量的时间在通识教育上，既包括对通识教育的了解，也包括上课传授知识的技巧等。跟其他专注于通识教育的老师相比，兼顾其他学科的老师无论在时间上还是在通识教育的学术上都不及专注于通识教育的老师。所以，老师必须保持教学质

---

[1] University Grants Commission. New Delhi. Report on General Education, p27.
[2] University Grants Commission. New Delhi. Report on General Education, p14-15.
[3] 同上。

量并保证自己在通识教育学术上的造诣①。

至于通识教育考试系统存在的问题则已经引起了教育专家的顾虑，但由于困难重重，因此暂时还不能做出很大的变动。由于通识教育的引入，评估制度的改革是迫在眉睫的。为了避免通识教育的评估采取期末考试的方式，报告中通识教育的专家们提议：①负责小组讨论的老师必须每周检查学生完成的作业；②老师可以适当安排没有预先通知的5~7分钟课前小测。以上两种方法是为了考查学生对通识教育课程了解和掌握的深度。印度政府并不建议通识教育课程的考查方式是一成不变的期末考试，而是提议50%的分数可以根据学生课堂上的表现进行评估。然而，老师可以根据通识教育课程开设的时间分配学生课堂表现占总成绩的比例②。

这一阶段是印度通识教育的萌芽阶段，通过借鉴国外经验和结合本国国情，印度政府开始大力提倡通识教育，并勾画了通识教育的蓝图，努力使这一理念深入人心，为下一步通识教育的具体实施做了思想上的宏观准备。

二、通识教育的发展阶段（1966—2000年）

为了进一步发展高等教育，印度大学教育委员会在1966年制定了一个"二十年高等教育综合发展规划"，提出了印度高等教育的目标，分为两大类：

第一类是适应当今世界高等教育的共同任务的五项目标：①探索和培养新知识，朝气蓬勃地、无畏地从事于真理的追求，根据新的需要和新的发现解释说明旧的知识；②各界人士要提供正确的领导，识别有才华的青年，通过对他们进行德、智、体的培养和教育，帮助他们充分发挥潜力；③给社会提供训练有素的农业、艺术、医学、科学和技术方面的有能力的男女人才，同时也单独培养有利于社会发展的其他专业人员；④通过扩大教育，努力促进平等和社会公正，减少社会和文化的差别；⑤通过社会在教师和学生中普遍培养他们为创造个人和社会的美好生活所需要的理论观点和方法准则③。

第二类是适应当今印度社会和教育发展的特殊任务的五项目标：①高等教育必须真正为国家服务，必须在容忍宽恕的风气内鼓励个性、多样化和异议；②高等教育应该大规模地贯彻执行成人教育计划，广泛发展部分时间教育网和相应的课程；③高等教育必须努力提高教学质量；④高等教育应该摆脱早期把

---

① University Grants Commission. New Delhi. Report on General Education，p31.
② University Grants Commission. New Delhi. Report on General Education，p4.
③ 曾向东：《印度现代高等教育》，四川大学出版社1987年版，第25-26页。

考试置于最重要地位的传统的沉重负担，努力通过协调发展教学和科学研究，全面提高教育水平和科研水平；⑤高等教育要建立几个将能与世界其他地方的同类教学和科研中心媲美的中心，以此带动印度国内本身的学术活动①。

1978年，印度政府大学补助委员会制定了《印度高等教育的发展政策机构》的文件，强调各高等学校要认真贯彻独立以来制定的发展高等教育的方针、政策和目标。无论是适应当今世界高等教育的共同任务的五项目标还是适应当今印度社会和教育发展的特殊任务的五项目标，都在认识到世界通识教育发展的趋势下，结合本国国情努力培养具备全方位素质和能力的"博雅人才"。通过在横向上普及全社会各方面的人才培养和纵向上贯彻每个人各个阶段的终身教育，实现社会的人文化②。

1985年8月，印度政府公布了《新教育政策》。政府一方面激励强调各高等学校要认真贯彻独立以来制定的发展高等教育的方针、政策和目标，一方面又针对高等教育中存在的问题补充规定了改革高等教育的一些新的政策措施③。印度政府指出，高等教育需要最迫切和最有意义的改革，是改变体制、基础结构和教育体制的进程，使它具有灵活性和更有生气，改变对每个人提供毕业学习机会的最终方向。这种变革意味着，从强调教转变为强调学，从强调个人转变到强调社会目标，从只强调获得知识转变到强调发展技术和建立在知识基础上的个性的形成。改革高等教育的一项主要计划是课程调整，使这些课程不仅对学生更有关系和更有意义，而且也有助于整个国家的社会改造和全国的发展。每个大学生必须在四个方面进行基础训练：①规定一组基础课程，使学生了解各个领域的知识，如印度的历史和文化；印度的自由斗争史和世界其他国家的自由斗争史；印度的社会和经济生活，包括发展科学和技术的作用；可选择的价值规律和社会的基础问题；亚洲和非洲（选择的国家）的文化和甘地的思想。②提供一组新的课程，使学生广泛地通晓某些选择的科目，包括深刻理解一门科学和多门科学的机会。③开展一些应用研究计划和实地活动，这将形成统一的课程，并在最后一年进行。④全国服务计划或社会服务机会，这将在头两年进行。通过这四个方面的基础训练来提供一个圆满和比较丰富的教育。为使这个改革获得完全成功，必须采取几个重要的措施。例如，课程应该多样化，特别是要开设更多的新的和急需的学科课程，以及跨学科的新课程；应允许给学生更大的自由，通过采用学期制，选择最适宜于学生的兴趣和

---

① 曾向东：《印度现代高等教育》，四川大学出版社1987年版，第25-26页。
② 曾向东：《印度现代高等教育》，四川大学出版社1987年版，第252页。
③ 曾向东：《印度现代高等教育》，四川大学出版社1987年版，第313页。

能力的课程；应该采取单元课程和现代的、有生气的学习和研究方法；应该有魄力和决心进行考试改革①。

总之，经过通识教育的萌芽阶段，印度政府和社会各界开始在通识教育理念的指导下，对各方面的教育因素制定了具体的方针和政策，从理念过渡到实际，真正落实了通识教育。

三、通识教育的成熟阶段（2000年至今）

进入21世纪，印度高等教育进入了一个快速发展时期。为了适应知识经济社会发展的需要，增强国家使用和创造知识的能力，2005年6月，印度政府成立了一个总理高级咨询机构，即"国家知识委员会"（以下简称"NKC"）。NKC的主要使命就是针对国家核心领域，例如教育、科学技术、农业、工业和电子政府等帮助政府制定政策和指导实施。目前，该委员会所颁布的报告已经成为印度高等教育改革与发展的最重要的政策依据。这个时期高等教育政策主要是为配合印度经济社会从计划经济模式向市场化模式转变需要而制定的，其特点是：第一，许多政策是对原有的高等教育政策进行修订和调整；第二，许多政策是针对高等教育领域出现的新现象和新情况制定的新政策，如私立院校和跨国办学等政策；第三，许多政策是对直接影响高等教育质量的热点问题所作出的规定。

2006年7月，NPC、UGC（印度大学拨款委员会）和NKC都分别完成了"第十一个五年规划"的制定工作。尽管这三个委员会提交的报告侧重点不同，但其中有关高等教育发展的目标、投入，以及其他相关问题的表述和规定具有高度的一致性。这些政策性的阐述可以比较全面地折射出印度高等教育未来发展的方向。关于高等教育发展的原则和目标，印度十一五规划的基本原则有三点：扩大高等教育规模，追求教育质量提升和卓越性，发展全纳性高等教育②。

第一，在高等教育规模扩充上，印度政府注意到本国高等教育毛入学率较低（9.39%），与世界发达国家存在较大距离的现实，提出要满足高等教育需要，不断扩大入学机会，争取2015年之前增建1 500所新大学，实现高等教育毛入学率达到15%和在校生人数达到2 100万的目标。此外，印度还将动员政府和民间资本，重点建设50所国家大学（第一批10所争取在3年内建成），

---

① 曾向东：《印度现代高等教育》，四川大学出版社1987年版，第317页。
② 曾向东：《印度现代高等教育》，四川大学出版社1987年版，第252页。

使之成为其他大学的样板。这些国家大学将在人文、社会科学、基础科学、商学和其他专业领域承担培养本科生和研究生教育的任务。

第二,在高等教育质量提升方面,印度提出:①要完成对现存的大学的改造任务,尤其是本科附属学院的重构。新建本科学院将具有明显的社区学院的性质,并具有更多的办学自主性。②要努力缩小不同院校之间的质量差距,提高高等教育整体水平。③为了实现在"十一五"期间"成为全球性知识的中心"的目标,印度政府提出要建设包括原来的 IITs、IIMs 在内的 14 所世界一流院校。建设过程既注重制度创新,如实行新的人才招聘和办学模式,同时也要考虑原有院校的基础,如声誉度和实验室条件。

第三,在实施全纳性高等教育方面,十一五规划强调所有高等院校都应该采取"无障碍入学",确保所有考取大学的青年人都不因经济困难而无法升学。此外,十一五规划还将重申 2005 年印度议会根据《曼达尔(Mandal)委员会报告》通过的《第 93 次宪法修正案》的有关规定,继续坚持"保留教育政策",决定在中央院校和私立高等教育机构中单独为"落后阶级"和其他弱势人群增加 27% 的保留名额,从而使"落后阶级"即表列种姓(SCs)、部落种姓(STs)和其他落后阶级(OBCs)的名额总体比例达到 49.5%。

总之,印度紧跟世界步伐,以本国为基础,在高等教育中不断深化通识教育。

第二节 印度科技院校通识教育模式分析

一、印度科技院校通识教育的理念与目标[①]

纵观世界通识教育的历史,由于受时代、地域的影响,各校通识教育理念都会呈现出不同的特征,甚至同一学校,由于受所处时代的影响,在通识教育的理念特征上也存在很大的差异。美国的哈佛大学就是一个典型的例子。历史上,哈佛大学通识教育的发展分为六个时期,不同时期的通识教育理念因时代背景的不同而呈现出不同的特征。

一是殖民地时期以培养"绅士"为特征的通识教育理念。由于受殖民当局的影响,哈佛学院移植英国高等教育的办学理念,其通识教育的理念是宗教

---

① http://baike.baidu.com/view/917984.htm,2012-01-23.

性质的，在于培养虔诚的牧师；同时也是世俗性的，在于培养律师和官员①。二是艾略特时期以"培养工业实用人才"为特征的通识教育理念。这种通识教育理念是实用取向的，目的在于培养工业人才。这是因为19世纪60年代的急剧变化和注重实用课程的新兴大学的出现，彻底改变了哈佛大学以"古典人文教育"为特征的通识教育。艾略特认为，在以培养"绅士"为特征的通识教育理念指导下"培养出来的是现实生活的旁观者和批评家而不是实干家，不能迎合时代之需"②，因而明确提出要培养"实干家"和能做出成就的人的通识教育理念。三是劳威尔时期以"通专结合"为特征的通识教育理念，认为在"在复杂的现代社会，最理想的自由教育旨在培养既通又专的人"③。这种通识教育理念是"全人"取向的，关注了人的全面发展的需求。四是科南特时期以培养"负责任的社会公民"为特征的通识教育理念，这种通识教育理念是伦理取向的。这是因为20世纪上半叶，经历过"二战"创伤，西方传统文明遭受了极大的破坏，道德危机凸显，精神文明发展严重滞后。在这种情况在，1945年哈佛大学在科南特的领导下，发表了《自由社会中的通识教育》，明确提出培养"负责任的社会公民"的通识教育理念。五是罗索夫斯基和博克时期以培养"有教养的人"④为特征的通识教育理念。罗索夫斯基提出哈佛大学的本科培养目标是"有教养的人"，他说"我们并不期望本科生成为艺术、科学或专业方面的饱学之士，如果一个学士学位就等于他们在知识上已到达了顶点，那么我们就失败了。欢迎毕业生们参加到有教养的人们的行列中来"⑤。六是新世纪以培养"世界公民"为特征的通识教育理念，"全球化"是这个理念产生的主要时代背景。

1951年8月，在联合国教科文组织的资金帮助下，尼赫鲁委派实业家萨卡尔（N. R. Sacker）率领22人的委员会，研究成立一所按照国际标准设置、以美国麻省理工学院（MIT）为蓝本、独具印度特色的高科技学院，并在印度东西南北部各设分校。同年，第一所印度理工学院在印度东部西孟加拉邦的卡拉格普尔创建。此后，在国际组织和其他国家帮助下，印度政府相继在坎普

---

① 赵强：《哈佛大学通识教育发展历程研究》，山东师范大学2008年学位论文。
② 赵强、郑宝锦：《哈佛大学通识教育理念的嬗变》，载《湖北大学学报（哲学社会科学版）》2010年第11期。
③ 赵强、郑宝锦：《哈佛大学通识教育理念的嬗变》，载《湖北大学学报（哲学社会科学版）》2010年第11期。
④ 周月玲：《哈佛大学核心课程通识教育理念与实践研究》，中南大学2007年学位论文。
⑤ 罗索夫斯基：《评通识教育与核心课程（上）》，黄坤锦译，载《通识教育季刊》（台）1994年第3期，第47页。

尔、德里、孟买、马德拉斯各地建立了其他几所理工学院的分校。于是诞生了IIT系统，其至今在印度各地共有7个分校。在当今世界各国经济飞速发展和社会快速转变的时期，大学所承担的培养社会所需人才的任务越来越重要，尤其是理工院校，承担培养科学技术人才的重任，而科技人才对整个国家的经济发展起着至关重要的作用。他们除了要具备专业学科知识外，广博的科学文化知识和高尚的职业道德对社会经济的健康发展产生着重要的影响。如果将通识教育从理工院校中抽离，那么理工院校就变成了一所高级的职业训练中心。

在通识教育的目标和理念上，印度理工学院在"工业实用人才"这一基础上，培养对国家、社会和世界"负责任的社会公民"，实现面向世界的综合性人才。其目标和宗旨可以追溯到《萨卡委员会报告》和印度理工学院法案。根据这些文件，印度理工学院应该依照麻省理工学院的建校方式，发展成为更高的技术机构和研究中心，为工程技术的某些分支及知识和传播的优先科学艺术的特定分支提供教学和研究。印度理工学院致力于通过使用他们的人力资源和物质资源开展教育，特别是通过继续教育工作的专业人士服务社会和国家（这被称为"延伸活动"）增进知识，包括工程、社会科学和人文学科的理论科学与应用科学[①]。

根据1966年印度大学委员会提出了五项印度高等教育的目标，印度理工学院的愿景是贡献给印度及世界在科学和技术教育、研究中的杰出成就，服务于工业和社会的有用资源，以及保存所有印度人引以为豪的文化遗产。印度理工学院的使命是利用深入研究的方法产出新的知识；通过提高本科生、硕士生和博士生目前发展水平来提高学术成长；培养辨别能力（基于印度、区域及全球需求，以及学院关注的专门领域等的见多识广的洞察力）；承担着提供机会给学术界和工业长期合作的协作项目的任务；发展人类达到最高极限的潜能，以便让有杰出才能和富有天赋的领导者可以在一系列的工作中崭露头角[②]。印度理工学院的7个分校的教育理念和教育目标也各有其特色。

印度理工学院德里分校的教育理念与目标是将科学和技术这些研究的杰出成就贡献给印度和世界；同时，通过提高学生的水平，让具有杰出才能和富有天赋的领导者可以在一系列的工作中崭露头角。此外，印度理工学院德里分校还特别注重学生的全面发展。学生除了要拥有丰富的专业知识外，还必须具备优良的品质，如保持学术的完整性和责任性、尊重和宽容个人观点、注重国家相关事项及全球热点、拓宽理解能力，包括人文科学知识、杰出智力和创造力

[①] 印度理工学院马德拉斯分校网站，http://www.iitm.ac.in/mission。
[②] Indian Institute of Technology Delhi, Courses of Study 2011—2012..

鉴赏及探索、理性和冒险的自由精神①。这是德里分校总的通识教育理念和目标,而具体到德里分校的每个学院,他们都各具特色。其中,生物工程和生物技术系的教育目标是:培养和发展学生在生化工程和生物技术专业知识方面的硕士和博士水平;研究和开发各种微生物和酶系统,以及产生对这种系统相关的生物、生化现象的认识;各种生物系统和流程的工程分析和优化设计;通过研讨会、座谈会和短期进修课程,向国家和国际层面的知识转移;开展工业生物过程解决具体工业的问题②。

化学工程系的教育理念与目标是:为印度最聪明的年轻的头脑提供最好的教育。旨在通过精心地设计广泛的课程,涵盖从基础科学到复杂的数学关系,以及化学和生物过程技术和工程设计方面的学术课程。使学生经过严格的培训和评估,有充分的准备成为领导者。无论他们选择哪一个领域,学术界、产业界、技术管理、创业或社会事业,他们都会独当一面。本科系的另一项重要承诺是维持一个充满活力的研究氛围,真正抓住了现代社会的需要和变化。我们相信,这是必须执行的基础研究及应用研究,以迎合更广泛的经济、社会和环境的协调发展。而学校也会通过招聘全球范围最优秀的教师解决跨学科问题的研究③。

管理系的教育目标是:通过卓越的决策和解决问题的能力促进印度的所有工作及与世界伙伴的合作和全球的全面发展。同时,为行业和社会的增长提供重要的知识资源,并使其成为所有印度人的骄傲。通过有效的研究,推广教学和教育活动,不断加强管理和扩展前沿的管理知识。这样一来,可以在巩固管理的传统和全球的管理过程之间起着桥梁作用。在这个过程中,不但可以培育优秀的教师和专职工作人员,也为我们的学生和客户群提供世界一流的学业基础设施,并有利于知识的学习和创造。④

孟买校区的愿景与使命是成为新的思路和创新科学技术的源头。以诚实、美德、学术自由、卓越为核心价值观,致力于创建一种充满新想法和创意的氛围,以及蓬勃发展的学术研究活动和未来领导者创造者的源头。通过提供最好的教育设施,培养技术和科学职业生涯的优秀学生;提供一个创造性的气氛,促进学生和教师之间的学习和研究的蓬勃发展;通过组织短期密集课程、会议和研讨会,促进目前的技术发展,为周边社区带来利益;而各类型的工程学院

---

① Indian Institute of Technology Delhi, Courses of Study 2011—2012, p1.
② 印度理工学院德里分校网站, http://beb.iitd.ac.in/。
③ 印度理工学院德里分校网站, http://chemical.iitd.ac.in/?q=content/mission。
④ 印度理工学院马德拉斯分校网站, http://www.iitm.ac.in/mission。

为政府和民间组织成员提供提高服务质量的项目；组织来自全球各类工程学院的教研人员改进质量计划；为课程设计和开发提供领导①。

总而言之，印度理工学院各分校的教育理念和目标都特别关注学生的学术成就及其对社会和国家的贡献。所以印度理工学院的目标应该是：发展每个学生掌握的基础知识、多功能性、学习动机、知识学科和自力更生，这些会为学生持续的专业发展提供最好的基础。作为一个专业的教育，让每个学生获得道德价值观的尊重；作为一个公民，能更好地了解自己的职责感，所有这些都需要领导才能。让所有学生掌握最高的专业技能及灵活解决国家未来可能遇到的问题和困难的能力。印度理工学院必须认识到其固有的义务，应该设法通过他们的设施直接为社会服务，只要有需要，他们可以轻松地伸出援手。这些目标是最初的目标，并没有改变过。

二、印度理工学院通识课程领域与内容设置

通识课程是实践通识教育理念的载体，要解决的问题是给学生提供什么样的认知领域与课程内容来达到通识教育的理念和目的。而有关通识课程设置的思想与理论，黄俊杰先生在《大学通识教育的理念与实践》一书中进行了详细的阐述，他将现代大学通识教育课程设置理论归纳为四种：精义论、进步论、均衡论、多元文化论②。

"精义论"通识课程设置理论是以永恒主义哲学为指导，认为在人类不断变迁的社会政治经济文化生活之中，有一套永恒不变的核心价值，这种价值皆保存在经典作品之中，因此这种通识课程理论强调通识课程应以经典的阅读、分析和讨论为中心。美国的赫钦斯是这种理论的重要代表人物，其在任芝加哥大学校长时就提倡以西方的经典研读为中心的大学通识教育课程，在文化选择上是"唯西"倾向的。以精义论为基础所设计的通识教育课程，难以免于特定文化价值的偏见，而坠入"欧洲文化中心论"或者"中国文化中心论"之巢。

"进步论"认为，未来的人类社会会是一种高度都市化、信息化、知识化的社会，而教育的基本目的，就是要让学生对未来的生活有准备，教育的每一阶段的基本任务，就是为这种"对未来的探索"做准备③。因此，持这种理论

---

① 印度理工学院孟买分校网站，http://www.iitb.ac.in/about/howNew.html。
② 黄俊杰：《大学通识教育的理念与实践》，华中师范大学出版社2001年版，第119页。
③ 黄俊杰：《大学通识教育的理念与实践》，华中师范大学出版社2001年版，第121页。

的学者主张通识教育课程应以具体贡献于学生未来的生活为目标,从而必须具有前瞻性,在这种想法下,许多大学通识教育课程架构的规划,都非常注意培养学生适合未来社会生活的能力①。这种理论注意到了通识教育在培养学生适应未来社会生活的重要作用,但也很容易陷入工具主义倾向。

"均衡论"者认为,通识教育的课程应该在各种知识的分支领域力求均衡,这样才能免于片面性。从均衡论出发的通识教育课程设计,基本上将通识教育视为沟通人文社会科学与自然之间的"两种文化"的桥梁,企图通过通识教育的实施,提供给学生较为全面完整的知识图像。这种通识课程设计理论由于其适应性较强,特别是在知识爆炸、大学科日趋分化的学术背景下,均衡论已成为世界各个大学最为普遍的做法。但这种课程设置理论也存在一定的局限性,即延续了大学各学科这种泾渭分明的学科体制。

"多元文化论"主张用"多元主体并立"的精神来设计通识课程的架构及教学内容,以吸纳多元文化之内涵,开拓学生相容并蓄的胸襟。其中最关键的就是"主体"这个名词所包含的内容非常之广,既可以以思想体系作为主体,也可以种群作为主体,还能以社会阶段作为主体②。美国的狄百瑞提倡以"多元化文化论"来推动通识教育,强调东方经典著作在人文课程中应有的地位,并且主张以多元文化论观点设计通识教育课程,但他所提倡的多元文化论的通识教育理论,仅仅是针对美国通识课程中过分重视西方文化的状况,进而把多元文化作为提升亚洲文化在美国高等教育界的地位的一种手段,他的"多元文化论"的课程设计仍然是以经典,特别是亚洲经典研读为主。

印度理工学院主张以"多元文化论"为宗旨,将通识理念融合到课程当中。印度理工学院德里分校除了为广大学生提供了以科学为基础的工程教育,以培养高级工程科学家外,还提供了广泛的基础知识,为学生建立起终身学习和探究的精神。在本科阶段,学生除了要完成各自的专业要求外,还需要参加全校任选课来培养广阔的跨学科基础和使自己专业以外的知识越来越专业化。③根据印度理工学院的办学理念和课程目标,我们可以将专业以外的课程都归纳到通识课程的范畴里。印度理工学院的课程大致分为核心课程(UC)和选修课程(UE),共180学分。其中核心课程除了专业核心课程(DC)外还有通识核心课程,一共占106个学分。通识核心课程包括三大领域:基础科学(BS)、工程艺术和科学(EAS)及人文和社会科学(HU)。选修课程也包

---

① 李婉蓉:《日本大学通识课程设置于管理研究》,华南师范大学2007年学位论文。
② 黄俊杰:《大学通识教育的理念与实践》,华中师范大学出版社2001年版,第121页。
③ Indian Institute of Technology Delhi, Courses of Study 2011—2012, p1.

括专业选修（DE）和通识选修，共占74个学分，其中通识选修分为人文和社会科学（HM）和全校任选课（OC）两大类。如表4-1所示。

表4-1 2011—2012学年印度理工学院德里分校课程分布及学分要求

	类 别	代 码	学分（本科）
1	核心课程	UC	106
1.1	专业核心	DC	54
1.2	基础科学	BS	20
1.3	工程艺术和科学	EAS	20
1.4	人文和社会科学	HU	2
2	选修课程	UE	74
2.1	专业选修	DE	26
2.2	人文和社会科学	HM	14
2.3	全校任选课	OC	25
3	专业课	DR（=DC+DE）	90
4	全部学分（本科）	UR（=UC+UE）	180

资料：2011—2012年印度理工学院（德里分校）课程设置（Indian Institute of Technology Delhi, courses of study 2011—2012）。

从课程种类的角度进行分类，印度理工学院德里分校的课程大致分为专业课程和通识课程。其中，专业课程分为专业必修课程和专业选修课程，共占90学分。通识课程分为通识必修课程和通识选修课程。其中，通识必修课程包括基础科学、工程艺术和科学及人文和社会科学。基础科学课程包括数学、物理和化学相关基础课程，工程艺术和科学包括应用机械、计算机科学与工程、机电工程、机械工程和化学工程相关基础课程，人文和社会科学的2个必修学分来自人文和社会科学介绍这门课。通识选修课程包括人文和社会科学课程、全校任选课程。人文和社会科学课程是由人文和社会科学部管理的，涉及内容广泛，包括经济学、英语文学及语言学、哲学、心理学和社会学五大领域。全校任选课是学生可以按照各个学院的要求选修的各个学院的课程。如表4-2所示。

表4-2　2011—2012学年印度理工学院德里分校通识课程结构及其学分

分类		范畴	代码	学分	总学分
专业课程	专业必修课程	专业必修	DC	63	90
	专业选修课程	专业选修	DE	27	
通识课程	通识必修课程	基础科学	BS	20	42
		工程艺术和科学	EAS	20	
		人文和社会科学	HU	2	
	通识选修课程	人文和社会科学	HM	14	48
		全校任选课	OC	34	

资料：2011—2012印度理工学院（德里分校）课程设置（Indian Institute of Technology Delhi, courses of study 2011—2012）。

从表4-2可以看出，印度理工学院德里分校的专业课程和通识课程各占总学分的50%，由此可见，该学校十分重视学生的全面发展。而且，该学校的通识课程涉及面广，既包括基础科学，也包括工程艺术和人文社会科学，以从各方面完善学生的才能。

基础科学包括数学、物理、化学领域的基础课程，其中有物理化学的概念和应用（Physical Chemistry: Concepts and Applications）、有机和无机化学的概念和应用（Inorganic and Organic Chemistry: Concepts and Applications）、化学实验室（Chemistry Laboratory）、数学Ⅰ（Mathematics-Ⅰ）、数学Ⅱ（Mathematics-Ⅱ）、物理实验室（Physics Laboratory）、分析与微分方程概论（Introduction to Analysis and Differential Equations）、代数与矩阵分析概论（Introduction to Algebra and Matrix Analysis）、磁场与磁波（Fields and Waves）、材料物理学（Physics of Materials）、概率理论和随机系统概论（Introduction to Probability Theory and Stochastic Processes）、数值计算方法和计算（Numerical Methods and Computation）、概率与统计（Probability and Statistics）、多元微积分和矩阵理论（Multivariable Calculus and Matrix Theory）、实数分析与复合型分析（Real and Complex Analysis）等课程。每个科系会根据自己的专业进行调整，选择6～7门课程作为必修的基础科学课程，总学分为20～24不等。这些基础科学课程都是在第一学年进行的，主要目的是让新生在学习各自专业前能打好扎实的理工科基础，不仅要掌握自己的专业知识，还要广泛学习与理工科专业相关的基础知识。

工程艺术和科学包括应用机械、计算机科学与工程、机电工程、机械工程和化学工程领域的课程，其中有材料科学（Materials Science）、计算机与程式概论（Introduction to Computers and Programming）、计算机科学概论（Introduction to Computer Science）、电力工程理论（Principles of Electrical Engineering）、图表科学（Graphic Science）、制造实践经验（Manufacturing Practices）、工程力学（Engineering Mechanics）、固体和流体力学（Mechanics of Solids and Fluids）、电器工程基础（Fundamentals of Electrical Engineering）、数据结构（Data Structures）、固体力学（Mechanics of Solids）等课程。同样的，每个科系会根据自己的专业选择5～6门课程作为必修的工程艺术和科学课程，总学分为20～24不等。与基础科学课程不同，工程艺术和科学课程除了让学生在理论上打好扎实的基础外，还让学生注重各方面的实践能力。这些都是理论和实践相结合的最好例子。

必修的人文和社会科学只有一门课程：人文和社会科学概论（Introduction to Humanities and Social Sciences）。该课程是一门介绍性课程，向学生介绍基础的概念、意识，以及人文社会科学不同领域的方法论问题，如经济学、英语、哲学、心理学和社会学。这门课程虽是介绍性课程，但涉及的领域广泛，让学生对人文社会科学的不同领域都有一定的了解。

以上均是必修的通识课程，不仅包括理工科专业方面的理论知识和实践能力，还涉及人文和社会科学的理论介绍，让学生在专攻专业知识的基础上，了解广泛的人文和社会科学知识。

通识选修课程包括人文和社会科学课程、全校任选课程。其中，人文和社会科学课程涉及经济学、英语文学及语言学、哲学、心理学和社会学五大领域。（表4-3、表4-4）

经济学方面的课程有经济学概论、微观经济学、宏观经济学、国际经济学、计量经济学方法等。这些课程会让学生了解关于经济学方面的知识。学生可以从微观角度了解经济中消费理论、消费者行为和需求、市场需求、短期消费和长期消费等相关微观知识，从宏观的角度了解经济中的国家收入及开支、国民生产总值的支出和收入途径、政府财政等相关的宏观知识，也可以从国际角度了解贸易的新理论、经济增长与贸易、征税与配额、国外直接投资、国内外收支平衡等相关知识。

英语文学及语言学方面的课程有实用英语、语言与交流、印度英语写作、印度英语诗歌、美国文学等课程。这些课程的其中一个目标是提高学生的英语语言的运用能力，如写作和交流等。此外，学生还需要了解英语文化，如文学和诗歌等。

哲学方面的课程有古典印度哲学概论、科学哲学概论等。古典印度哲学概念课程先揭示印度古代哲学书籍所蕴含的哲学道理，进而分析印度古典哲学流派的基础问题。科学哲学概论课程的内容是关于科学解释的逻辑性和重组性、自然的规律及社会在科学作品中的影响。这些课程都会让学生在学习的过程中养成哲学思维。

心理学方面的课程有行为心理学、环境心理学、组织心理学、正向心理学、"工业安全：心理层面"等。这些心理学课程都是心理学的分支，但他们却富有印度理工学院的特色。如"工业安全：心理层面"，这门课程的内容是关于引发事故理论、与事故原因和影响相关的心理因素、在职安全与健康等，与印度理工学院的各专业密切相关。

社会学方面的课程有人格与社会、"社会学：科学实践"、印度社会学概论、"科学、技术与社会"、人民与社会科学概论、宗教社会学、社会科学的发展途径等。社会学方面的课程涉及的范围比较广，并与很多方面的知识相结合，如科学、环境等，让学生可以结合社会学了解和分析社会中存在的各种现象和问题。

通识选修课程的全校任选课程占29～34学分不等，主要是学生根据自己的专业或者兴趣爱好并按照学校和各学院的要求选择自己需要的课程，以培养广阔的跨学科基础和使自己专业以外的知识越来越专业化。学生也可以选择自己专业的课程作为全校任选课，但所占学分不得超过8学分。全校任选课可以让学生发挥自己的权利，补充自己的不足之处或者突出自己的优势，让自己成为一个全面发展的人才。

附：印度理工学院德里分校人文和社会科学课程目录

表4-3　本科项目

课程代码	课　程　名　称	L-T-P
HUL101	English in Practice 实践英语	2-0-2
HUL211	Introduction to Economics 经济学概论	3-1-0
HUL212	Microeconomics 微观经济学	3-1-0
HUL213	Macroeconomics 宏观经济学	3-1-0
HUL214	International Economics 国际经济学	3-1-0
HUL215	Econometric Methods 计量经济学方法	3-1-0

续表 4-3

课程代码	课 程 名 称	L-T-P
HUL216	Indian Economics Problems and Policies 印度的经济问题和政策	2-1-0
HUL231	An Introduction to Literature 文学概论	3-1-0
HUL232	Modern Indian Fiction in Translation 印度现代小说翻译	3-1-0
HUL233	American Literature 美国文学	3-1-0
HUL234	Language and Communication 语言与交流	3-1-0
HUL235	Technical Communication 技术通信	3-1-0
HUL236	An Introduction to Drama 戏剧概论	3-1-0
HUL237	Contemporary Fiction 当代小说	2-1-0
HUL238	Modern Fiction 现代小说	3-1-0
HUL239	Indian Writing in English 印度英语写作	3-1-0
HUL240	Indian English Poetry 印度英语诗歌	3-1-0
HUL241	Workshop in Creative Writing 创意写作工作坊	3-1-0
HUL251	Introduction to Logic 逻辑性概论	3-1-0
HUL252	Introduction to Classical Indian Philosophy 古典印度哲学概论	3-1-0
HUL253	Moral Literacy and Moral Choices 道德素养和道德选择	3-1-0
HUL254	Art and Technology 艺术与科技	3-1-0
HUL255	History of Natural Science: Copernicus to Einstein 自然科学史：从哥白尼到爱因斯坦	3-1-0
HUL256	Critical Thinking 批判思维	2-1-0
HUL257	Introduction to Philosophy of Science 科学哲学概论	3-1-0
HUL261	Psychological Basis of Behaviour 行为心理基础	3-1-0
HUL262	Environmental Psychology 环境心理学	3-1-0
HUL263	Organizational Psychology 组织心理学	3-1-0
HUL264	Managerial Behavior Psycho-social Dimensions 管理行为的社会心理尺度	3-1-0
HUL265	Personality and Society 人格与社会	2-1-0

续表 4-3

课程代码	课 程 名 称	L-T-P
HUL266	Industrial Safety: Psychological Dimensions 工业安全：心理层面	3-1-0
HUL271	Sociology: the Science of Praxis 社会学：科学实践	3-1-0
HUL272	Introduction to the Sociology of India 印度社会性概论	3-1-0
HUL273	Science Technology and Society 科学技术与社会	3-1-0
HUL274	Re-thinking the Indian Tradition 对印度传统的反思	3-1-0
HUL275	Environment, Development and Society 环境、发展与社会	3-1-0
HUL276	Sociology of Knowledge 社会学知识	3-1-0
HUL281	Mind, Machine & Language 思维、机械与语言	3-1-0
HUL282	System and Structure: an Introduction to Communication theory 系统与结构：通信原理概论	3-1-0
HUL283	Industrial Organization 产业结构	3-1-0
HUL284	Participative Management 参与式管理	3-1-0
HUL285	Social Responsibilities of Scientists and Technologists 科学家与技术家的社会责任	3-1-0
HUL286	Social Science Approaches to Development 社会科学的发展途径	2-1-0
HUL287	Industry and Work Culture under Globalisation 全球化的工业与工业文化	3-1-0
HUL288	Science and Humanism: towards a Unified World View 科学与人文：统一的世界观	3-1-0
HUL289	Macro Perspective on Science, technology and Human Development 科学、技术与人文发展的宏观透视	3-1-0
HUL290	Technology and Culture 技术与文化	3-1-0
HUN100	Introduction to Humanities and Social Sciences 人文与社会科学概论	1-0-0
HUP102	Psychology Laboratory 心理学实验室	0-0-2

表4-4 硕士项目

课程代码	课程名称	L-T-P
HUL101	English in Practice 实践英语	2-0-2
HUL701	Sociological Theory Developments and Trends 社会学理论的发展和趋势	2-1-0
HUL706	Language, Society & Culture 语言、社会与文化	2-1-0
HUL707	Social Psychology 社会心理学	2-1-0
HUL709	Social Research Methods 社会研究方法	2-1-0
HUL710	Personality Structure & Dynamics 人格结构和动力学	2-1-0
HUL722	Seminar (Case Material Based) Minor Project 研讨会（以案例材料为基础）小型项目	2-1-0
HUL736	Planning & Economic Development 规划和经济发展	2-1-0
HUL738	International Economics 国际经济学	2-1-0
HUL745	Psychological Factors in Work Design 工作设计中的心理因素	2-1-0
HUL748	Community Psychology 社区心理学	2-1-0
HUL754	Science, Technology & Society 科学、技术与社会	2-1-0
HUL755	Econometrics & Economic Forecasting 经济学和经济预测	2-1-0
HUL759	Urban Social System 城市社会系统	2-1-0
HUL760	Industry and Society 产业和社会	2-1-0
HUL761	Sociology of India 印度社会学	2-1-0
HUL762	Industrial Economics 产业经济学	2-1-0
HUL810	Communication Skills 沟通技巧	3-0-0
HUL812	Grammar and Rhetoric 语法和修辞学	3-0-0
HUL823	Contemporary Critical Theory 当代批判理论	2-1-0
HUL840	Philosophy of Social Sciences 社会科学哲学	3-0-0
HUL841	Philosophy of Sciences 科学哲学	3-0-0
HUL843	The Philosophy of Language 语言哲学	3-0-0

续表 4-4

课程代码	课 程 名 称	L-T-P
HUL845	Environmental Ethics 环境伦理学	3-0-0
HUL846	Philosophy of Films 影视哲学	3-0-0
HUL873	Sociology of Science 科学社会学	3-0-0
HUL881	Elements of the Narrative Art 叙事艺术元素	3-0-0
HUL882	The European Renaissance: Selfhood and Survival 欧洲文艺复兴：自我与生存	3-0-0
HUL883	Critical Theory: Plato to Derrida 批判理论：从柏拉图到德里达	3-0-0
HUL884	Indian Writing in English 印度英语写作	3-0-0
HUL885	American Fiction Ⅰ 美国小说（一）	3-0-0
HUL886	American Fiction Ⅱ 美国小说（二）	3-0-0
HUL888	Applied Linguistics 应用语言学	3-0-0
HUL889	British Fiction—a stylistics Approach 英国小说——文体方法	3-0-0

三、印度科技院校通识课程制度安排及其实施

通识教育制度安排是通识教育实施中十分重要的一环，是在通识教育理念的指导下，以现有的通识课程设置为基础形成的约束学生修读行为的一组规则，要回答的问题是通过怎样的制度安排来约束的学生课程选择权，在制度上保障通识教育理念的顺利实现。历史上，有关通识的制度安排，基本上有两种类型，一种是"限制性修读"制度，另一种是"自由选修"制度。

"限制性修读"制度在学生的修习上有一定的制度规定，或限制了学生需要修读的课程领域，或规定了学生必须修读的具体课程，或明确了各类课程所要达到的总体学分。这种制度在"分布必修课程"和"核心课程"制度设计中表现得最为明显[①]。顾名思义，"分布必修课程"的制度设计上以"分布必修"为特征，尊重学生的个性和选择，这是目前高校广泛采用的一种通识教

---

① 卢艳兰：《新加坡高等院校人文素质教育研究》，人民出版社 2012 年版，第 147 页。

育制度设计模式①。采用该制度的学校通常在课程设置上要求呈现多个领域的知识，如向大学生提供诸如自然科学、社会科学和人文科学等领域的课程。"分布必修"即在制度上规定学生在各领域至少应修习的课程门数或最低学分数，该修习制度的哲学基础是结构主义的，通过对各个领域所要学习的知识作出具体规定，来达到完善学生知识结构的目的②。

"核心课程"是20世纪70年代末大量出现于美国大学或学院的一种综合传统独立学科中的基本内容、以向所有学生提供共同知识背景为目的的课程设置③。"核心课程"在制度安排上，在本质上也是属于"分布必修"，具体地规定了学生在每个领域中应该学习的课程门数或最低学分。区别就在于制度设计的通识课程基本不同，"分布必修课程"的课程领域是按学科分类的，而"核心课程"的课程领域是按能力分类的，围绕培养学生的某种核心能力分别开设若干核心课程④。

"自由选修"制度，即指大学对学生所要修读的通识教育课程不作具体规定，由学生根据自己的兴趣、爱好自由选修，这种制度也被称为自助餐式制度设计模式⑤。与"限制性选修制"强调通识教育管理者的权利相比，"自由选修制度"将课程的选择权完全下放给学生个人。由于这种课程完全由学生根据自己的学习和兴趣要求进行自主选择，学校为了迎合学生的需要，需开设大量不同类型的课程，其知识所涉范围极广。这种制度设计给予学生绝对的自由选择权，但由于这种实践模式是建立在"每个学生最了解自己的知识结构和学习目的"的假设前提下，需要学生有较强的自控能力和责任意识，目前美国的布朗大学和阿姆斯特学院均采取这种通识教育制度方式。

印度理工学院德里分校的通识课程在修学制度上采用学分制，在修习方式上采用"必修+选修"的方式。其中，选修课包括"限制性选修"和"自由选修"。如通识选修课程的人文和社会科学领域便属于限制性选修，要求学生在规定的范围内选择自己感兴趣的课程，完成相应的学分；全校任选课程便属于自由选修，学生可以不受范围的限制自由选择自己感兴趣的课程，前提是修读足够的学分。

本科专业（双学位的除外）学生一般需要完成的总课程学分是180学分，

---

① 张华、石伟平、马庆发：《课程流派研究》，山东教育出版社2000年版，第120页。
② 卢艳兰：《新加坡高等院校人文素质教育研究》，人民出版社2012年版，第139页。
③ 李曼丽：《通识教育——一种大学教育观》，清华大学出版社1999年版，第92页。
④ http：//www.zinch.cn/singapore-polytechnic，2014-03-11。
⑤ 罗索斯基：《评通识教育与核心课程（上）》，黄坤锦译评，载《通识教育季刊》（台）1994年第1期，第53页。

总通识课程学分为 90 学分，占 50%，其中，必修的通识课程学分为 42～46 学分，选修的通识课程学分为 44～48 学分（表 4-5）。

表 4-5 印度理工学院德里分校各科系通识课程学分设置情况

科系	专业	代码	通识课程总学分	分类	各分类学分	比例
化学工程学	化学工程学技术学士	CH1	90	必修通识课程	42	47%
				选修通识课程	48	53%
计算机科系与工程学	计算机科系与工程学技术学士	CS1	90	必修通识课程	46	51%
				选修通识课程	44	49%
土木工程学	土木工程学技术学士	CE1	90	必修通识课程	43	48%
				选修通识课程	47	52%
电气工程学	电气工程学技术学士	EE1	90	必修通识课程	43	48%
				选修通识课程	47	52%
	电气工程学技术学士（电力）	EE2	90	必修通识课程	43	48%
				选修通识课程	47	52%
机械工程学	机械工程学技术学士	ME1	90	必修通识课程	46	51%
				选修通识课程	44	49%
	产品工程与工业工程技术学士	ME2	90	必修通识课程	46	51%
				选修通识课程	44	49%
物理学	物理工程技术学士	PH1	90	必修通识课程	42	47%
				选修通识课程	48	53%
纺织技术学	纺织工程学技术学士	TT1	90	必修通识课程	42	47%
				选修通识课程	48	53%

如表 4-5 所示，印度理工学院德里分校各科系的通识课程学分均为 90 学分，既包括必修通识课程，也包括选修通识课程。其中，必修通识课程和选修通识课程所占的比例会根据各科系要求的不同而有所不同，各学院的通识必修课程内容也因各学院的需要而有所变化。现以该分校的化学工程本科课程为例，以下是其科系三大领域的必修通识课程[①]：

---

① Indian Institute of Technology Delhi, Courses of Study 2011—2012, p38.

表4-6 基础科学必修课程

课程代码	课程名称	L-T-P	学分
CYL110	物理化学的概念和应用	3-1-0	4
CYL120	有机和无机化学的概念和应用	3-1-0	4
CYP100	化学实验室	0-0-4	2
MAL110	数学Ⅰ	3-1-0	4
MAL120	数学Ⅱ	3-1-0	4
PHP100	物理实验室	0-0-4	2
基础科学总学分			20

表4-7 工程艺术和科学必修课程

课程代码	课程名称	L-T-P	学分
AML120	材料科学	3-0-2	4
CSL101/CSL102	计算机与程式概念/计算机科学概论	3-0-2	4
EEL102	电力工程原则	3-0-2	4
MEL110	图表科学	2-0-4	4
MEL120	制造实践	2-0-4	4
工程艺术和科学总学分			20

表4-8 人文和社会科学必修课程

课程代码	课程名称	L-T-P	学分
HUN100	人文和社会科学概论	0-0-4	2

如表4-6、表4-7、表4-8所示，化学工程的通识必修课程共12门，其中基础科学领域的占6门，工程艺术与科学领域的占5门，人文和社会科学的占1门，共42学分。

印度理工学院的通识教育课程学分是2～5学分，其中基础科学的课程是2学分和4学分的课程居多；工程艺术和科学的课程是4学分的居多，也有一两门是5学分的；必修的人文和社会科学课程只有一门课，占2个学分，选修的人文和社会科学课程大多是占3或4个学分；全校任选课程中也是3或4个学分的居多。（表4-9至表4-11）

表4-9 基础科学课程学分分布

分类		课 程	学 分
基础科学课程（BS）	数学（MA）	无	2
		数学Ⅰ、数学Ⅱ、分析与微分方程概论、代数与矩阵分析概论、概率理论和随机系统概论、数值计算方法和计算、概率与统计	4
	物理（PH）	物理实验室	2
		磁场与磁波、材料物理学	4
	化学（CY）	化学实验室	2
		物理化学的概念和应用、有机和无机化学的概念和应用	4

表4-10 工程艺术和科学课程学分分布

分 类		课 程	学分
工程艺术和科学（EAS）	应用机械（AML）	材料科学、工程力学、固体力学	4
		固体和流体力学	5
	计算机科学与工程（CSL）	计算机与程式概论或计算机科学概论	4
		数据结构	5
	机电工程（EEL）	电力工程理论、电器工程基础	4
	机械工程（MEL）	图表科学、制造实践经验	4
	化学工程（CHL）	迁移现象	4

表4-11 人文和社会科学课程学分分布

	课 程	学 分
人文和社会科学	人文和社会科学概论	2

印度理工学院的通识课程贯穿着学生4年的本科学习。其中必修的通识课程主要分布在第1学年（第1、2学期），该学年的通识必修课程为11门，第2学年只有一门通识必修课程；选修的通识课程一般分布在第2、3、4学年，各学年的通识选修课程为3～5门。这说明了印度理工学院非常重视该校学生的基础科学知识，让其在接触专业知识之前打下良好的科学基础，并在此基础

之上知识的专业化。以下是化学工程的课程表①（表4－12）：

表4－12 化学工程课程表

学期									学分
Ⅰ	CHN110	CSL102/102	MEL110	MAL110	CYL120	CYP100	—	—	HUN100	22
Ⅱ	CHL110	EEL102	MEL120	MAL120	CYL110	PHP100	—	—		22
Ⅲ	CHL111	CHL121	CHL231	CHL251	AML120	—	—	—	HUL2XX	24
Ⅳ	CHL221	CHL122	CHP311	CHL351	CHP301	—	—	OC-1	HUL2XX	23.5
Ⅴ	CHL221	CHL261	CHL331	CHP302	—	—	OC-2	OC-3	HUL2XX	24.5
Ⅵ	CHL471	CHP303	—	DE-1	DE-2	—	OC-4	OC-5		22
summer	CHT410 实习（CH）									
Ⅶ	CHC410	CHD411	—	DE-3	DE-4	—	OC-6	OC-7	HUL2XX	24
Ⅷ	—	—	DE-5	DE-6	DE-7	OC-8	OC-9	—		18

注：蓝色字体是通识必修课程，红色字体为通识选修课程。

印度理工学院通识课程的课堂组织形式具有多样性：授课（lecture courses，代号L）、培训（training，代号T）、实验（laboratory based courses，代号P）、专题座谈会（colloquium）、特殊专题（special topics lecture courses）等②。其中，这里的授课形式区别于传统的授课方式，除了传统方式上的授课（lecture hours）外，它还包括辅导（tutorial）和实习（practical hours），这对于学生接受相关的理念知识还是非常有帮助的；培训是指学生在老师的指导下进行训练；实验是指学生在特定的实验场所进行实验操作。

一般的课程是由"授课－培训－实验"（L－T－P）组成，这克服了传统的授课形式，增添了新的创新元素，对学生更有吸引力。此外，多种课堂组织形式结合更有利于学生各方面能力的发展。在学分比例上看，授课占1个学分，培训占1个学分，实验占半个学分。如：3－0－1，代表这门课的教学方式有授课和实验两种方式，其中授课有3个学分，实验有1个学分，因此这门课共4个学分。

---

① Indian Institute of Technology Delhi, Courses of Study 2011—2012, p39.
② Indian Institute of Technology Delhi, Courses of Study 2011—2012, p6.

四、印度科技院校通识教育的组织管理

通识课程的组织和管理关系着通识课程是否落实到实处，是否发挥着促进学生全面发展的作用。印度理工学院通识课程的组织管理采用"各学院共同承担"模式，给予各学院很大的自主权。具体而言，通识教育的四大领域：基础科学、工程艺术和科学、人文和社会科学及全校任选课中，人文和社会科学课程由人文和社会科学系管理，其他三个领域的课程由课程所属的科系进行组织管理。如必修的基础科学的课程来自数学系、物理系和化学系，因此由数学系、物理系和化学系进行学分管理；全校任选课的课程来自学校的各个学院及科系。其通识教育的课程来源于各学院，教学也由各个专业学院负责，因此属于各学院共同承担模式。

在这要提到的是人文和社会科学部门，该部门负责人文和社会科学的课程和学分管理。目前，该部门提供5个科目课程：经济学、英语文学及语言学、哲学、心理学和社会学。

与更传统大学里的教职工相比，人文和社会科学部门的教职工有着不同的地方。区别在于他们的经营范围是首屈一指的技术研究所，并投入时间与每一位来印度理工学院德里校区学习的学生相处。在促进一门学科、艺术和道德的跨文化界限对话上，他们是装备精良的。他们这样的一个部门内的关键包括研究和不间断地在道德、文化人类学、批判理论、认知、意识形态、发展政策、组织行为和经济活动、环境和性别研究、科学和技术的历史、文化理念及理论的性质本身的辩论方面作出原始贡献。

人文社会科学的教学模式强调的话语模式及教职工与学生之间的人际交往。"沟通技巧"课程只是他们努力促进学生的社交、智力和信心的一个例子。他们在未来几年的总体目标是加强该部门独特的跨学科性质。他们意识到印度理工学院总是意味着不仅在传授基础的科学和技术，而且训练创新思维。这些可能是最重要的，因为在瞬息万变的世界里，知识的性质的转化已经几乎面目全非。正是在这里，人文社会科学可以为印度理工学院德里校区的学生作出贡献。它可以和必须利用活力应对新千年全球困境带来的挑战。[1]

印度理工学院德里校区是卓越的机构，以它的全球教育计划的学术天才和多功能性而著名。为这个了不起的成就作出贡献的有人文和社会科学部门，它为学生提供了广泛的领域选修课程，如经济学、英语文学、语言学、哲学、心

---

[1] 印度理工学院德里分校网站，http://hss.iitd.ac.in/。

理学、社会学和政策研究等。人文和社会科学新推出的核心介绍，是以实践为基础的课程，使部门教职工能与每个进入印度理工学院德里校区的青少年有独特的接触。这个综合学科的学习，对全体学生的学分要求是很重要的，也为社会提供特别的知识分子和对社会负责的人才。

五、印度科技院校通识教育的考核评量

通识教育的考核评量是以通识教育的理念与目标作为依据的，通过各种评价措施来评估通识教育各个环节的实施情况和学生掌握的情况。在一般情况下，各校的通识教育评估手段都与专业教育相类似，采用考试和课堂表现相结合的方式。考试是实现教育目标的重要手段，是教学的重要环节，也是检验教师教学效果、学生学习效果的重要尺度。一般而言，常见的课程考核评量方式有期末作业、期末考试、期中考试、平时测验、平时表现、平时作业、实践活动、创新成果等。而最典型的要数期末考试。与其他课程的考核评量方式大致相同，通识课程的考核评量方式也可以按照不同的维度大致分为平时测验和期末考试、课堂表现与考试成绩。

印度政府在《通识教育报告》中提到了通识课程的学业评估问题。它指出考试系统存在的问题已经引起了教育专家的顾虑，但由于困难重重，因此暂时还不能做出很大的变动。由于通识教育的引入，评估制度的改革是迫在眉睫的。为了避免通识教育的评估采取期末考试的方式，通识教育的专家们提议：①负责小组讨论的教师必须每周检查学生完成的作业；②教师可以适当安排没有预先通知的5～7分钟课前小测。以上两种方法是为了考查学生对通识教育课程了解和掌握的深度。印度政府并不建议通识教育课程的考查方式是一成不变的期末考试。他们提议50%的分数可以根据学生课堂上的表现进行评估。然而，教师可以根据通识教育课程开设的时间分配学生课堂表现占总成绩的比例。

从上述报告可以看出，印度理工学院给予了教师很大的自由空间，各学院、科任教师可以根据课程的需要设置符合各课程需要的学生学业评估方式。根据课堂组织形式，我们可以看出印度理工学院的学业评估形式一般有过程性评价方式和终结性评价方式。过程性评价方式一般考查的是学生上课的出席率、平时上课表现、完成作业情况、课堂小测等。终结性评价方式一般是指期末作业或期末考试等。因此，印度理工学院并不建议教师采取一成不变的期末考试方式，而是根据学生学习课程的表现对学生作出综合性评价。其中，过程性评价和终结性评价各自占总成绩的比例由科任教师决定，体现了印度理工学院的学术自由性。

第三节　印度理工学院通识教育模式特征

印度作为历史最悠久的文明古国之一，具有绚丽多样的文化遗产、旅游资源，是南亚最大的国家。印度政府及其领导人都十分重视发展高等教育，强调高等教育对印度政府和经济发展的极端重要性。政府认为：大学代表人道主义、坚韧性、理性、进步、思想的冒险和真理探索，代表人类向更高的目标全速前进。如果大学充分履行其职责，那么它对国家和人们都是十分有益的。印度在发展高等教育的基础上，逐步融入通识教育理念，从萌芽阶段的观念引入，逐步具体到教育的各个环节中和各种教育类型中。尤其是印度的科技院校，打破了专业教育垄断的局面，注重教育的人文关怀，全方位地培养高素质多能力的高级人才。

被誉为"科学皇冠上的瑰宝"的印度理工学院是印度最顶尖的工程教育与研究机构。该学院培养的 IT 人才遍及世界各地，美国硅谷更是这些 IT 人才的聚集地。印度理工学院的成功与其大力实施通识教育有着不可分割的关系。在通识教育的理念和目标上，以培养"工业实用人才"为基础，培养对国家、社会和世界"负责任的社会公民"，实现面向世界的综合性人才。印度理工学院各分校的教育理念和目标都特别关注学生的学术成就及其对国家和社会的贡献。所以印度理工学院致力于发展每个学生掌握的基础知识、学习动机、知识学科和自力更生的能力等，从而为学生持续的专业发展提供最好的基础。在进行专业教育的同时，让每个学生获得道德价值观的尊重，从而更好地了解自己的义务和责任，最终实现让所有学生掌握最高的专业技能及灵活解决国家未来可能遇到的问题和困难的能力。在通识教育的课程与内容上，印度理工学院主张以"多元文化论"来设置课程，将通识理念融合到课程当中。除了通过提供以科学技术为基础的专业化教育来培养高级工程科学家外，还提供了广泛的各种人文学科的知识课程，培养学生终身学习和探究创新的精神。印度理工学院的通识课程在修学制度上采用学分制，在修习方式上采用"必修 + 选修"的方式。其中，选修课包括"限制性选修"和"自由选修"。其中通识选修课程中的人文和社会科学领域便属于限制性选修，要求学生在规定的范围内选择自己感兴趣的课程，完成相应的学分；全校任选课程属于自由选修，学生可以不受范围的限制自由选择自己感兴趣的课程，前提是修读足够的学分。印度理工学院通识课程的组织管理采用"各学院共同承担"式，在通识课程四大领域中，人文和社会科学课程由人文和社会科学系管理，其他三个领域的课程由课程所属的科系进行组织管理。在通识教育的考察和评估上，各学院、科任教师可以根据课程的需要设置符合各课程需要的学生学业评估方式，一般有过程性评价方式和终结性评价方式。终结性评价方式一般是指期末作业或期末考试等。印度理工学院并不建议教师采取一成不变的期末考试方式，而是根据学生学习课程的表现对学生作出综合性评价。过程性评价方式主要考查的是学生上课的出席率、平时上课表现、完成作业情况、课堂小测等。其中，过程性评价和终结性评价各自占总成绩的比例由科任老师决定，体现了印度理工学院的学术自由性。

在当今世界各国高等教育发展的过程中，随着经济飞速发展和社会快速转变，大学所承担的培养社会所需人才的任务显得更加重要。尤其是科技院校，承担培养科学技术人才的重任，科技人才对整个国家的经济发展起着至关重要的作用。他们除了要具备专业学科知识外，广博的科学文化知识和高尚的职业道德对社会经济的健康发展产生着重要的影响。如果将通识教育从科技院校中抽离，那么科技院校就变成了一所高级的职业训练中心。因此，如何权衡和挑战专业教育和通识教育两者的关系，改变传统的"一技在手，走遍天下"的观念，这些都对学生今后的发展和社会经济的发展有着重要意义。

总之，印度理工学院自创校半个多世纪以来，以其独特的魅力让"IIT"人才遍满世界每个角落，并享有"印度硅谷"之誉。迄今为止，这也只有印度理工学院能做到。而印度理工学院能有这样的成就，除了其本身高超的学术科研水平外，也离不开通识教育的培养。

在课程设置的理念与目标上，印度理工学院注重培养学生的创造力、领导能力、解决问题的能力，并强调学生要有自己的判断力，建立"自己的价值体系"；在课程结构和内容上，分别设置自然科学、社会科学和人文科学课程，拓宽学生的知识面，让他们灵活掌握各领域知识，以利于他们在以后一系列的工作中崭露头角；在课程管理上，印度理工学院使用灵活、弹性的选修制度，并丰富课题组织形式及学业评估方式，以利于发挥学生的主观能动性。印度理工学院能有辉煌的今天离不开其宽广知识领域和开放选修制度的课程设置。

第五章 日本、新加坡、印度科技院校通识教育模式比较研究

日本东京工业大学、新加坡南洋理工大学、印度理工学院皆是享誉世界的科技院校,在 2008 年英国《泰晤士报高等教育专刊》全球顶尖科技大学排名中名列前 30 位,跻身于亚洲十大理工大学之列,被誉为全世界最出色的工程学府。这 3 所高校不仅重视本校具优势的科学技术教育,而且紧跟世界的人才潮流趋向,大力开展通识教育。在当今经济全球化、教育国际化背景下,狭隘的专业教育模式越来越不能适应时代的进步,通识教育作为人才培养模式已成为世界一流大学的共同选择。本章通过分别比较这 3 所科技院校通识教育的理念与目标、课程规划与内容选择、修读制度安排、实施策略、管理与评价,来探讨三国科技院校的异同点,并且进一步展望其通识教育的未来走向。

第一节 三国科技院校通识教育理念与目标

日本东京工业大学、新加坡南洋理工大学、印度理工学院这 3 所科技院校大都秉承着劳威尔"通专结合"的通识教育理念及罗索夫斯基和博克时期培养"有教养的人"的通识教育理念。在进行专业技能教育的基础上,进行多元选择的全面教育,培养学生的人文素养,使他们具有高瞻远瞩的视野、批判和创新的精神,同时面对"全球化"的时代大趋势,注重"多元文化下的兼容并蓄",以塑造学生作为"世界公民"的义务感和责任心。虽然科技院校主要以培养实用技能和提高专业素质作为其教学的基石,但是在通识教育的理念下,3 所科技院校都注重在专业发展的基础上,全面提升学生综合素质能力,拓展学生的发展空间。通过开展通识教育,培养学生运用融会贯通的学习方式,形成较宽厚、扎实的专业基础及合理的知识和能力结构,发展全面的人格素质与广阔的知识视野。最终,实现学生不仅学有专长、术有专攻,而且在智力、身心和品格各方面都能协调而全面地发展;不仅具有高尚的道德情操、独立思考及善于探究、解决问题的能力,而且能够主动、有效地参与社会公共事务,成为具有社会责任感的公民。

值得注意的是，由于3个国家的历史背景和政治抱负的差异，3所科技院校在目标倾向上有所倚重。日本自经济复兴后，着手于国际地位的恢复，其高等教育的发展目标聚焦在科学技术的开发上。但是随着全球化进程不断加快，新科技革命日新月异，多元文化开始渗透到人类生活的各个领域，大学侧重于培养全面发展的、适应能力强的创新性人才。"东工大构想2009"提出了"创时代的知・技・志・和的理工人"的人才培养目标。其中"创时代"指培养学生开创未知领域，挑战未知世界的勇气，而"知・技・志・和"分别规划出学生在知识学习方面、技术磨练方面、抱负志向方面及和谐人际方面的能力。东京工业大学的课程设置上按照楔性结构划分，第一学年进行文科综合科目的修读，随着年级的升高逐渐进行精深的专业研究和学术创作。可见东京工业大学通过开展人文素质教育为日后的专业教育打基础，且更加侧重于将学生培养成既通又专的全方位人才，从而能够从容不迫地走向世界的舞台，接受未知的挑战。

在新加坡政府提出的培养学生"深厚的人文素养"及"软技能"的通识教育总指挥棒下，新加坡各高校都力图提升学生的综合知识修养和技能基础。新加坡国立大学通过设置门类齐全的专业和丰富连贯的课程扩大本校的学科范围，同时加强不同专业之间的学科互动，实现学生专业技术和人文素质的融合。文理学院的设立将通识教育的实施进一步具体化，培养国大学生既要面向亚洲又要面向全球化，从而突破专业人才的弊端，具备丰富的人文经验，应对未来复杂的挑战。完整规划的"通识教育模块"在课程上硬性规定所有学科专业的学生必须掌握的知识和能力，这种知识和能力与其专业教育最大的不同在于追求的是心智的提高和教养的养成，而非日后有助于其个人职业生涯的发展。作为高职院校的新加坡理工学院亦重视通识教育，在博雅教育的启发下，通过使学生广泛接触人文、美学及社会科学等不同领域的课程，来塑造学生的心灵，提升他们的人文素质，从而在深厚专业技能的基础上具备与现代生活的需要所契合的品质。南洋理工大学致力于定位在面向世界的全方位教育，力图把学生培养成"优雅社会的使者"，从而塑造"有自信、积极学习和贡献的好公民"。南大坚决否认将自身定位为一个职业培训所，除了进行常规的专业教育外，还让学生吸取更广泛的知识，成为一个全方位的人，适应时代变化的需求，以应付不同类型的工作。

在一个人口增长速度已远远超过就业机会的国家，印度工薪阶层认为教育是后代子孙名利双收的不二法门。印度政府要求各高校要在致力于保存印度优秀历史文化遗产的基础上，于科学和技术教育方面对印度及世界作出贡献。印度理工学院各分校的教育理念和目标都特别关注学生的学术成就及其对社会和国家的贡献，以培养"工业实用人才"为基础，塑造对国家、社会和世界"负责任的社会公民"，以培养面向世界的综合性人才。在进行专业教育的同时，让每个学生获得道德价值观的尊重，从而更好地了解自己为社会服务的义务和责任，最终实现让所有学生掌握最高的专业技能及灵活解决国家未来可能遇到的问题和困难的能力。学生除了拥有丰富的专业知识外，还具备尊重宽容的品质、探索创新的精神和关注国家重要事件及全球热点的态度，为专业教育的进一步发展提供良好的基础。

第二节 三国科技院校通识教育课程规划与内容选择

　　课程和内容是理念和目标得以实施的载体，在全球高度信息化、知识化、一体化的大环境下，这3个国家都在课程规划和内容选择上注重各种知识分支领域的均衡，保存经典文化之精髓、吸纳多元文化之内涵，培养学生适应未来社会生活的能力。故而，在"多元文化相容并蓄""专业教育与通识教育并重"的理念下，合理地渗透"精义论""均衡论"和"进步论"的思想。通过跨越性的课程，来涉足各个领域和专业的知识，沟通科技教育和人文教育的桥梁，使受教育者在适应就业和职业的变化的基础上，达到文化素养和人文精神的提升，以实现职业性和人文性的统一。在具体的课程内容选择上，纵贯古今、横跨五洲，从现代的新思想新观点一直溯源至古代的经典著作，同时，尊重并汲取世界各地不同地区的优秀文化精髓和科学技术成果。

　　东京工业大学作为日本最大的理工科综合大学，从战后"和田改革"开始便一直追求通识教育与专业教育的"融合"。通过开设综合科目以避免学问过度分化，努力趋向于跨学科的文理"融合"。如此一来，把不同学科知识组合在一起的综合科目便从真正意义上实现了知识的学际碰撞而达到的学问之"融合"。进入21世纪，随着知识经济时代的不断深入和全球化进程的加快，东京工业大学更加重视课程的不断设计与更新，希望通过合理的课程设计与实施来实现培养适应社会发展的、具有世界思维的"创时代的知·技·志·和的理工人"。除了一些基本通识教育科目外，还开设文明科目、国际交流科目、信息网络科目、环境教育科目和创造性育成科目等，旨在培养学生的语言应用和交流思考能力，增进学生对世界各国文化的了解，进而在世界舞台上勇敢地展现自己的风采，毫无障碍地传递自己的思想。东京工业大学侧重于"进步论"的课程观点，不断地努力培养适应未来社会生活的学生，其目的就是要让学生对未来的生活有所准备，而教育的每一阶段的基本任务，就是这种为"对未来的探索"做准备。

在多元种族和多样文化的特色背景下，南洋理工大学工学院更加侧重于以"多元文化论""均衡论"作为课程设置的依据，力求在多种知识的分支领域里的均衡发展。南大的通识教育要求占本科课程计划的30%以上，其主要目的在于拓宽学生的知识面，使他们不局限于自己狭隘的技术或专业领域，而具有适用于广泛职业的批判性思维、推理和交流能力。南大的通识课程安排严谨，充分考虑到全人的培养理念和学生的兴趣自由，分为通识核心课程、通识限定选修课程和非限定选修课程。其中通识核心课程涉及"沟通技能"（communication）、"新加坡研究"（singapore studies）和"环境可持续发展"（environmental sustainability）这三大类；而通识限定选修课程包括艺术、人文与社会科学（arts, humanities & social sciences, AHSS），科学、技术与社会（science, technology & society, sTS），博雅研究（liberal studies, LS），以及商业与管理（business & management, BM）这四大块。总而言之，其通识课程涵盖人文、科学和经济等人类核心知识领域，使学生具有广博的知识文化基础，了解人类知识领域各部分的联系，从而发现学科内部和学科之间在知识和概念上的关联性，最终在面对新的、未曾预见的问题时，能够批判地分析和创造性地加以有效地解决。

印度理工学院主张以"多元文化论""均衡论"为宗旨，将通识理念融合到课程当中。以德里分校为例，通识课程分为通识必修课程和通识选修课程，其中，通识必修课程包括基础科学、工程艺术和科学、人文和社会科学这三大类。基础科学课程包括数学、物理和化学相关基础课程，工程艺术和科学包括应用机械、计算机科学与工程、机电工程、机械工程和化学工程相关基础课程。通识选修课程包括全校任选课和涉及经济学、英语文学及语言学、哲学、心理学和社会学五大领域的人文和社会科学课程，形式灵活，内容广泛。在本科阶段，学生除了完成各自的专业要求外，还需要通过参加全校任选课来培养广阔的跨学科基础和使自己专业以外的知识越来越专业化。由此可见，印度理工学院除了提供以科学为基础的工程教育来培养高级工程科学家外，还提供了广泛的基础知识，从方方面面完善学生的才能，培养了学生终身学习和探究的精神。

第三节　三国科技院校通识教育修读制度安排

纵观三所科技院校中通识教育实施状况，大都是在宏观上采用"限制性修读"方式，或限制了学生需要修读的课程领域，或规定了学生必修修读的具体课程，或明确了各类课程所要达到的总体学分，同时在微观上融入了"自由选修"的理念，由学生根据自己的兴趣、爱好在规定的范围内自由选修，最终达到"知识互补"，塑造完整的知识结构。而通识教育课程的架构，很容易观察到一种极具特色的"楔形教育"模式，即通识教育课程多数集中在第一学年，越往高年级分量越小；相反，专业教育在第一学年分量极小，随着专业学习的不断深入，与其相对应的课程也越来越多，这点在日本东京工业大学表现得尤为突出。

东京工业大学共设 3 个学部，即理学部、工学部和生命理工学部，包括 28 个本科专业，依次归为 7 类，理学部为第 1 类，工学部是第 2～6 类，生命理工学部是第 7 类，每个类别下属 3～5 个专业。学生按照"类别入学制度"入学，第一学年在归属的专业类别体系中学习，不分具体专业，学习内容绝大多数以通识教育课程为主，侧重基础与导入；第二学年开始正式进入所属专业阶段；最后的第四阶段学习过程中，专业教育课程分量逐渐加大，而通识教育课程逐渐减少，其通识内容仍以基础科目为主，难度加大并开始侧重于学生应用能力的发展。

南洋理工大学的通识教育选修制度采用"核心课程"和"分布必修"两种方法双管齐下的"限制性修读"方式。通过限制学生所需要修读的领域，要求无论何种专业的学生必须修读沟通技能、新加坡研究和环境可持续发展这三大类"核心课程"；而通识限定选修课程可以根据学生的兴趣自由选择，在艺术、人文与社会科学类，科学、技术与社会类，以及经济与管理类这三大领域中分别在每一领域至少选择一门课程。这种选修安排既照顾到学生的兴趣爱好和志向发展，又充分贯彻了全面发展理念，培养了学生综合、全面地了解人类知识的总体状况，在拥有基本知识和教育经验的基础上，理性地研究自己的专业方向。

印度理工学院的通识课程在修习方式上采用"必修+选修"的方式，贯穿着学生的 4 年本科学习。其中必修的通识课程主要分布在第一学年，该学年的通识必修课程为 11 门，第二学年只有 1 门通识必修课程。选修的通识课程一般分布在第二、三、四学年，各学年的通识选修课程为 3～5 门。在人文和社会科学领域，要求学生在规定的范围内选择自己感兴趣的课程，完成相应的学分；而对于全校任选课程，学生可以不受范围的限制，自由选择自己感兴趣的课程，前提是修读足够的学分。由此可见，印度理工学院非常重视学生的基础科学知识，让其在接触专业知识之前打下良好的科学基础，并在此基础之上实现知识的专业化。

第四节　三国科技院校通识教育组织与管理

通识课程的组织和管理关系着通识课程是否落实到实处，是否发挥着促进学生全面发展的作用。一般而言，采用分布必修课程模式的高校在课程的组织和管理上主要采用"各学院共同承担"模式，这是因为分布必修课程模式中的各科课程与专业课程并不相互独立。这三所高校也不例外地均采用"各学院共同承担"模式，给予各学院很大的自主空间。因为只有本学院才会更加清楚组织什么知识内容、按照什么顺序组织、用什么教学方法才能够真正地被学生所掌握，同时促进学生的成长。有所不同的是，这三所科技院校在采用"各学院共同承担"模式的基础上，根据本校实际情况，结合了其他组织管理模式，从而更好地体现了其通识教育理念。

日本东京工业大学通识教育的管理是以"各学院共同承担＋协调"为特征的通识教育实施策略。和日本多数大学的通识教育实践模式不同，东京工业大学自战后开展通识教育以来，从未设置"教养学部""教养研究中心"等类似的专门组织机构来单独负责通识教育的实施与管理。目前是采用由"全学科目教育协议会"统筹，负责全学科目教育实施方面的联络与调整、各门课程的教师和上课时间表等相关情况的安排等，而将主要责权分配给了相应专业教育机构的做法。例如，文科科目由研究生院社会理工学研究科承担，文明科目由世界文明中心提供，国际交流科目属于外国语研究教育中心掌管，信息网络科目由研究生院信息理工学研究科负责，理工科基础科目则根据课程内容所涉及的学科领域不同分属于理学部、工学部和生命理工学部。

南洋理工大学遵循"学校行政部门兼管"与"各学院共同承担"的通识教育管理模式。该校没有专门设立管理通识教育的机构，主要由"学校行政部门"（the office of academic services，OAS）来负责推动通识教育，该部门同时还负责学校其他的日常事务。然而，通识教育的课程和师资来源于各学院，教学也由各个专业学院负责。例如，南大通识核心课程根据学校所规定的内容，结合各自的专业需求，自主设计与选择核心课程。通识限定选修课则在

OAS统筹下，将主要责权分配给了文、理、工、商四大学院。如此一来，通识教育在综合性的组织机构管理下能够井井有条、规范合理，同时在各个学院的指导下又具有专业水平，不会流于形式。

印度理工学院通识课程的组织管理采用"各学院共同承担"模式，给予各学院很大的自主权。具体而言，在通识教育的四大领域——基础科学、工程艺术和科学、人文和社会科学及全校任选课中，人文和社会科学课程由人文和社会科学系管理，其他三个领域的课程由课程所属的科系进行组织管理。如必修的基础科学的课程是来自数学系、物理系和化学系，因此由数学系、物理系和化学系进行学分管理；全校任选课的课程是来自学校的各个学院及科系，因而其教学也由各个专业学院负责。

第五节 三国科技院校通识教育考核与评价

通识教育的教学质量关系到高等教育目标的实现，关系到人才培养的整体质量。而其质量的提高离不开通识教育的教学评价，需要教学评价为其提供依据、指明方向。在通识课程的评量考核上，3所高校都注重学生的平时表现，即在学习过程中的课堂出勤情况，课堂练习与表现，基于个人、小组和团队的作业完成情况，等等。与此同时，平时成绩占总成绩的比例也较大，一般超过期末成绩占总成绩的比例。由此可见，3所院校大都采用平时成绩和期末考试相结合的方式，运用动态的评价观，综合评定学生的成绩。

东京工业大学自2001年以来，"全学科目教育协议会"每个学期都会对学生提交通识课程实施反馈的问卷调查报告，结合教师的自我点评，来深化通识教育的实践理念，改善通识教育的实践质量，以更大程度地达成人才培养的目标。日本很多高校目前突破学分制的评价方式，通过效仿美国"科目成绩平均值"（即GPA）来综合准确地评价学生的学习成绩。GPA常见的算法是把各科成绩按等级乘以学分求和再除以总学分，可以精确到小数点后的1到2位。

南洋理工大学关于通识教育的考核评量主要包括两大块，分别是对教师教学质量的评估和对学生学习质量的评估。根据教师工作态度及贡献、教学工作表现和非教学工作表现三大方面，组织学生对教师的教学状况进行评价。另外，学生也可通过反馈表从"组织""知识""讲解""清晰""切题""激情"六个维度对教师授课的特点和可改进的地方提出具体建议。对于学生的评估主要由教师根据学生出勤情况和参与课堂讨论等平时表现、参加社会实践的反馈、学期论文及各次小测验等多项内容确定。在成绩评定上，侧重于考查学生能力、水平提高的情况，尤其注重对学生提出问题、分析问题和解决问题的能力的培养。另外，平时成绩占总成绩的比例较大，一般超过期末成绩占总成绩的比例。

印度理工学院给予了教师很大的自由空间，各学院、科任教师可以根据课程的需要设置符合各课程需要的学生学业评估。印度通识教育专家不建议教师采取一成不变的期末考试方式，而是根据学生学习课程的表现对学生做出综合性评价。负责小组讨论的教师必须每周检查学生完成的作业；另外，教师可以适当安排没有预先通知的5～7分钟课前小测。根据课堂组织形式，印度理工学院对学生的通识课程的评价分为过程性评价方式和终结性评价方式。前者一般考查的是学生上课的出席率、平时上课表现、完成作业情况、课堂小测等，而后者一般是指期末作业或期末考试等。其中，过程性评价和终结性评价各自占总成绩的比例由科任教师决定，体现了印度理工学院的学术自由性。

第六章　构建面向未来的中国科技院校通识教育模式

第一节　科技院校通识教育模式：经验与反思

通识教育的拉丁原文意思是"适合于自由人"[①]，就是对受教育者进行的旨在促进其人性境界与精神提升、理想人格塑造及维护和发展人的自由的教育。它直接影响着学生的知识、能力、精神、价值观等，使人认识和完善自我理解，重视人的本质，并对社会充满人文关怀。正如我们所知，课程既包含着人才培养的价值取向、教育思想，又有其实现的形式结构。一所学校如果没有课程的承载和配合是无法实现培养目标的。张楚廷教授直截了当地提出："教人真善美的直接性课程就总体而言便是通识课程。通识课程是引导学生个体做人、成人、人化的课程，是使人高大的课程，是引导学生走向真善美的美好人生的课程，是避免人异化的课程，是阻挡人走向假恶丑的课程；人文课程也是促使科学创造造福于人的课程，是促使社会向更能维护人的尊严、自由、幸福的课程。因而，人文课程是能引领科学课程、社会课程的课程。"[②] 通识教育课程可以使学生从浩瀚的人类发展之精华中汲取营养，从经典名著中得到人文价值理念的熏陶和人文修养的提升，在学科的基础知识中奠定人生观、价值观的基础，实现人生自由、自然和幸福的成长，这对科技院校的理工科学生尤为重要。

美国是现代通识教育的发源国，近代历次通识教育的兴起都与美国有着密不可分的关系，并形成了四种具有代表性的通识教育课程模式。影响美国大学通识教育课程模式的最大因素是课程理论的发展，几乎每一种课程模式都可对应一种课程理论，如名著课程模式——永恒主义课程理论；核心课程模式——

---

① 姜洪涛等：《中外教育中人文教育定位特征的比较研究》，载《天津市财贸管理干部学院学报》2012年第4期。
② 张楚廷：《课程与教学哲学》，人民教育出版社2006年版。

要素主义课程理论；自由选修模式——经验自然主义课程理论；分布必修模式——结构主义课程理论。由此可见，美国各大学的课程模式差异较大，呈现出多元化的发展格局。尽管通识教育起源于美国，但是由于美国的文化背景、社会形态、大学发展的历程都与我国有极大差别，因此缺乏可比性，可借鉴度较低。而新加坡、日本和印度这些国家与我国同位于亚洲地区，在历史上有密切的文化交流，从文化、历史、思维方式等各方面与我国较为接近。比如日本大学在成立之初和我国大学较为相似，以国立大学为主，实行中央集权的教育行政，大学教育目的是为了培养高级专门人才等，中日两国的大学内部学院设置形态也基本相近，这些与美国私立大学"博雅教育"的传统是完全不同的。新加坡的社会发展历程和我国也十分接近，同样经历过经济高速发展时期，大学同样面临过高等教育大众化、办学自主权逐渐下放的过程。最为关键的是通识教育对于日本、新加坡、印度和我国而言都是"舶来品"，同样需要经历对通识教育进行理解和本土化的过程。通识教育在我国还处于起步阶段，国内目前对通识教育的认识，很多都出现在这三个国家过去50年的发展历程中，实践证明其中有些是正确的，也有一些是不可行的。因此，日本、新加坡和印度这三个国家在对通识教育的实践探索中总结的经验对于同样需要引进通识教育的中国而言具有重要借鉴意义。

一、日本、新加坡、印度三国科技院校通识教育模式的经验

根据前几章对日本、新加坡和印度的科技院校中通识教育模式的探索与分析，不难发现这三个国家都秉承了全人教育理念，以发展学生的综合素质、引导学生形成正确的人生观和价值观为指向，开展了形式丰富、内容广博的通识教育课程和通识教育活动。相比之下，我国的科技院校的教育还没有突破"专业至上"的藩篱，在面对通识教育的大趋势下，一定程度上有许多积极向他国借鉴和内化的需要。日本、新加坡和印度这三个亚洲国家与我国的历史文化传统、经济发展水平、社会民生情况有许多契合的地方，因此值得学习。归纳而言，这三个国家的科技院校的通识教育模式有以下特点：

（一）在课程理念上追求人本化

教育作为一种有目的培养人的社会活动，就是针对人起作用，对人施加影响。所以，人的问题是最内在的核心问题。教育观有个体本位、社会本位和知识本位，相对应的，有学科中心课程、学生中心课程、社会中心课程价值观。

这三种课程观不是完全对立的，是可以融合沟通的，实现其沟通的关键就是以人为本。课程以学生为中心，同时也是体现了社会对人的全面发展的要求。而以学科为中心，也是基于学科的基本结构有利于学生更好地理解学科知识，更好地记忆、迁移和应用。所以，课程最终是为人的个性、自由发展服务，个体发展需要学科知识，也需要认识和回应社会的需求。不同国家各自的教育目标有所倚重，不同层次、不同类型的大学对于各自学校教育目标的要求也是各有不同，日本、新加坡和印度的科技院校在开展通识教育活动中，秉承的教育理念却始终以回归"人本化"为中心。日本玉林大学的教育宗旨是"以全人教育为第一信条，形成学问、道德、艺术、宗教、身体、生活等方向协调、丰富的人间文化"。通过设置全人教育科目群，开展突破传统常规的讲授型课程，举行丰富多彩的宗教教义、礼拜、讲座、参观、唱歌、体育活动及音乐节、体育节等校内活动来陶冶道德情操，提升人格修养，追求学生完整人格的养成，从而达到全人教育的目的。科技院校的学生在将抽象的理论符号转换成具体的操作构思或产品构型，将新知识应用于实践时考虑的不仅仅是技术问题，还有价值取向、社会需求等多方面的问题。无论是建构主义课程观、人本主义课程观还是后现代课程观都将学生的兴趣、热情和自我构建放在首位，知识只有内化了，才能在人的认知方式、思维方式、情感体验、智慧生成等方面发挥微妙的作用。所以，人文教育课程要坚持以人为本的理念。这是人文教育课程的题中应有之义。要实现以人为本就是要求理工科院校在人文课程建设的过程中从学生身心特点与规律出发，组织内容丰富、形式多样的人文类活动课程、选修课程、创新实践活动。课程的设计应与学生的生活与经验紧密相联才能带给学生鲜活感和亲近感，使学生更好地内化和构建知识，发展智慧。

（二）在课程目标上着重文理融通

科技院校开展人文教育的基本任务就是推进专业技术与人文的融合与互动。钱理群在给理科学生上"大一国文"的开场白时就强调文理的融通，"理科的同学要有人文关怀，特别注意自我精神素养的提高与精神境界的开拓"。大学生要"走进专业"，又要"走出专业"，即一方面要学好学精专业知识与技能；另一方面又要不局限于自己的专业，看到更为广阔的世界，丰富和充实精神世界，追求自我超越，从而预防人的精神的狭窄化与自我的工具化，最终"做一个健全发展的自由的人"。[①] 日本丰桥技术科技大学作为单科性大学，为了开展通识教育大量聘请校外兼职教师，将大学生课程分为"一般基础1"

---

① 钱理群：《论北大》，广西师范大学出版社2008年版。

"一般基础2""一般基础3"及"一般基础4"。其中"一般基础1"是以理解自然科学的基础,为专业学习打下牢固的基础为目标;"一般基础2"以培养宽广的社会视野、文化的素养和国际化涵养为目标,设置人文社会基础科目、人文社会关联科目和保健体育科目;"一般基础3"以培养学生具备从世界获取信息、向世界发布信息及开展海外活动的外语能力,以理解文化的多样性、具有国际化的视野为主;"一般基础4"主要分为日语类和综合类科目两种,以提高母语的表达能力和写作能力为目标。由此可见,即便是单科性高校也十分注意文理融合,促使学生具有多元视角。只有视野开阔了,人的胸怀才能变大、境界才能变高,才能站在更高的角度,发现万事万物之间的内在联系,达到融会贯通。这其中的关键就是一个"通"字。曾任教于复旦大学的苏步青不仅是著名的数学家和有独特教育思想的教育家,还有很深的文化造诣,经常写散文、诗歌,书法也是独具一格、受人敬仰。类似的例子数不胜数,很多在科学领域取得巨大成就的科学家并未在人文素养方面出现"短板",而是实现了科学成就与人文素养的"两得"。所以,科技院校通识教育课程设置要更好地与专业课程相融合,使培养出来的学生既是专业技术人才,具有专业与实验精神,又不乏人文情怀和综合技能,能清醒地审视自己的处境,整理自己的经验,实现对真正生活意义的思考和追求,从而拓展自己的精神空间,发展个人的兴趣爱好,挖掘自己的想象力和创造力,找到自己的幸福人生,享受独特的人生探险,成为全面、充分、自由发展的人。

(三)在课程内容上强调综合化

日本工业大学指出:"理想的教养教育是使专业教育能够更加深入,并且涉及广泛领域和学科的教育形态。教养教育和专业教育间平衡的调和关系是培养新世纪栋梁的不可或缺的要件。"该校提倡以获得更加广泛的知识为目的的综合科目,这一科目来源广泛,其中包含了文学部开设的自由科目、经营学部开设的连环科目等专业教育科目。综合科目的内容超越传统的学科分类,是围绕着某一个主题进行授课的科目。通识教育涉及的知识面极为广阔,知识无涯,人生有涯。学校教育无论在时间上和空间上都不可能使这些课程"尽入囊中"。所以,通识教育课程不是越多越好,不能过分挤占专业课,在量上有限制,就要在质上下功夫,充分考虑年限、学科、学生学习能力及社会、企业的要求,凝练好人文教育的核心课程,进行课程整合优化,形成课程模块或课程群。如复旦大学复旦学院的通识核心课程,包括文史经典与文化传承、哲学智慧与批判性思维、文明对话与世界视野、科技进步与科学精神、生态环境与生命关怀、艺术创作与审美体验六个模块,目前已建设了180门课程。清华大学文化素质教育核心课程包括哲学与伦理，历史与文化，语言与文学，环境、科技与社会，艺术与审美，当代中国与世界，人生与发展，数学与自然科学八个模块。我们可以以哲学、文学、历史和心理学为核心，按照核心课程、课程模块或课程群、整体课程体系的序列，将课程内容进行逐层设计，综合统整，集合优秀的师资和校内资源，将核心课程打造成精品课程。还可以将现有的"两课"扩展到更广阔的历史、哲学、文化等人文社会科学领域，与选修课整合设计。在各课程模块之间和模块内部挖掘关联性、体现层次性，课程内容要体现普适性和综合性，同时和理工科的专业能相照应，将精神层面、纯粹的人文知识与工具应用层面的技能相结合。这种综合化的课程不仅面向现实问题，拓展知识边界，而且能促进知识重组与渗透，更符合学生的认知规律，实现学生对知识的自主构建，加强对各学科的理解。

（四）在课程实施上注重体验性

南洋理工大学在通识课程的实施上很注重学生自我动手、自我参与的学习经验，很多课程并非拘泥于传统的课堂讲授，而是引领学生走进社会、回归自然。路易斯安那州立大学的多尔教授在他的《后现代课程观》中提出了生成性课程目标观，注重课程的过程性和多维度，认为目标不是预先设定的，而是生成性的、创造性的。雅斯贝尔斯认为教育即生成，知识是通过反思性行为建构和生成的，课程成为一个情境化的过程。这些思想越来越受到学者的认同。课程本身是一个动态的过程，不断地建构与生成才能保持课程蓬勃的生命力。在这种生成过程中，学生的体验和感受是重中之重。人文精神构建的最大困境是实现从知识层面到智慧层面的跨越。只有当课程转化为学生和教师的个性、思维、感情、态度和价值观的不断发展与提升时，它才实现了自身的价值。而且较之于自然科学课程，人文教育课程具有更丰富的情感资源和体验的优势，从而为学生形成素质提供内在基础。钱理群教授2007年9月13日在北京大学中文系的演讲中讲了刘文典教授特意改变上课时间，在月光中为学生讲《月赋》，可以想象此情此景带给学生们多么美好的体验，多么令人难忘，多么好的教学效果。同时面对同一节课，学生获得的体验也有所差异，蕴含着每个人过去的体验、当前的感受，重新实现对自身和外部世界的理解，从而转化成"自己的课程"。所以，充分利用好课堂教学时间，运用自学指导法、讨论法、探究学习法、角色扮演法等多种方法促进学生体验的生成。如模拟法庭、艺术工作室、心理成长训练营、戏剧演出都可以使学生有更为直观的感受。李鸣等人在实施思想道德修养与法律基础这一课程中就挖掘和设计了很多体验项目，如感恩体验、珍惜体验、创新体验、生态环保体验、校内外德育实践基地体验等，从而增加了学生的兴趣和参与度。① 同时，拓展隐性课程、第二课堂活动、社会实践中体验到的经验，积极利用讲座、专题研讨会、读书会、竞赛、科研活动、社会实践活动、社团、网络平台等，提高大学生学习人文知识的自觉性，激发学生的兴趣，陶冶学生的情操，增强学生的意志，丰富学生的情感，达到人文教育的目的。

（五）在课程发展上体现校本化

大学的办学精神和文化传统本身就是对学生产生深远影响的隐性课程，对人文教育课程发展有重要意义。"办大学就是办一种氛围。"浓郁的人文氛围是打造特色人文教育课程的重要组成部分。费孝通先生曾提出文化自觉，即"生活在文化中的人，对其文化有自知之明，明白它的来历，形成的过程，所具有的特色和它的发展趋势"。无论是学校还是学生都要有这种文化自觉，对学校文化传统、时代使命和历史责任有认知、审视和觉醒，对外域文化有理解、辨别和取舍，如清华大学办学初期受西方文化影响颇深，但在百年发展的过程中，不断回顾和总结，进而从中华民族的传统文化的肥沃土壤中汲取养分，秉持着"自强不息，厚德载物"的校训，造就了独特的学校传统文化和人文精神，催生了独特的人文课程，如文化素质教育讲座课程。从20世纪80年代初以文史哲为主的人文选修课到80年代末的文化素质教育选修课再到现在的通识教育核心课程，清华大学一直在对人文课程进行探索和改进。北京大学，历经百年风雨，但是一代代北大人始终坚守"独立、自由、批判、创造"的人文精神。对于一个学校来说，也要对自身的文化追根溯源才能从文化传统中挖掘出创造性的课程资源。这种独特的人文传统和环境给予了人文教育课程开展以有力的支持，从而必然衍生出特色的课程。即使是理工科院校也要努力创造这种人文环境，使学生发现母校多年来积淀的文化传统，并将这种理念和感情带到以后的工作和学习中，发挥大学"泡菜坛子"的功能。

二、当前中国科技院校通识教育模式的反思

"通识教育"在中国被称为素质教育。素质的含义有狭义和广义之分。狭义的素质概念是生理学和心理学意义上的素养概念，即"遗传素养"。广义的素质是指教育学意义上的概念：人在先天生理基础上，后天通过环境影响和教

---

① 李鸣、李富：《体验式教育：提升大学生思想政治教育实效性的有益途径》，载《高教论坛》2008年第4期。

育训练所获得的、内在的、相对稳定的、长期发挥作用的身心特征及其基本品质，主要包括人的道德素质、智力素质、身体素质、审美素质、劳动技能素质等。素质教育是以面向全体学生、全面提高学生的基本素质为根本目的，以注重培养受教育者的态度、能力，促进他们在德智体等方面生动、活泼、主动地发展为基本特征的教育。中国文化素质教育主要是针对高等教育过分强调专业教育而忽视大学生综合素质培养的状况而提出的，它旨在提高人才的全面发展的素质。虽然文化素质教育内涵比通识教育要窄，但它体现了通识教育的哲学观。

新中国成立以来，我国的大学教育一直以专业教育为主，特别是受苏联模式的影响。1952年院系调整，在强调专业教育的基调下，进行了全国范围的大学的重组，取消了多科性、综合性大学，成立了单科专业学院。也有人指出虽然院系调整为当时培养出许多社会急需的科技人才和干部，但是不可否认在此后的数十年里，专业教育不断被强化，实用主义大肆泛滥，甚至于文科专业被大量削减，理科教育也提倡"理向工靠"，造成重工轻文的状态。20世纪80年代的大学教育强调"学好数理化，走遍天下都不怕"。随着经济体制的转型，我国也开始逐渐认识到大学教育过于专业细分的危害性，20世纪80年代中期以来提出了"拓宽专业、文理渗透"的改革方向，调整专业目录，提倡"通才教育"，到1995年在全国高校开展有关"人文素质教育"的试点，其目的在于加强大学生的综合素质的培养，特别是人文素养。目前，"文化素质教育"的课程改革在我国高校已经全面展开，各高校也都积极地进行实践和探索。进入21世纪后，中国高等教育界普遍认识到通识素质、道德素质、专业技能及其素质是大学生应该具备的最重要的三项素质，开始用"通识教育基础上的宽口径专业教育"来定位和规划大学本科教育，并在通识教育及课程方面进行了积极的探索。在确立知识、能力、素质全面发展共同提高的人才观下，一改过去过分强调"专业对口"的教育观念，使高等教育更加重视基础扎实、知识面宽、能力强、素质高的人才培养，构建起更加注重素质，融传授知识、能力培养和提高素质为一体的多样化人才培养模式，以更加适应社会发展和时代进步的需要。

（一）中国科技院校通识教育的实施概括

由于政治、经济、外交等原因，高等教育全面学习苏联模式，使得新中国成立前的通才教育向专业教育转变，很长时间里，"专业化"是高等教育发展的主导思想。虽然这种专业教育为社会建设培养了大批急需人才，但是随着社会和科技的发展，高等教育过分专业化的弊病开始显现，缺乏人文素养的人才不能适应社会的发展。20世纪80年代，我国针对当时的教育弊病而提倡素质教育，然后成为我国基础教育、中等及高等教育发展的重要理念和发展目标。20世纪90年代中期以来，华中理工大学率先实施素质教育。1998年，教育部出台了《关于加强文化素质教育的若干意见》，随后，在全国建立了32个"国家大学生文化素质教育基地"。1999年，中共中央、国务院颁发了《关于深化教育改革，全面推进素质教育的决定》，素质教育不断向纵深拓展。[①] 我国科技教育的素质教育的实施特点体现在以下几个方面：

1. 在科技教育中以就业导向为旨的素质教育目标

科技教育中素质教育的实施，从政策要求与实施过程来看，可以追溯到2000年开始的中等科技教育教学改革和《关于全面推进素质教育深化科技教育教学改革的意见》《关于制定中等职业学校教学计划的原则意见》两个文件。它们是1999年全国教育工作会议全面推进素质教育的精神在科技教育中具体实施的政策体现，是科技教育实施素质教育发展思路的具体规定。《关于制定中等职业学校教学计划的原则意见》提出科技教育教学与素质教育结合的指导思想与原则、教学内容及实施途径。《关于全面推进素质教育深化科技教育教学改革的意见》总结提炼了科技教育实施素质教育的重点体现，即三个"加强"："改进和加强德育课教学，提高学生思想政治素质；加强和改革文化基础教育，提高学生科学文化素质；加强实践教学，提高职业能力和创业能力。"[②]

2. 在科技教育中以适应职业变化为旨的素质教育实施原则

科技教育中素质教育的指导思想和原则是全面推进素质教育，以学生必需的文化知识与专业知识为基础，以培养学生的创新精神和实践教育特色，使中等科技教育更好地适应经济建设、社会发展和劳动就业的需要。"贯彻以全面素质为基础，以能力为本位的教学指导思想，根据学生提高全面素质和综合职业能力及继续学习的实际需要设置课程，确定教学内容。"根据科技教育的规律与发展特点，素质教育的实施要"贯彻产教结合的原则，坚持理论与实践相结合，培养学生的创新精神和实践能力，使学生掌握必需的文化基础知识、专业知识和熟练的职业技能，具有适应职业变化的能力和立业、创业的本领"。[③]

3. 在科技教育中以文化基础课程为旨的素质教育的内容

这也是针对当时"文化基础课教学薄弱"的现状，把加强文化基础教育

[①] 孙琳、孙诚、刘义国：《科技教育的素质教育实施》，载《职业技术教育》2009年第15期。
[②] 同上。
[③] 同上。

当作科技教育全面推进素质教育的一个重要内容。但是在科技教育中实施素质教育更加注重加强文化基础课程的知识应用能力、学习能力和实验能力的培养，保证必要的实验和社会实践环节。同时，适应信息技术发展的需要，首次把"计算机应用基础"列为高中阶段教育的必修文化基础课；确立健康第一的指导思想，全面提高学生的身心健康，体育课改为"体育与健康课"。文化课的设置不仅要保证目前职业岗位的最低需要，也要考虑个人一生的长远需要。①

（二）中国科技院校通识教育发展的问题与原因

尽管我们将中国的以培养德、智、体、美、劳全面发展的人为目的素质教育等同于通识教育，但是彼此还是有很大的差别。素质教育是具有中国特色的通识教育，随着与其他国家和地区的教育文化的接轨，通识教育这个名词以及其理念逐渐流行起来，但是在科技院校领域却被压缩。中国科技院校通识教育被压缩成德育，科技院校对通识教育的必修主要体现在德育上，而我国的德育教育具有很重的政治味道，在课程的开设和校园文化宣传上都体现这一点。若德育难以洗脱政治工具的色彩，便与通识教育的自由平等的全人教育有区别，与教育的本质不相符。我国的应用型高校在开展通识教育的过程中明显存在众多的问题，诸如对通识教育的核心理念、意义等内涵，以及与专业教育之间关系的理解仍旧模糊不清；高校设置的专业课程与通识课程高度分离，通识课程领域缺少贯通；通识课程的实践模式多模仿研究型大学的做法，课程内容安排忽略学科基础课和隐性课程；教学资源不足且未实现资源利用最大化；等等。针对以上这些问题和困境，思考归纳出如下几点：

1. 通识教育的概念不清楚

在现今的大学教育实践中，对大学通识课程的理解至少有三种观点：一是指文化素质教育课程，即人文社会科学类课程；二是指可以任学生自由选修的"公选课"；三是泛指专业课程以外的所有课程，并且将之分为正式通识课程与非正式通识课程。通识课程的概念不清，直接导致了通识课程实践的混乱和低效。

与此同时，很多科技院校对通识教育的理解尚停留在表面层次，表现如下：其一，通识课程设置的目的仅仅是使不同专业的学生有机会学习其他专业领域的知识，扩大知识面，满足学生的兴趣爱好，增加学生的适应性。因而，在通识课程设计上缺乏统一思想，往往以"新鲜、实用、有趣"为取舍标准，

---

① 孙琳、孙诚、刘义国：《科技教育的素质教育实施》，载《职业技术教育》2009年第15期。

成为一个七拼八凑的大拼盘。其二，教师大多在学术视野、知识结构等方面存在着缺陷，往往将专业课程的内容加以稀释，教得浅显一些，便成为通识课程。其三，学术学习中存在着明显的功利取向，为了学分而学习，为了实用而学习，在课程选择上存在着趋易避难的现象。

2. 通识教育的理念未落实

长期以来，科技院校人文教育十分薄弱，校园文化氛围单调，尤其是工科学生的文、史、哲等人文知识基本停留在中学层次上。在高等科技院校，强调专业知识教育，忽视人文教育的问题是比较严重的，削弱教育的教化作用，迷失教育的精神目标，把学生的智力和知识的发展作为唯一的目的，导致培养出来的学生缺乏关于人类与社会的整体观念，缺乏做人与做事的深厚功底。这种教育培养出来的人才，可能会成为技术纯良的"工具人"或"机械人"，而不是一个社会所需要的全面发展的人才。

科学理论的正确把握是通识教育走向成功的首要条件。迄今为止，通识课程的设计开发主要有精义论、均衡论和进步论等理论。我国通识课程的开发与设计都自觉或不自觉地受这三种理论的影响，在通识课程设置上都或多或少地体现出它们的影子。但是这三种理论各有其缺陷和不足，而我们在设计通识课程时，没有很好地进行消化和吸收，弄得有点似像非像的感觉，可以说还未找到通识课程建设的成熟理论，尚处于比较自由随意和散乱拼凑的状态。

3. 通识教育缺乏政策与制度的保证

关于政策与制度的重要性，谁也不会否认，我国台湾地区的通识教育与通识教育课程发展过程就是一个强有力的证据。影响台湾地区通识教育发展最关键的因素有二：一是1987年7月，台湾地区当局解除"戒严令"，在政治上实行多元体制，教授治校及政治松绑带来了新的学术发展，推动了教育的改革；二是1995年年台湾地区"司法院"大法官正式宣布"部定共同必修科目"不合法，由此促进台湾地区通识教育转向校本化。各校开始着手制订校本课程体系，使台湾地区通识教育呈现出了丰富多彩的发展局面。目前，我国鲜有针对科技院校实施通识教育的相关政策与制度的规定，在科技院校中基本没有实施通识教育的专门机构，一般都由教务处制订计划与负责实施。教务处是通识教育的责权单位，全面负责课程的开设、管理、计酬等事宜。学校应成立"通识教育中心""通识教育教学指导委员会"等通识教育的专门管理机构，负责起草规划、协调联络、实际执行、通识课程设计、教学实施，以及负责审议、推动、评价全校通识教育等事务。与此同时，应制定通识课程的有关制度规范通识教育与通识课程的发展，并加强学生的选课指导。

4. 通识教育内容偏向应用性和专业化

从目前高等科技院校的教学计划设置来看，普遍存在着学科设置专业性太强，专业设置过细、过窄，教育模式倾向于专才教育，专业之间缺乏必要的沟通和课程交换。学工科的缺乏社会科学知识，人文教育在非文科教育中比重十分可怜，基本上就是几门政治课，许多工科学生不知道托尔斯泰、尼采等名家，对古典名著也知之甚少；学文科的缺乏自然科学知识，不少文科学生对现代科技缺乏常识性的了解。科技院校课程设置上片面强调专业教育，课程过分专业化、岗位化，学生知识面被局限在教科书之中，没有为通识教育的开展留下相应的空间。而且有些学校不同程度地存在着实用化、技能化和拼盘化的倾向。课程体系庞大，学时偏重，课程结构松散，把科技教育等同于职业培训。

事实上，课程设置的综合化是通识教育与专业技术教育融合的重要环节。这就要求在课程门类、学时数、学习要求、课程建设诸多方面都应充分体现通识教育与专业技术教育的相互渗透；应淡化专业，强化全面发展人才培养和推进整体素质的意识。有些学校基本上就是把某专业的课程降低要求后拿来作为文化素质选修课，这种课程的内容专业性较强，对于训练非本专业学生的思维、能力没有太大的帮助。通识教育课程要求的是一种基础性的、普适性的课程内容，强调把教育的内容转向基本原理与基本方法的学习，因为学生学习的知识越基础，对接受新知识的能力、解决新问题的能力就越强。故而，不应把过多的应用型课程和专业性较强的课程列入通识课程中。通识课程的开设存在着"杂、散、乱"的倾向，削弱了通识课程的整体力量。

5. 通识教育的师资队伍薄弱

实施通识教育要有一支高水平的教师队伍。无论讲授通识教育课程，还是将通识教育的思想渗透到学校每一门具体的课程中，都要求每位教师提高自身的修养和素质，具有强烈的责任感，通过言传身教，通过自己所从事的学科的特点，通过自己对待科学的态度和责任，对学生起引导和感染的作用。当前科技院校的通识教育师资队伍水平较低，教师本身受专门化教育影响很深，对讲授通识教育课程准备不足；一些教师学历水平尚待提高，尤须指出的是，有些教师的敬业精神和人格修养有待提高，这对于培养学生的品格具有更为重要的意义。同时，各项奖励制度也鼓励教师进行专而精的研究，因此，老师参与通识教育课程教学工作的热情也不高。此外，一些人对通识教育也存在不正确的认识，他们过于简单地认为通识教育只是一种常识性的教育而已，无须将其搬进大学的殿堂之中花太多的精力来精雕细琢。众所周知，科技院校的师资知识面偏窄，过于专业化，因此会直接影响到通识课程的开设。与此同时，科技院校教师往往只注重专业技能提高，而忽略知识的拓展与更新。师资来源也比较单一,科技院校非常缺乏具有深厚的文化底蕴、丰富的知识及优秀的品质的通识课程教师。

中国科技院校专门性的通识教育研究所极少,不同的教师分属于不同的院系。与台湾地区努力培养"通识型"师资不同,中国通识教育的师资力量普遍来自特定的专业背景,具有较强的专业性。由于在课程分布上明确分为思想教育类、知识类和身心类,中国的通识教育在师资上呈现出"各司其职"的状态,使教师的交流仅局限于单门学科之间。

(三) 小结

我国高校通识教育的兴起,始于 20 世纪 90 年代中期 (1994 年) 教育界提出的旨在加强大学生综合素质尤其是人文素质培养的"文化素质教育",主要以一些综合性、研究型大学改革模式为主。目前我国科技院校在实施通识教育上大多浮于表面模仿和借鉴这些早期学校实践模式,缺乏针对性实践,比如培养目标模糊、拼盘式课程、知识结构不成体系、教师对学生课外指导不足等等,还有许多问题正在逐步暴露。同时,由于我国教育部规定较多,学校改革多以自上而下的形式进行,学校通识教育课程包括两部分,一是全校性必修课程即政治理论、外语、计算机、体育、军事课程等;一是文化素质教育选修课程,包括七个领域:数学与自然科学、社会科学、人文科学、计算机、语言、艺术和技能[①]。前者占据了学生通识教育课程的大部分。通识教育课程常常被当作专业课程的补充,较多视学校和学生管理部门的需要而定,学生的需要常常被忽略。所设课程多为介绍性的初级课程,很少有能够满足多种需要的多层次的学科设置,而且课程修习制度、评价制度都较为单一。通识教育课程设置较为混乱,没有统一的指导思想,很少专注于学生通识能力的形成。学校"公共基础课程"往往是按照国家规定的必修课程,学校甚少自主权,并且有统一的教学大纲和要求,自然基础课程又往往成为理工科专业的垫脚石,为此,高校很难根据通识教育理念和目标自主设计共同必修课程,这样,仅剩下的几个选修课程学分就成为唯一的通识教育补充。通识教育多满足于知识的传授,很少照顾到学生批判思维能力等通识能力的形成。课程教学形式较为单一,大部分以传授为主,缺乏讨论、实地考察等较为有效的通识教育教学途径。中国通识教育教学重视显现课程,即以正式的课堂教学和正面的理论灌输方式。学生在预设的理想世界里成长,教育的效果停留在知识理论、道德知识

[①] 蔡映辉:《高校通识教育课程设置的问题及改革对策》,载《高等教育研究》2004 年第 6 期,第 76 – 79 页。

的认知上。

我国的现代通识教育起步较晚，科技院校由于长期缺失人文社会科学教育，更亟须加入通识教育元素。目前，我国普通科技院校的通识教育存在许多问题，如通识教育目标缺乏整性设计；通识教育课程存在着明显的知识化倾向；通识教育课程内容、形式、知识结构不合理；通识教育课程管理较差，教学质量有待提高；等等。

第二节　中国科技院校通识教育模式的重构

快速发展的中国社会，新的职业、岗位不断涌现，传统职业的劳动性质和职业内涵已经变化，技术变革每天都在发生，技术含量和智能化水平不断提高，工作技术不断更新，劳动的创造性成分增强；"蓝领工人"劳动的本义已由体力性转向技术性，并正在趋向科学性；劳动力出现了跨行业、跨区域，甚至跨国界的自由流动；传统的守业观、终身职业观向终身就业机会观和创业观转变。在"短、平、快"思想指导下培养的社会急需人才，以"工匠式学徒"的高职生为主，因没有搭起创业、转业的知识平台而无法适应社会变化的需要。立足当下中国的经济发展趋势和社会文化背景，吸取港澳台地区科技院校通识教育实施的成功经验，重新厘清中国科技院校的通识教育模式，对于突破目前的通识教育实施困境具有重大意义。

一、中国科技院校通识教育理念与目标的定位

科技院校一定要树立大教育观。人的一生所受的教育应该是全方位、多层次的完整的教育。既要有关系到人生存发展的职业技能训练，也要有关系到人的未来幸福生活、品味人生的通识教育。现在，许多科技院校非常注重学生的职业技能训练，认为只有专业技能教育才能使学生立足社会，得以谋生。许多家长和孩子把专业、职业、薪酬紧密挂钩。一切围着市场转的功利思想，使得科技院校往往漠视人文精神的培养，忽视了品性的培养和思维的训练。通识教育的推行是一个漫长的过程，不是短期行为，因此，通识教育工作要常抓不懈：首先，政府教育主管部门要加大通识教育和素质教育的舆论宣传力度，明确教育改革的方向。其次，要强化科技院校领导和教师的通识教育意识，上下达成共识，把培养学生深厚的文化底蕴、健全的人格品性、独立思考与判断能力、过硬的专业技能作为教育教学目标。只有强化通识教育理念，才会有通识

教育的实践成果。

除了科技院校要加强通识教育意识和理念以外，最主要的就是对通识教育目标的定位。通识教育所反映的核心精神是"人才培养"的价值取向，其次才是知识与能力的培养。换言之，通识教育与通识课程首先必须关注的是"人"，然后才是这个人所具备的知识与能力。基于目前我国高等教育的实际情况，应处理好如下三个方面的问题：一是优化传统政治意识形态的教育，改进并提高"马克思主义理论课"和"思想品德课"（简称"两课"）的教学质量；二是要加强普遍的公民道德教育，引导学生树立正确的世界观、人生观与价值观；三是要加强情意领域的个性教育，塑造学生完美人性。科技院校通识教育的引入即是为了更好地培养学生的创新意识和批判思维，同时加强学生的人文修养，促进科技与人文的融合。在教育改革的推动下，本科生通识教育更是发挥了对专业教育目标实现的合力作用，促使专业教育和通识教育目标的协同实现。周边国家和地区科技院校有远见地放眼于世界，积极洞察新世纪的人才要求，因地制宜地进行教育改革。这些科技院校都秉承了"全人教育"的思想，强调专业技能建立在广博的文化知识、高尚的品德素养和创新思考能力的基础上。设置通识教育课程，是希望以课程为载体，实现"全人"培养的通识教育目的。由此，通识教育理念可以集中地表述为"全面、统整、人格"。"全面"是指通识教育课程的设置与实施，要使学生在知识、能力、身体、情感、意志等方面都得到发展，是个体身心和谐的发展，一种"整体人"（the whole person）的发展；"统整"是指要形成学生统整的知识观；"人格"是指应把健全人格的塑造作为通识教育课程设置和实施的重点。

对于"全人教育"这一理念，台湾地区黄俊杰教授从古代儒家的观点对其进行了分析，认为"全人教育"包括三个互相联系和渗透的层面：身心如一——人的心灵与渗透不是撕裂而是贯通的，不是两分而是合一的关系；成己成物不二——人与自然世界及文化世界贯通而为一体，既不是只顾自己福祉的自了汉，也不是只顾世界而遗忘个人的利他主义者，而是从自我之创造通向世界之平治；天人合一——人的存在既不是孤零零的个体，也不是造物者所操弄的无主体性之个人，而是具有"博厚高明"的超越向度的生命。[①] 我国在通识教育的理念与目标方面应该秉承"全人教育"的理念，促进学生多向度的发展，培养完整的人，实现"身心如一""成己成物不二""天人合一"。通识教育与专业教育并非对立的两种形态的教育，通识教育是让学生在专业知识学习的建构过程中，融入人文精神，从人的主体性出发了解并认识各个学科的特

---

① 黄俊杰：《大学通识教育探索：中国台湾经验与启示》，中山大学出版社2002年版。

质；通识教育并非只是为了给学生传授一些专业以外的知识，也不是百科全书式的教育，它的目的是让人了解自己及自己所处的时代；通识教育不仅在于建构学生的学术基础与核心能力，而且必须借由通识教育的博雅内涵，陶冶学生性情、建构博雅涵养、培养学生价值与道德判断、思维习惯、解决问题的能力等，进而改变体质与气质，达到全人的境界。

二、中国科技院校通识教育课程与内容安排的思考

哈佛大学的研究成果表明，人的成就中智商因素占 20%，非智商因素占 80%。这些非智商因素包括文明的行为、科学的头脑、健康的身心、坚韧的毅力、艺术的修养、健全的人格，以及认知能力、独立生存能力、协同合作能力、充分发挥个性优势和潜在特长的能力等。通识教育凸显文化熏陶、能力培养、行为养成、特长发展、职业素养的综合培育功能。其课程体系呈现开放、前瞻、有用、兼容的特点；课程体系按照素质和能力模块构建，充分考虑应用型人才的培养、成长和发展。随着各种新知识、新问题的不断涌现，人们还必须不断地学习新知识，学会处理新信息，以应付工作或学习中碰到的各种问题。科技院校除了肩负培养具有某一领域专业技能的能手外，还需要造就学生"健全的人格"，使其具备观察与审视社会的开阔视野、清晰的表达与沟通能力、不同学科融会贯通的学习能力、独立思考判断与创新的能力、良好的道德修养与普适价值观、关心人类及所处环境的社会责任感等。

通识教育内容应涵盖自然科学、人文科学、社会科学三大领域，并使课程内容达致均衡，这已成为大学通识教育课程内容选择的一个基本原则。但科技院校在开展通识教育时，应该格外注意选择基础性、理论性、综合性的知识作为其主体内容。通识教育理念是培养"全人"。而基础性知识在"全人"培养中意义重大：基础知识在性质上是作为知识增长点的知识，是我们接受新事物、学习新知识的基础；任何专业训练和持续发展都必须以宽厚的基础知识为背景；基础知识能增强个体对社会的适应性，它与终身学习和职业变换要求相一致；基础知识易于迁移，是"专业人"之间沟通的桥梁。当然，大学通识教育课程知识的基础性与中小学课程知识的基础性属于两个不同的层次。中小学课程知识是启蒙性的，它的特点是科学、感性、简单、肤浅；而大学层次的通识教育，其课程知识就应具有一定的概括性和理论性，否则，就沦为中小学的"补课教育"。如果像目前有些大学那样，把一些生活常识，如宠物饲养、感冒预防等也作为通识课程内容，通识课程也就名不副实，变成了肤浅的、粗俗的、"什锦小菜"式的"知识拼盘"。

另外，科技院校的通识课程建设，需要体现学科的统一与结合。只有将科学教育与人文教育、自然科学与社会科学及民族性与国际性、基础性与实践性等内容进行完美的结合与统一，才能培养出适应社会需要的高素质人才。所以，综合化是课程内容选择的重要趋势。与此同时，科学技术一日千里，人类知识积累呈指数增加，大学生专业对口就业率降低，人的学习时间有限。如何解决这些矛盾，只有依赖那些最基础的科学知识的学习，以增强适应能力。因为基础科学是全部知识中最稳定、最具有核心价值的部分，对人的成长和发展具有稳定的支撑作用。知识更新越快，就越要注意打好扎实的基础。基础不扎实，学习掌握新知识、新理论、新技术、新工艺就很困难，自我学习、自我更新知识的能力就会受到很大影响。因此，强调课程内容的基础化已成为各国高校课程改革的共同趋势，更应是通识课程所应追求的永恒目标。

周边国家科技院校通识课程设置主要依据精义论与均衡论，而中国主要受进步论影响较大，强调实用性，强调为职业作准备。三国科技院校不约而同地在通识教育的课程方面强调人文性，诸如爱情、人生、宗教、职业规划、性别研究等课程得以受到重视，周边国家更强调世界文化课程的开设，力求使学生达到东西文化的共通。在教学方法上，相对于中国较为传统的讲授法，周边国家和地区的通识课程广泛采用提问、析辨、讨论、撰写读书报告等方式，使学生更多地受到阅读、理解、批判等训练，注重学科研究方法与思路，培养学生独立学习与研究的能力，这些皆是目前值得我们借鉴和学习的地方。中国科技院校应该在"全人教育"的理念下，以"综合性"和"基础性"为原则广泛地设置通识课程，在各种知识的分支领域力求均衡，免于通识课程的片面性，实现学生的知识互补。从均衡论出发的通识教育课程设计，基本上将通识教育视为沟通人文社会科学与自然之间的"两种文化"的桥梁，为学生提供较为全面而完整的知识图像。为了在课程设置上充分体现人文主义和科学主义在思想精髓上的融合，使现代大学培养出能够兼备人文精神和科学精神，符合现代社会理想的健康人格，科技院校可以建立以通识教育为目标的跨学科综合课程模式。布鲁贝克认为跨学科综合化课程有两种方式：

第一种方式，是人们在获得了普遍文化基础知识之后，接受一门学科的训练，应用这门学科去探讨该领域中的一些问题，通过共同问题将各门学科联系起来，最后才试图探讨各门学科间的相互关系，为课程提供一种提纲挈领式的结构。第二种方式，不是从学科着手，而是从那种多面性问题开始。各门学科复杂地结合在这一个问题里，焦点集中在问题上，各门学科则通过在解决问题中发挥他们各自的作用而互相联系。这两种课程综合化的方式最终都是以问题为媒介来完成的。对知识的深化和发展依赖于理论，由于学术知识中的各门学科的结构和组织是高度概念化的，因此学科的发展必然是愈来愈向细化的方向发展。由此可以推断，按照学科分类设置的课程不可避免地会随着学科的细分化而越来越狭窄化、专业化。通识教育课程要摆脱专业化的困扰，必须在实际问题的基础上构建课程内容。越是复杂的、多面性的问题，涉及学科和知识的面就越广，也就越有利于通识教育课程的建设。

总而言之，科技院校在开设通识教育课程时要发挥本校的教学资源优势，开发有特色的校本通识课程，精心设计通识课程教学内容，突出其综合性、广博性、趣味性，力争使其核心化、精品化、规范化，提高通识课程本身的吸引力。适当关注人文性、普适性，培养学生的文化认知态度，科学合理地规划课程。以学生为本，通识教育课程体系内容可以涵盖人文科学教育、社会科学教育、自然科学教育、管理科学教育，以及生命教育、婚姻家庭教育、环境教育、法治教育。这些内容的学习可以使学生在公民素养（基本道德素养或国民素养）、认知素养（学习素养、思维素养、科学素养的综合）、生活素养（人文素养、生存素养）、专业素养、职业素养等各方面得以提升。比如，可以开设演讲与口才、音乐欣赏、影视作品欣赏、社交礼仪、博弈论、创业学、中国哲学智慧、国学经典等课程。

三、中国大学科技院校通识教育修读制度设计的审视

通识教育课程体系的开发和制度的设计要根据各校自身客观条件来进行。课程体系与制度作为一种实践性的工具，与课程理念不同，更加注重适用性。各校根据不同的学科条件、学生需求、社会要求、师资力量等各种条件寻找一个合适的通识教育课程体系和制度。与拥有完整学科体系的综合性大学不同，科技院校一般是多科性院校或学科结构比较单薄的单科性院校。由于学科体系不够完善、师资力量不均衡，因此不适合采用自由选修课程模式，而必须对通识教育课程进行精心的组织和设计。因此，课程组织可以采用核心课程或分布必修模式，课程结构宜采用并列型结构模式以弥补学科结构的缺陷。

周边国家科技院校大多采取的是限制性修读制度，或是分布必修制度、核心选修制度，几乎没有采用这种不加以约束直接给予学生充分自由的"自由选修"制度。这些院校之所以如此安排正是希望通过结合学校的宏观指导和学生的兴趣需求，保证学生"知识的整合"，实现专业院校学生的"知识互补"，补充学生专业以外的知识，以此来造就知识结构相对完整的人。为了培养理工科专业学生的文化艺术修养，学校鼓励理工科专业修读更多的人文社会科学及文学艺术类课程。港澳台地区的高校皆从关注学生知识结构的完整性出

发，考虑到学生专业知识的狭隘性，在通识教育制度设计上十分重视知识的互补性。

周边国家科技院校以通识课程作为实施通识教育的主渠道，精心设计、系统规划通识课程体系，强调通识课程的广博与贯通、经典与多元，使课程设置广泛涵盖人类文化和知识的主要领域，实现人文、社会、自然三大知识范畴的整合。目前中国科技院校的通识课程包括公共必修课和公共选修课两部分，公共必修课主要包括英语、政治理论课、思想品德课、体育、计算机等；而公共选修课由学校自主开设，未经系统规划和深入论证。这些通识课程是在一定的历史条件下根据社会政治、经济、文化和科技发展的要求逐步形成的，缺乏明确的理念、统一的目标和整体的规划，课程大多采用国家统编教材、统一大纲、统一要求，行政性和同一性过强，针对性、灵活性和人文性不够。同时，课程结构和各类课程的比例不合理，基础技能类和政治教化类课程多，历史文化、伦理道德、社会分析、艺术和科学类课程少；知识性课程多，方法类、思维类课程少；必修课程多，选修课程少；分科性课程多，综合性课程少。从通识教育的理念和目标来看，中国科技院校目前的公共课难以称得上是真正意义上的通识课程，难以发挥通识教育的功能。因此，中国科技院校应根据通识教育的理念和模式，贯彻中西贯通、古今结合、科技与人文交融，以及知、情、意在个体身上融通的基本原则，对通识课程体系进行整体规划，重构公共基础课程体系，对通识教育内容进行整合、精选和提升，努力将人类文化的经典和精华呈现给学生，建立完整的通识教育平台，将专业技能教育建立在广泛、深厚的通识教育基础上，以实现专业教育和通识教育的融合。

由于历史的原因，我国大多数高校学科专业较为狭窄，这成为这些高校通识教育课程改革的先天性缺陷。为了克服这一困难，可以通过组建高校联合体，探索联合周边一些不同学科的高校共同开发一个可共享的通识教育课程体系的可能性。通过高校联合体保障优质课程资源的做法在美国已有先例，如位于马萨诸塞州西部的阿姆赫斯学院（Amberst College）、曼特霍利尤克学院（Mount Holyoke College）、史密斯学院（Smith College）、汉普斯切学院（Hampshire College）和麻省大学阿姆赫斯特分校（University of Masssachuest Amherst）五校结为高校联盟体，相互开放教学资源，实行跨校注册，为联盟体的学生提供了更多的选择机会。五校联盟为广大学生提供了近 6 000 门课程。因此，资源共享的模式是我国大多数科技院校比较明智的选择。

四、中国科技院校通识教育实施方式与途径的思考

实施通识教育还要倡导教学方式和学习方式的改变。传统的灌输式的教学方式，忽视了学生主体性的发挥。教师主宰了课堂教学过程中的一切活动，学生不能自由思考，不敢质疑，没有充分表达意见的机会。学生所要做的全部工作就是记诵、练习、应试。实施通识教育，就是要培养学生的探究精神、创新精神。为此，教师应改变教学方法，放弃权威思想，在教学过程中与学生平等互动。教学过程在本质上应成为教师引导学生敞亮思想、发表意见、建构意义的学习过程，成为学生洞察力、思维力、创造力的培养过程。以通识教育理念为指导，改革教学方式的主要措施，可作如下几点考虑：

1. 提倡研究性教学

所谓研究性教学，就是在教学过程中设置一种类似于科学研究的情景，在教师的引导下，以问题为中心，用类似于科学研究的方法，让学生主动去收集信息、制订方案和解决问题的一种教学活动。要卓有成效地实施通识教育，研究性教学中的问题最好选择一种跨学科问题或社会问题。这种以跨学科问题或社会问题为中心的研究型教学，具有开放性、综合化、生活化等特征。对于通识教育，其意义在于：容易打破学科和专业界限，实现知识统整和融合；可以培养学生的科学精神和研究意识；在合作研究过程中，能培养学生社会交往能力、协作能力和责任心；研究性教学过程是一个知行合一的过程，其本身就是一种通识教育。

开展研究性教学，大致可以分为三个阶段：一是准备阶段。这一阶段主要是让学生进入问题情景，为选题及提出问题解决方案作好知识、技能、兴趣等方面的前期准备。二是合作实施阶段。这一阶段要提出具体的问题解决方案，制订详细的方案实施计划，并分工实施。三是展示评价阶段。其中心工作是对研究活动进行总结、评价、交流、展示和反思。

2. 加强教学的综合性

过去，我们习惯依教学任务，把一节教学课划分为单一课和综合课。各门课程多采用分科教学的组织形式，而分科教学往往又是以完成某种单一教学任务为目的。这在很大程度上导致了学科分隔、人格发展与课程学习的断裂，以及教学功能的单一性。要贯彻通识教育理念，就有必要重新统整各科教学，加强教学的综合性。对此，我们可以考虑如下几点措施：①开设跨学科的综合性课程，实现不同学科教学内容的统整；②以主题为中心组织教学内容，采用单元教学方式，关注课程不同知识点之间的有机联系；③把传统教学手段与现代

教学手段相结合,把个别教学与小组教学、集体教学相结合,体现教学方法和教学组织形式的个性化、多样化特征;④采用多种方法,从多角度评价教学质量,实现教学评价的综合性;⑤要重视同一教学过程中,知识、能力、情感、意志等多种教学目标的综合实现。

3. 强化教学的实践性

课堂教学是传统教学最主要的组织形式,课本知识是学生知识学习的主体。在某种意义上,这种"在教室里教学生游泳,在黑板上教学生耕田"的教学方式,是一种典型的"去情景化"的教学。在这种"去情景化"的教学活动中,学生的学习活动是一种完全脱离生活真实情景的、概念明晰、知识结构良好的"低级学习",忽视了大学生作为成人学习者的主动性、实践性特征,造成了学生的知识与能力的严重剥离,理论与实践的脱节。以通识教育理念为指导的教学改革,应强化教学的实践性。通过实践性教学,改善学生的知识结构,培养学生的实践精神和动手能力,并在内容丰富、形式多样的实践性教学过程中,养成其良好的社会性品质。强化教学实践性的主要措施有:①开设种类齐全的教学实验课;②增加教育见习、实习时间,并强化管理;③建设教育实践基地,多开展现场教学、实地教学;④在各门课程的教学过程中,教师应给学生创造较多的动手机会等。当然,实施大学通识教育还有其他途径,如开展社会实践、试办文理综合专业、资助大学生创业活动等等。

除通过正式课程外,还应通过精心营造积极向上的校园文化氛围,做好校园景观的规划,开展丰富多彩的校园文化活动,努力塑造优良的校风、学风和教风,通过环境熏陶潜移默化地推进通识教育。按是否正式列入课程计划,课程可以分为显性课程和隐性课程。隐性课程是指在学校正式课程计划中虽未列出,但却对学生发展产生重要影响的那些因素。例如:师德风貌、学术氛围、师生关系、校园文化等。隐性课程对学生的成长发展起到了潜移默化的重要作用。加强隐性课程建设,可以考虑如下几条措施:①开展"套餐式"的学术讲座。通常一次短暂的学术讲座都会包含大量的知识信息,能使学生较快地对某研究领域的历史、学术观点和学术成就、前沿学术动态等有较好的总体把握,往往深受欢迎。如果能以主题为中心,不同领域、不同学科背景的教师之间开展充分合作,共同为学生提供成系列的、"套餐式"的学术讲座,并使之制度化,其效果将会更加显著。②开展课外活动,丰富第二课堂。大学中的各种课外活动,如果组织得当,都能成为对学生进行通识教育的有效载体。周边国家科技院校学生组织和团体众多,如耶鲁大学就有200多个课外文化小组活跃在校园中。他们经常开展艺术表演、体育竞赛、学术辩论等形式多样、内容丰富多彩的校园活动,甚至出版有自己的报纸和刊物。课外活动构成了学生之间发生人际交往、沟通情感、交流思想的重要平台。③引导课外阅读。名篇巨著是人类的优秀文化遗产，包含了深厚的人文主义精神和深邃的哲学思想。通过阅读名著，对提高学生的知识品位和思想境界，学会尊重历史、欣赏艺术具有很好的教育作用。④加强校园文化环境建设。良好的校园文化环境是一种"无言之教"，能给学生心灵以高尚的文化熏陶。

五、中国科技院校通识教育评估与管理的检讨

科技院校的通识教育要提高师资，健全体制，进行科学评价，师资是前提。针对我国高校通识教育师资普遍欠缺的现状，高校应采取有效措施，加强文化素质课程师资的培训工作，建立有效的激励机制，丰富学校的学习资源，提高教师的整体素质。教师既要有较高的专业学术水平、较宽泛的知识面，同时还要有运用不同知识分析问题和解决问题的意识、方法和能力。目前，科技院校高水平的通识课程师资还非常欠缺。对于科技院校来说，建设高水平的通识课程教师队伍是当务之急，应该选择教学热情高、教学经验丰富、视野开阔的资深教师开设通识课程，成立优秀通识课程教师团队，共同研究交流。除此之外，可以用引进的方式，聘请社会团体、科研机构的专家学者来校教授通识课程，比如艺术欣赏类的课程，就可以请文艺团体的人员授课。同时，通识课程师资培训也不能放松，高校应安排通识教育专家给不同学科领域的通识课程教师开设相关讲座，鼓励教师积极参加有关通识教育的学术研讨会，不断提高通识课程教师的通识意识、教学技巧、教学水平。同时，鼓励教师和学生参与通识课程的建设与管理。作为通识教育的执行者与参与者，他们的意见最为直接和宝贵。"通识课程"大讲坛，是优秀教师的大舞台，更是学生未来发展的大平台。总而言之，通识教育成败与否主要取决于教师，教师教学水平高低直接影响通识课程的质量。

除此之外，通识教育成功与否关键在于通识课程质量，只有科学组织、管理通识课程教学，才能确保提高教学质量。首先，学校成立通识课程审核专家组，对拟开设的通识课程进行评估，包括教学内容和师资水平。要针对科技院校生源质量的实际情况，开设他们能够接受的通识课程。其次，要对每一门课程加强指导，加强宣传、推广活动，让学生对通识课程有一个基本的了解，如教学目的、课程目标、课程安排、教师简介、是否需要相关知识基础等。让学生根据课程简介，结合自己的知识结构、兴趣爱好、专业需要等进行选择，提高选课的针对性。另外，要积极开展形式多样的通识教育课程，按研修方式分为必修通识课程与选修通识课程；按教学目标与内容的性质、特点分为概论

型、专题研究型、方法经验与技能型通识课程。概论型课程就某一专业领域的知识作概括性介绍；专题研究型课程结合教师的有关科学研究，以讲座形式就某一特定问题作专题介绍；方法经验与技能型课程着眼于有关科学方法、思维方法、操作技能及相关工作经验的传授与掌握。通识教育课程还可分为显性课程与隐性课程。隐性课程可以利用校园文化育人，包括各种校园文体活动、学生社团活动、学生社会实践活动、学生读书活动等。当然，还要对通识课程不断更新。通识教育的研究和改革也要跟上时代的要求，及时作出调整。

从日本、新加坡和印度这三个亚洲国家科技院校的经验来看，开展通识教育必须建立健全的实施和保障机制，在组织和人力、物力、财力等资源上给予充分的保障，从课程结构、环境熏陶、生活体验、社会实践等方面，通过开设讲座课程等措施，形成整体的教育氛围。中国科技院校实施通识教育，必须加强对通识教育的宣传，积极营造有利于实施通识教育的氛围，使全体师生对通识教育有深刻的认识和理解，从而高度认同和积极支持通识教育的实施。与此同时，这些科技高校要改革现行学习成绩评价办法，在考试内容上着重考查学生对知识的整体把握程度，考察综合能力、动手能力和分析解决问题的能力；在考试形式上可以多样化，课程成绩可以通过考试与考查、开卷与闭卷、笔试与口试、考勤与作业、讨论与论文等形式取得。

总而言之，我国科技院校应设置强有力的通识教育保障与实施机制，建立一系列通识教育的决策咨询和执行实施系统、加强师资队伍建设、建立通识教育保障和质量监控系统等，成立校级的通识教育咨询委员会和通识教育中心，实施通识教育工作。专门的通识教育管理机构是保证，应该组建专门的通识教育管理机构，不能简单停留在低年级文化素质课程的安排、教师的遴选和学期末课程的考核上，否则容易将文化素质课程与专业课程采用同样的管理方式，或较少顾及文化素质课程而集中精力于专业课程的管理。科学的评价体系是保障。目前，我国高校知识考试成了通识教育课程评价的主要方式，其只注重知识量的考核和认知能力的测评，而学生人文素质的提高、思维方法的训练等方面难以量化，应采取多种评价方法和手段，构建科学、合理与全面的文化素质教育评价体系。

对于我国的大学而言，通识教育是一种崭新的教育理念。我国对国外通识教育的介绍可以追溯到20世纪80年代中后期，主要体现在对美国大学教育课程的介绍。20世纪90年代中期以来，随着对通识教育的逐渐重视，其研究重点已由课程介绍向理论探讨转移。根据以往日本、新加坡和印度的通识教育改革发展经验，我国在实施过程中要努力避免四个观点：一是通识教育就是人文教育。通过添设几门语文、文学欣赏、历史古典名著选读等人文课程就是进行了通识教育。然而，简单地增设人文素养科目的做法不但不能促进学科间的融合，反而会导致人文学科与专业学科的对立。因而，仅仅将通识教育看做人文素养教育的话，显然在知识结构上缺乏完整性，无法培养出人格完善的人才。二是通识教育就是全校公共课加自有选修课。从这些国家的以往经验来看，全校公共课加自有选修课是被普遍采用的方式，但是这仅仅是科目的种类和实施的形式，与课程的目的与内容无关。是否是通识教育课程的主要判断依据在于课程的目的，而非课程的形式。三是通识教育是专业教育的基础部分。通过对照日本、新加坡和印度的大学教育课程体系的考察中可以发现，通识教育科目都是集中在大学教育的前半期。无论是"2+2叠加型"还是四年一贯制，都能发现通识教育课程呈明显的金字塔型；而专业教育课程却与之相反，呈倒金字塔型。因而，很容易会让人们简单地认为通识教育课程是专业教育的基础部分。通识教育具有对特定专业和特定职业的非指向性，要求学生对整个人类知识框架有总结性的了解以完善自身的知识结构，目的在于能力的培养和人格的完善。通识教育重视对知识的把握能力，而非侧重对知识点的达成度，因而没有对知识精深化的要求。与此相反，专业教育却注重学生对知识的精确了解和掌握。四是通识教育与专业教育是相对的。通识教育与专业教育的关系既不是对立，也不是并立。通识教育是一种教育理念的建构，基础是"人"；而专业教育是一种教育形式，其基础是专业和职业，因此两者出发点不同。

回顾日本、新加坡和印度的通识教育改革历程，我国在通识教育课程化的过程中，要注重将通识教育目标（人的自由发展和自我完善）通过丰富多彩的课程形式予以具体化。与此同时，随着时间的变迁和社会的发展，通识教育的内涵也要不断扩大。日本在20世纪50年代到21世纪的社会发展进程中，通识教育的内涵经历了多个定义：广博的见闻、知识的调和、判断能力的塑造、自主学习的要求、自觉的探求心、国际化信息化个性化、自主探究课题能力和多元视点考虑问题的能力。鉴于通识课程内容涉及各学科领域，因此对庞大繁复的知识体系进行整合和浓缩与不断容纳新知识是一项艰巨的任务。学科结构比较单薄的科技院校很难建立起理性的通识教育课程体系，可以采用并列性课程结构模式，主辅修或转学位制度，并加强导论课程、共同核心课程和跨学科课程的建设，以期用较小的课程体系实现通识教育的目标。

参 考 文 献

英文文献：

[1] James Bryant Conant. General Education in a Free Society, Report of the Harvard Committee [M]. Cambridge, Mass: Harvard University Press, 1945.

[2] Suzanne Wilson Barnett, Van Jay Symons. Asia in the Undergraduate Curriculum: a Case for Asian Studies in Liberal Arts Education [M]. New York: M. E. Sharpe, Armonk, 2000.

[3] Mary J Allen. Assessing General Education Programs [M]. Bolton: Anker Publishing Conpamy, Inc, 2006.

[4] Willis Rudy. The Evolving Liberal Arts Curriculum: a Historical Review of Basic Themes [M]. New York: Bureau of Publications, Teachers College, Columbia University, 1960.

[5] Michael Yudkin. General Education: a Symposium on the Teaching of Non-specialists [M]. [S. 1.]: Allen lane the Penguin Press, 1969.

[6] Lewis B Mayhew. General Education: an Account and Appraisal [M]. New York: Harper & Brothers Publishers, 1960.

[7] James G Rice. General Education: Current Ideas and Concerns [M]. [S. 1.]: National Education Association, 1948.

[8] Paul L Dressel, Lewis B Mayhew. General Education Explorations in Evaluation [M]. Washington D. C.: American Council on Education, 1960.

[9] Aston R Williams. General Education in Higher Education [M]. New York: Teachers College Press, Columbia University, 1968.

[10] Gordon O Wilber. Industrial Arts in General Education [M]. New York: Intext Education Publishers, 1993.

[11] Diana Glyer, David L Weeks. The Liberal Arts in Higher Education [M]. New York: University Press of America, Inc., 1998.

[12] Daniel Catlin, Jr.. Liberal Education at Yale: The Yale College Course of Study 1945—1978 [M]. [S. 1.]: University Press of America, Inc., 1982.

[13] Jose Ortegay Gasset. Mission of The University [M]. [S.1.]: Princeton University Press, 1944.

[14] Harold Taylor. The Philosophical Foundations of General Education [M]. New York: Sarah Lawrence College, 1952.

[15] Samuel Mathai. Report on General Education [M]. New Delhi: University Grants Commission, 1961.

[16] Bruce A Kimball, Orators, Philosophers. A History of the Idea of Liberal Education [M]. New York: Teachers College, Columbia University, 1986.

[17] Craig C Howard. Theories of General Education: a Critical Approach [M]. New York: St. Martin's Press, 1992.

[18] Samuel Goldberg. The New Liberal Arts Program: a 1990 Report [M]. [S.1.]: Alfred P. Sloan Foundation, 1990.

[19] Darryl J Gless, Barbara Herrnstein Snith. The Politics of Liberal Education [M]. London: Duke University Press, 1992.

中文文献：
专著类
[1] 黄坤锦. 美国大学的通识教育——美国心灵的攀登 [M]. 北京：北京大学出版社, 2006.

[2] 黄俊杰. 大学通识教育的理论与实践 [M]. 武汉：华中师范大学出版社, 2001.

[3] 何秀煌. 从通识教育的观点看——文明教育和人性教育的反思 [M]. 香港：海啸出版事业有限公司, 1998.

[4] 李曼丽. 通识教育：一种大学教育观 [M]. 北京：清华大学出版社, 1999.

[5] 宋伯宁, 蔡先金. 山东省高校首届通识教育研讨会论文集 [C]. 青岛：中国海洋大学出版社, 2008.

[6] 王冀生. 大学之道 [M]. 北京：高等教育出版社, 2005.

[7] 庞海芍. 通识教育：困境与希望 [M]. 北京：北京理工大学出版社, 2009.

[8] 胡显章. 走出半人时代——两岸三地学者谈通识教育与文化素质教育 [M]. 北京：高等教育出版社, 2002.

[9] 金耀基. 大学之理念 [M]. 香港：牛津大学出版社, 2000.

[10] 贺国庆, 华筑信. 国外高等学校课程改革的动向与趋势 [M]. 河北大

学出版社，2000.
- [11] 刘琅. 大学的精神 [M]. 北京：中国友谊出版公司，2004.
- [12] 骆少明，刘淼. 2009 年中国大学通识教育报告 [M]. 广州：暨南大学出版社，2010.
- [13] 李继兵. 通识教育论 [M]. 北京高等教育出版社，2012.
- [14] 香港教育统筹委员会. 香港教育制度改革建议 [M]. 香港：政府印务局，2000.
- [15] 陆一. 教养与文明——日本通识教育小史 [M]. 北京：生活·读书·新知三联书店，2012.
- [16] 寺崎昌男. 自治寮制度成立史论 [J]. 旧制高等学校史研究，1978 (15). 1978.
- [17] 新渡户稻造. 缩印修养 [M]. [S.1.]：实业之日本社，1910.
- [18] 河合荣治郎. 河合荣治郎全集（第三卷）[M]. [S.1.]：社会思想社，1968.
- [19] 寺崎昌男. 大学教育的创造：历史·体系·课程结构 [M]. [S.1.]：东信堂，1999.
- [20] 文部省大学审议会平成三年 2 月答复报告. 关于大学教育的改善 [C]. 2010.
- [21] 日本文部省大学审议会 1997 - 10 - 31. 21 世纪的大学和今后的改革方策 [C]. 2010.
- [22] 日本文部省大学审议会 1999 - 11 - 18. 符合全球化时代要求的高等教育 [C]. 2010.
- [23] 台湾大学共同教育委员会. 知识分子与二十一世纪 [M]. 台北：台湾大学出版中心，2002.
- [24] 约翰·亨利·纽曼. 大学的理念 [M]. 高师宁，何克勇，等，译. 贵阳：贵州教育出版社，2003.
- [25] 黄坤锦. 美国大学的通识教育：美国心灵的攀登 [M]. 北京：北京大学出版社，2008.
- [26] 张法琨. 古希腊教育论著选 [M]. 北京：人民教育出版社，1994.
- [27] 郭健. 哈佛大学发展史研究 [M]. 石家庄：河北教育出版社，2000.
- [28] 张贤斌，王保星. 外国教育思想史 [M]. 北京：高等教育出版社，2007.
- [29] 黄俊杰. 大学通识教育的理念与实践 [M]. 武汉：华中师范大学出版社，2001.

[30] 张华,石伟平,马庆发. 课程流派研究［M］. 济南:山东教育出版社,2000.
[31] 卢艳兰. 新加坡高等院校人文素质教育研究［M］. 北京:人民出版社,2012.
[32] 曾向东. 印度现代高等教育［M］. 成都:四川大学出版社,1987.
[33] 张寿松. 通识教育课程论稿［M］. 北京:北京大学出版社,2005.
[34] 冯增俊. 澳门教育概论［M］. 广州:广东教育出版社,1999.
[35] 葛永光. 政治变迁与发展:台湾经验的探索［M］. 台北:幼狮文化事业公司,1989.
[36] 潘星华. 新加坡教育人文荟萃［M］.［出版地不详］:新加坡诺文文化事业私人有限公司,2008.
[37] 姚寿广,经贵宝. 新加坡高等科技教育——以南洋理工大学为例［M］. 北京:高等教育出版社,2009.
[38] 潘星华. 新加坡校长访谈录［M］.［出版地不详］:创意圈出版社,2006.
[39] 李大光,刘力南. 今日新加坡教育［M］. 广州:广东教育出版社,1996.
[40] 刘稚. 东南亚概论［M］. 昆明:云南大学出版社,2007.
[41] 東京工業大学. 東京工業大学130年史［M］. 東京:東京工業大学発行,2011.
[42] 東京工業大学. 東京工業大学60年史［M］. 東京:東京工業大学発行,1940.

期刊论文

[1] 张寿松. 近十年我国通识教育研究综述［J］. 教育理论与实践,2003(20).
[2] 张灿辉. 全球化与通识教育［C］.//第三届海峡两岸暨香港大学通识教育学术探讨会论文集. 上海:上海师范大学,2001.
[3] 刘金源. 大学通识教育现状、问题与对策［J］. 台湾地区通识学刊理念与实务,2006.
[4] 刘国强,王启义,郑汉文. 华人地区大学通识教育学术研讨会论文集［C］. 香港:香港中文大学通识教育办公室,1997.
[5] 刘振天,扬雅文. 论"通识"与"通识教育"［J］. 高等教育研究,2001(4):16-20.
[6] 徐辉,季诚钧. 中国大陆、香港、台湾地区高校通识教育之比较［J］.

比较教育研究, 2004, 25 (8): 61-65.

[7] 冯增俊. 香港高校通识教育初探 [J]. 比较教育研究, 2004, 25 (8): 66-70.

[8] 关松林. 杜威教育思想在日本 [D]. 南京: 南京师范大学, 2004.

[9] 文辅相. 文化素质教育应确立全人教育观念 [J]. 高等教育研究, 2002 (1): 27-30.

[10] 赵玉生. 十余年来我国全人教育研究述要 [J]. 太原师范学院学报: 社会科学版, 2012 (4).

[11] 刘帅, 汪霞. 究竟什么是通识教育——基于对美国通识教育历史发展阶段的分析 [J]. 煤炭高等教育, 2012, 30 (2).

[12] 李成明. 美国大学通识教育的历史发展 [J]. 东南大学学报: 哲学社会科学版, 2004 (2): 117-121.

[13] 吕向虹. 论自由教育向通识教育的演变 [J]. 闽江学院学报, 2008, 29 (3): 105-109.

[14] 李成明. 美国大学通识教育的历史发展 [J]. 东南大学学报, 2001.

[15] 江涌, 冯志军. 日本大学的通识教育改革及其启示 [J]. 教育研究, 2005 (9): 88-92.

[16] 周荣, 王保田. 日本大学通识教育演变与发展问题研究 [J]. 文化与教育, 2012 (12): 179.

[17] 赖鼎铭. 哈佛红皮书的通识理念 [J]. 通识在线, 2008 (18): 32-35.

[18] 黄俊杰, 孙震. 傅斯年与台湾大学的教育理念 [J]. 北京大学教育评论, 2005 (1): 94-98.

[19] 虞兆中. 通才教育台大的起步 [J]. 台大评论, 1989.

[20] 与大一同学谈通识教育——本校通识教育工作小组的信函. 公立台湾大学通识教育实施手册, 1994.

[21] 江宜桦. 通识教育改进计划 [J]. 人文与社会科学简讯, 2003.

[22] 王春春. 中国大学通识教育探索——以北京大学为例 [D]. 武汉: 华中科技大学, 2004.

[23] 刘卫东. 香港高校重视应用研究 [J]. 成人教育, 1997 (10).

[24] 梁美仪, 才清华. 香港各大学通识教育概览 [J]. 大学通识报 (香港中文大学), 2006.

[25] 蔡启恩. 社会变迁下的大学通识教育 [C]. //胡显章. 走出"半人时代"——两岸三地学者谈通识教育与文化素质教育. 北京: 高等教育出版社, 2002.

[26] 陈才俊. 澳门圣保禄学院与中国西式高等教育的开端 [J]. 高等教育研究, 2003 (4): 97-102.

[27] 朱晓秋. 澳门第一所高等学府——圣保禄学院 [J]. 广东史志, 1999 (4).

[28] 余振. 澳门高等教育的发展路向——建立一所具有国际学术水平的重点大学 [J]. 广西民族大学学报: 哲学社会科学版, 2001 (3): 107-114.

[29] 许敖敖. 多元文化背景下的澳门科技大学人才培养探索 [J]. 中国大学教学, 2007 (6): 4-7.

[30] 王本法. 简论通识教育的历史嬗变和时代内涵 [J]. 济南大学学报: 社会科学版, 2005, 15 (3): 74-76.

[31] 陈小红. 通识教育课程模式的探讨 [J]. 复旦教育论坛, 2010, 18 (5): 40-44.

[32] 徐春霞. 对赫钦斯通识教育大学理念的再认识 [J]. 高等农业教育, 2006 (8): 73-77.

[33] 龙跃君. 关注联结: 复杂性科学视野下大学通识教育课程理论的思考 [J]. 高等教育研究, 2007 (6): 71-74.

[34] 余凯, 徐辉. 后现代主义与当代教育思潮引论 [J]. 比较教育研究, 1997: 10-14.

[35] 王永斌. 中国科学教育的历史分析与发展对策研究 [D]. 兰州: 西北师范大学, 2003.

[36] 刘宝存. 全人教育思潮的兴起与教育目标的转变 [J]. 比较教育研究, 2015, 25 (9): 17-22.

[37] 宗文举, 常辽华. 论理工科院校人文教育与科学教育的融合 [J]. 天津大学学报: 社会科学版, 2004 (3): 245-249.

[38] 于丽. 科学精神与人文精神融合教育的当代价值——以理工院校为例 [J]. 边疆经济与文化, 2013 (4): 80-81.

[39] [日] 大冢丰. 年智英, 译. 全球化时代对日本大学博雅教育的若干思考 [J]. 比较教育研究, 2009 (1): 1-6.

[40] [日] 简井清忠. 近代日本的教养主义和修养主义——成立过程的考察 [J]. 思想, 1992.

[41] 谭敏. 台湾地区大学全人教育的理念及实践——以台湾中原大学为例 [D]. 厦门: 厦门大学, 2006.

[42] 唐科莉. "无边界学习" 成为新加坡 2010 教育大会主题 [J]. 基础教

育参考，2010（8）：64.

[43] 赵强. 哈佛大学通识教育发展历程研究［D］. 济南：山东师范大学，2008.

[44] 赵强，郑宝锦. 哈佛大学通识教育理念的嬗变［J］. 湖北大学学报：哲学社会科学版，2010，37（6）：114-117.

[45] 周月玲. 哈佛大学核心课程通识教育理念与实践研究［D］. 长沙：中南大学，2007.

[46] 罗索夫斯基. 黄坤锦，译评. 评通识教育与核心课程（上）［J］. 通识教育季刊，1994.

[47] 朱文杰. 南洋理工学院——行政管理和师资队伍建设研究［J］. 高教论坛，2010（33）.

[48] 马早明，尹新珍. 大学本科通识教育模式：类型与特征——以澳门科技大学为例［J］. 深圳职业技术学院学报，2013，12（2）：13-20.

[49] 张力. 新加坡工院也将开办通识教育课程［N］. 联合早报，2014-03-02.

[50] 曹莉. 东亚一流大学通识教育的新趋势［J］. 中国大学教学，2010（11）：85-90.

[51] 潘星华. 国大将设 NUS 全球-亚洲学院［N］. 联合早报，2009-01-09.

[52] 李宛蓉. 日本大学通识教育课程设置与管理研究［D］. 广州：华南师范大学，2007.

[53] 冯惠敏，黄明东，左甜. 大学通识教育教学质量评价体系及指标设计［J］. 教育研究，2012（11）：61-67.

[54] 李思婉. 日本大学通识教育研究［D］. 北京：北方工业大学，2012.

[55] 周月玲. 哈佛大学核心课程通识教育理念与实践研究［D］. 长沙：中南大学，2007.

[56] 陈向明. 对通识教育有关概念的辨析［J］. 高等教育研究，2006（3）：64-68.

网络论文

[1] 东海大学通识教育中心［EB/OL］. http：//www2.thu.edu.tw/~ge/v2/2_origin.php.

[2] 吴清山. 台湾大学通识教育评鉴：挑战、对策与展望［EB/OL］. http：//hss.edu.tw/upload/user/file/GE/961213/2%20.doc.

[3] 黄俊杰. 台湾各大学院校通识教育现况：对于评鉴报告的初步观察 [EB/OL]. http://www.cuhk.edu.hk/oge/rcge/publication/bulletin/0606/huangjunjie.pdf.

[4] "教育部" 顾问室通识教育计划办公室 [EB/OL]. http://hss.edu.tw/plan_detail.php? class_plan = 163.

[5] 梁美仪. 香港中文大学通识教育的使命和实践 [EB/OL]. http://www.cuhk.edu.hk/oge/curriculum/ge_brochure/4 - 9_GEhistory.pdf.

[6] 香港理工大学通识教育中心. 通识教育的目的 [EB/OL]. http://www.polyu.edu.hk/~gec/geprogramme/index.php.

[7] 岭南大学主页. 岭南大学博雅教育 [EB/OL]. http://www.ln.edu.hk/cht/info-about/liberal-arts.

[8] 香港科技大学核心教育办公室. 核心通识课程的目的 [EB/OL]. http://uce.ust.hk/core_curriculum/index.html.

[9] 香港理工大学通识教育中心. 香港理工大学2009/10通识教育课程 [EB/OL]. http://www.polyu.edu.hk/~gec/geprogramme/091 - ChiStudies.php.

[10] 国研网. 二十一世纪高等教育展望——澳门大学校长演讲 [EB/OL]. (2002 - 05 - 29) [2010 - 10 - 10]. http://www.drcnet.com.cn/DRCnet.common.web/DocView.aspx?DocID = 2063&LeafID = 14379&ChnID = 31.

[11] 中国社会科学院主页. 访澳门理工学院院长李向玉 [EB/OL]. [2010 - 10 - 10]. http://www.cass.net.cn/file/20100406263797.html.

[12] 澳门科技大学校长许敖敖访谈：让大学成为多元文化滋润的常青树 [EB/OL]. (2010 - 03 - 23) [2010 - 10 - 10]. http://office.whu.edu.cn/news/onews.asp?id = 2265.

[13] 求是新闻网. 澳门科技大学注重"通识教育" [EB/OL]. [2010 - 10 - 10]. http://www.news.zju.edu.cn/news.php? id = 12139.

[14] 2006年澳门特区政府工作报告 [EB/OL]. [2010 - 10 - 10]. http://www.umac.mo/chi/academics.html.

[15] 中新网. 澳门大学校长赵伟接受羊城晚报记者的采访报道 [EB/OL]. (2009 - 12 - 11). [2010 - 10 - 10]. http://www.chinanews.com.cn/edu/news/2009/12 - 11/2013455.shtml.

[16] 東京工業大学教育研究等総合検討委員会. Tokyo Tech Now '95 [EB/OL]. [2012 - 11 - 20]. http://www.hyoka.koho.titech.ac.jp/hyokasitu/technow/tokyotechnow95.pdf.

[17] 国立大学法人東京工業大学総務部総務課. 東京工業大学の将来構想

「東工大ビジョン 2009」[EB/OL]. [2012-11-20]. http://www.titech.ac.jp/about/activity/img/vision.pdf.

[18] 東京工業大学教育研究等総合検討委員会. Tokyo Tech Now '99 [EB/OL]. [2012-11-20]. http://www.hyoka.koho.titech.ac.jp/hyokasitu/technow/tokyotechnow99.pdf.

[19] 国立大学法人東京工業大学世界文明センター. 外部評価報告書 [EB/OL]. [2012-11-22]. http://www.cswc.jp/report/2011assess_repo.pdf.

[20] 国立大学法人東京工業大学学務部教務課. 学部学習案内 [EB/OL]. [2012-11-22]. http://www.gakumu.titech.ac.jp/kyoumu/guide/guide_24/gakubu1/index.html.

[21] 国立大学法人東京工業大学総務部総務課. 東京工業大学の將来構想「東工大ビジョン 2009」[EB/OL]. [2012-07-09]. http://www.titech.ac.jp/about/activity/img/vision.pdf.

[22] 国立大学法人東京工業大学学務部入試課. 大学案内 2013 [EB/OL]. [2012-07-09]. http://www.titech.ac.jp/about/introduction/pdf_magazine/annai2013.pdf.

[23] 国立大学法人東京工業大学世界文明センター. 外部評価報告書 [EB/OL]. http://www.cswc.jp/report/2011assess_repo.pdf.

[24] 東京工業大学教育研究等総合検討委員会、Tokyo Tech Now '99 [EB/OL]. [2012-07-26]. http://www.hyoka.koho.titech.ac.jp/hyokasitu/technow/tokyotechnow99.pdf.

[25] http://www.eduplan.titech.ac.jp/w/meeting_data/expert_committee/. 2012-07-26.

[26] http://www.sbs.ntu.edu.sg/Undergrad/GER/Pages/GER.aspx, 2014-02-20.

[27] http://www.nus.edu.sg/gem/. 2012-11-05.

[28] http://www.ync.nus.edu.sg/index.php/about/vision.html. 2014-03-03.

[29] http://www.gsaedu.org/newsview.php?id=76. 2014-03-02.

[30] http://cn.nus.edu.sg/education/faculties-schools. 2014-03-16.

[31] http://zh.wikipedia.org/wiki/6. 2014-03-16.

[32] http://news.sciencenet.cn/sbhtmlnews/2011/5/243948.html. 2014-03-16.

[33] http://www.nus.edu.sg/gem/. 2014-02-28.

[34] http://www.zinch.cn/singapore-polytechnic. 2014-03-03.

[35] http：//www.ntu.edu.sg/chinese/Pages/default.aspx. 2014 – 02 – 28.

[36] 新加坡留学南洋理工大学实行新的本科课程［EB/OL］.［2012 – 12 – 03］. http：//college.strong-study.com/106473652.html.

[37] http：//www.smu.edu.sg/. 2013 – 03 – 03.

[38] http：//ivle.nus.edu.sg/nus/gem/#GroupA_IKC. 2014 – 02 – 27.

[39] http：//www.zinch.cn/singapore – polytechnic. 2014 – 03 – 09.

[40] http：//www.ntu.edu.sg/. 2014 – 03 – 06.

[41] 南洋理工大学英文官方网页. http：//www.ntu.edu.sg/Pages/index.aspx. 2014 – 02 – 26.

[42] http：//www.ntu.edu.sg/Students/Undergraduate/AcademicServices/Pages/CurriculumStructure.aspx. 2014 – 02 – 26.

[43] 南大本科生在校研究计划. http：//www.ntu.edu.sg/chinese/research/pages/URECA.aspx. 2012 – 12 – 20.

[44] http：//www.ntu.edu.sg/chinese/aboutntu/ntuataglance/Pages/introduction.aspx. 2014 – 03 – 01.

[45] http：//enewsletter.ntu.edu.sg/PinYueNanDa/Feb12/Pages/cn3.aspx. 2014 – 03 – 01.

[46] University Grants Commission. New Delhi. Report on General Education.

[47] 印度理工学院马德拉斯分校网站：http：//www.iitm.ac.in/mission.

[48] 印度理工学院孟买分校网站：http：//www.iitb.ac.in/about/howNew.html.

[49] 台湾"清华大学"通识教育中心：http：//cfge.nthu.edu.tw/bin/home.php.

后　　记

周边国家科技大学通识教育模式研究,是 2011 年我主持的全国教育科学规划教育部重点课题的成果之一。近些年,我一直在研究高等职业教育,发现我们的教育确实在转型,但是我们的社会发展取得巨大成就,人们的文明程度与精神生活并没有相应提高,甚至出现社会道德大幅滑坡的怪现象。可以说,科技文明给我们这个时代带来了巨大的利益,但是非人道化地使用科技也给我们的生活造成了巨大的灾难,甚至会影响到我们自身的生存。作为研究大学教育的工作者,我们是否需要反思我们的大学教育是不是出了问题? 因为大学由过去处于社会的边缘到进入社会的中心引领社会的进步。大学尤其是科技大学的人才培养理念是不是出了问题? 事实上,这些年我们的大学校园科学主义教育盛行,人文主义教育缺位是不争的事实。我们过于重视工具理性的培养,缺少对学生进行价值方面的教育,缺少对学生进行人道、人性、人文关怀与社会责任感等方面的价值教育。西方国家及我们周边发达国家和地区在社会现代化进程中,同样遇到这个问题,他们的经验是重视大学通识教育工作。这不仅是新的科技时代需要学生懂得知识与能力整合的教育需要,更是当下科技文明时代,人们在使用科学技术时的价值方向教育的需要。日本和新加坡在现代化进程中,十分注重科技大学的通识教育实践,印度理工学院作为世界著名的理工科大学,在保持领先的科技教育的同时,也很注重学生的人文及通识教育。所以本书选取了东京工业大学、南洋理工大学、印度理工学院三所科技大学作为案例学校来考察,这样的研究还基于三所大学同属亚洲东方文明,与我们的文化与文明属性有一定的共性,在可比性与学习借鉴方面应该有一定的可参照性。

本课题组成员邀请了部分海外学者参与,如美国 University of North Florida 教育领导系主任 Francis Godwyll 教授、日本学者 Mito Takeuchi 博士、台湾暨南国际大学国际文教与比较教育学系教授陈怡如主任和她的研究生们。在 2014 年我应台湾暨南国际大学陈怡如主任和淡江大学教育行政研究所杨莹教授的邀请,第二次参访台湾,陈怡如教授周到地安排我参访了台湾科技大学、台北科技大学、淡江大学等台湾高校的通识教育中心,让我实地考察了台湾高校通识教育实践。尤其让我感动的是台湾大学人文社会高等研究院黄俊杰教授在台湾大学对我的接待。黄俊杰教授是海峡两岸和香港、澳门乃至国际通识教育研究方面著名的学者。在我参访台湾大学人文社会高等研究院期间，黄俊杰教授还邀请我参加了他主持的一个有关儒家文化的国际学术会议。在会议期间，黄教授抽出两个小时在他的办公室专门为我介绍了他的学术领域与台湾地区通识教育的新进展，临走时还赠送了一大包11本他的学术著作。黄俊杰教授的大家学术风范与人文关怀，至今让我难以忘怀，值得我景仰与学习。

这几年，我还带领我的一些研究生持续地在关注通识教育这个领域，我们研读了不少西方通识教育方面的文献，探讨了许多理论流派及其课程与实践模式，撰写了一系列的学术论文。陈晓菲、常甜、王文靖等在部分文稿的整理方面，协助我做了许多工作。宗秀秀、李璟萱、肖昌鑫和他的太太汪艺晴等，虽然他们都已经毕业了，但还是帮助我做了大量的外文资料的翻译工作。我的研究生们的学位论文选题大多是通识教育方面，他们主要是选择有关国家和地区的案例大学作为研究对象，取得了一定的成果。比如，胡润贞的学位论文就是《中国科技大学与印度理工学院通识教育课程设置比较研究》，汪永芬的论文是《新加坡南洋理工大学通识教育模式研究》，池月的论文是《台湾科技大学通识教育模式研究》，尹新珍的论文是《澳门科技大学通识教育模式研究》，陈秋兰的论文是《香港科技大学通识教育模式研究》，等等。可以说本书是我和我的学生们集体研究成果的结晶，也是在这些研究基础上进行比较研究，并进一步提炼与加工的结果。特别需要说明的是本书采用了许多行内专家学者的研究成果，在此深表谢意；引用部分书中尽可能一一注明，但难免会有挂一漏万的情况出现，恳请大家谅解，并欢迎批评指正，以便来日再版更正。

华南师范大学教育科学学院　马早明
2015 年 8 月